编委会名单

主 编

副主编

编委会委员（以下排名不分先后）

企业管理人员
刑事法律风险防控之道

龙元富　李　军　李青松 / 主编

中国法制出版社
CHINA LEGAL PUBLISHING HOUSE

序言一

企业在经营管理活动过程中，必然会面临各种各样、林林总总的风险，大抵可以概括为商业风险和法律风险。在诸多法律风险中，刑事法律风险无疑最为要紧，其关系着企业的重大利益乃至生死存亡，关系着企业管理人员的重大财产、人身自由甚至生命，故一直被公认为高危风险源。

在“大众创业、万众创新”时代精神的感召下，我国各类企业的数量正以惊人的速度增长，但企业刑事法律风险防控体系的建立与运行，还有很多工作要做。实务中，大多数企业主、企业管理人员偏重于商业风险防范，尤其是注重合同风险防范，但对分布于企业经营、管理各个环节的刑事法律风险没有足够重视，往往在被刑事追诉后再去找律师。与民事法律风险、行政法律风险不同，刑事法律风险一旦发生，其招致的后果往往难以扭转。因此，企业及其管理人员要避免刑事法律风险，应当更多依靠事前的预警和防控，而不能仅仅寄希望于被动的刑事辩护和事后救济。这也是人们津津乐道“扁鹊见蔡桓公”那个流传千古的“治未病”故事之基本缘由吧。

企业从成立到注销的整个过程中的行为，几乎被刑法“全覆盖”。比如，设立阶段的虚报注册资本等行为；经营阶段的重大责任事故、虚假广告、非法经营、生产销售伪劣产品、非法集资、逃税、虚开增值税专用发票、串通投标、侵犯商业秘密、非法占用农用地、污染环境等行为；终止阶段的妨碍清算、虚假破产等行为，以及各阶段的侵犯财产、商业贿赂和国有企业人员的渎职行为；等等。随着刑法立法的不断完善，刑事法网越来越细密，形成了“网格化”的从严监管力度，也使得企业刑事司法领域呈现出前所未有的打击从“严”、刑罚加“重”的态势。企业管理人员若不提高刑事风险防范意识，将刑事合规及刑事风险防控作为企业日常管理的有机组成部分，当风险积聚到一定程度时，“达摩克利斯之剑”就会落下，企业就将承受毁灭性打击。从被动辩护到主动防范，刑事法律风险防控对于当下企业的重要性和紧迫性不言而喻。

本书为企业管理人员最易触犯罪名暨典型案例评析。具体分析、阐释了 32 个企业管理人员可能涉及的罪名。为便于读者理解，本篇对每个罪名的编写主要采取以下体例：

第一部分，对罪名的概念进行详细讲解，目的是让读者知道罪名的定义、构成要件、立案标准、量刑标准等，了解这部分知识，是进行刑事风险防范不可或缺的基础知识。

第二部分，精心选取一个典型案例进行深度剖析，以加深读者对罪名的理解。“案例”就是“故事”，“故事”就是“社会生活”，可让读者在阅读、使用本书的过程中有“感同身受”“身临其境”的代入感。

第三部分，从实务角度，结合相关刑法知识和相应案例给出相关刑事法律风险之防控策略、方案。本部分内容重点介绍我们在实务中积累的“干货”经验，是本书最重要的内容。

以上三部分内容环环相扣、层层递进；内容通俗易懂、简明扼要、便于检索。企业管理人员只要对本书详加论释的这 32 个罪名等做好防控，就会大大降低刑事法律风险。

本书不是理论研究书籍，而是具体实务指导性质的书籍，力求具有实用性。期望能够为广大企业管理人员提供刑事法律风险防控借鉴和帮助，以保障企业的安全与利益。

是为序。

龙元富

2021 年 1 月

序言二

“日月如磨蚁，万事且浮休”，经济全球化与科技信息化呈现飞速发展态势，国家经济形势与社会发展状况日新月异，企业兴则经济兴，企业对于经济新常态发挥着举足轻重之作用。面对经济、政治、环境等多维度不确定性风险，企业法律风险管理和防控是企业实现良性发展的关键之措，而刑事法律风险防控更是重中之重。“明者防祸于未萌，智者图患于将来”，全面依法治国对企业刑事法律风险防范提出了更高要求。作为集责、权、利于一身的企业管理人员更需防患于未然，树立风险防范意识，筑牢依法治企底线。

近年来，企业管理人员犯罪案件频发，管理人员遭受“牢狱之灾”的比例逐步升高。一些企业包括规模企业甚至上市公司的实际控制人或董事长、总经理、企业高管等，他们曾率领企业兴盛一方，却均因触碰法律边界，终究难逃悲剧。百思其故，从外部环境看，在资源配置与机会地位呈现不均等状态时，企业管理人员可能会趋于逐利本能，做出越轨行为；从内在原因看，大多涉事管理人员法律风险意识淡薄，道德底线失守。值得反思的是，管理人员付出刑罚这一沉重代价的背后，须深入考量企业自治与合规的刑事法律风险防控对策。

本书创作团队成员均为拥有多年执业经验的资深律师与企业法律顾问，凭借实务代理及法律顾问所遇大量真实案例，为企业及管理人员提供防范刑事法律风险的技巧与策略。全书以现实问题意识为出发点，以解决问题对策为落脚点，直面企业管理人员在日常经营管理之中最易触犯的罪名，针对企业扩张中易发生的贪腐类犯罪，如单位行贿罪、职务侵占罪；针对企业扩张资金需求而引发的融资类犯罪，如非法吸收公众存款罪、合同诈骗罪；针对企业安全管理弱化导致的重大事故犯罪，如重大事故责任罪，生产、销售伪劣产品罪；针对企业财税程序管理不足产生的税务类犯罪，如逃税罪、骗取出口退税罪等诸多类别犯罪，逐一阐述。条理清晰、逻辑缜密，简明扼要地阐释具体罪名概念、构成要件、追诉标准及量刑标准，继而以案例精析予以例证，并提出切实可行的防控对策。

多年的执业经历，笔者见证了许多企业由弱到强的艰辛历程，也目睹了许多如日中天的企业因法律风险霎时崩塌。故笔者深谙，企业法律风险防控是对企业最好的保护方式之一，以“管理”规范企业运行实属第一要义，完善法人治理结构，筑牢企业的内部风险控制体系，规范财税投融资管理程序，提升决策机制的透明度，才可增强企业的核心竞争力、实现企业的可持续发展。但与此同时，柔性的管理需要以刚性的制度为切实保障。在中国融入全球化展现经济新常态的背景下，如何创设有效的行政管理模式与谦抑的刑事处罚社会治理体系，彰显着企业外部营商环境的公正、平等、诚信核心内涵，是值得我们法律人深思并付诸力量的。本书也正是秉持着这样的初心而编写的。

我们相信，“法律是治国之重器，法治是国家治理体系和治理能力的重要依托”，而依法治企正是贯彻落实依法治国战略的重要组成部分。企业要想适应市场化、现代化及国际化发展需要，谋取长远发展就必须警惕刑事法律风险，绝不越入雷池半步。愿以本书之介绍，增强企业防控刑事法律风险的敏锐“嗅觉”，及时发现和识别管理过程之中的刑事法律风险；推动企业内部法律顾问制度建设，实现法律与业务的深度融合，发挥法律的专业服务保障作用。“风雨砥砺，岁月如歌，风物长宜放眼量”，期待本书之内容，为助力企业管理防范风险、依法合规经营，贡献绵薄之力。

在本书即将出版之际，向为本书付出辛勤汗水的创作团队及编辑致以衷心的感谢。囿于水平，本书中的纰漏与错谬在所难免，欢迎各位读者批评指正！

李军　李青松

2021 年 1 月

引　言

与一般员工相比，企业管理人员是在企业中担任重要职务、负责企业经营管理、掌握企业重要信息的特殊人员，承担着重要功能，发挥着重要作用，可谓中流砥柱。正因如此，企业管理人员在日常经营管理活动中会面临更多的法律风险，包括民事法律风险、行政法律风险和刑事法律风险。与民事、行政法律风险相比，刑事法律风险导致的后果最为严重，受到的处罚也最为严厉。触犯《中华人民共和国刑法》，不仅会让企业管理人员遭受牢狱之灾，而且企业信誉也会受到影响，甚至有可能对企业造成毁灭性打击。

近年来，我国企业管理人员的犯罪趋势呈加重趋势，犯罪案件数量逐渐上升，为有效地帮助企业管理人员认识并规避刑事法律风险，本书主要围绕企业管理人员最易触犯的32个罪名展开系统阐述及提出风险防控建议，帮助企业管理人员学习法律常识，防范刑事法律风险，助力企业健康发展。

目　录

第一章
重大责任事故罪

第一节　罪名概述

一、重大责任事故罪的概念

重大责任事故罪，是指在生产、作业中违反有关安全管理规定，因而发生重大伤亡事故或者造成其他严重后果，触犯《刑法》[①] 第一百三十四条的行为。

重大责任事故罪是改革开放以来常见多发的犯罪行为之一，不仅危及人民群众的生命安全，也严重危及国家、集体和相关群众的财产安全，严重地阻碍了企事业单位的正常经营和发展，直接危害到社会和谐稳定。

二、犯罪构成要件

（一）犯罪主体

重大责任事故罪犯罪主体包括相关主管人员和直接责任人员两类；亦即，既包括对生产、作业负有组织、指挥或者管理职责的负责人、管理人员、实际控制人、投资人等（简称为管理人员），也包括直接从事生产、作业的人员

---

① 为方便读者阅读，本书法律名称均使用简称，下文不再特别注明。

（本书称为直接责任人员）。

本罪的犯罪主体就法条文字而言，看似是一般主体，实际上是特殊主体。事实上，重大责任事故罪的犯罪行为人，亦即其犯罪主体必须是从事某项“业务”的人；而该罪中的“业务”明确要求有侵害他人生命、财产安全的现实可能性。主体的特殊身份特征是客观存在的。

根据2007年颁行的《最高人民法院、最高人民检察院关于办理危害生产安全刑事案件适用法律若干问题的解释》第一条规定，《刑法》第一百三十四条第一款规定的犯罪主体，既包括对生产、作业负有组织、指挥或者管理职责的负责人、管理人员、实际控制人、投资人等，又包括直接从事生产、作业的人员。换言之，与生产、作业无关的人不可能触犯重大责任事故罪。

（二）犯罪客观方面

本罪在客观方面需要满足以下三个条件：

1. 在生产、作业中违反有关安全生产管理规定，此处的规定包括以下三种情形：

（1）国家颁布的各种有关安全生产的法律规定；

（2）企业、事业单位及其上级管理机关制定的反映安全生产客观规律的各种规章制度，包括工艺技术、生产操作、技术监督、劳动保护、安全管理等方面的规程、规则、章程、条例、办法和规章制度等规范性文件；

（3）虽无明文规定，但反映生产、科研、设计、施工的安全操作客观规律和要求，在实践中为相关从业人员所公认的、行之有效的操作习惯和惯例等。

2. 造成了重大伤亡事故或者其他严重后果。

3. 违反安全管理规定的行为与严重危害后果具有法律上的因果关系。

（三）犯罪客体

本罪侵犯的客体是生产、作业中的公共安全，即不特定多数人包括劳动者本人的生命、健康和重大公私财产的安全。

（四）犯罪主观方面

本罪的主观方面表现为过失，无明显重大过失不构成本罪。这里的过失，是指应当预见到自己的行为可能发生重大伤亡事故或者造成其他严重后果，因为疏忽大意而没有预见或者已经预见而轻信能够避免，以致发生这种重大伤亡事故或者造成其他严重后果的主观心理状态。

三、刑事立案追诉标准

根据《最高人民检察院、公安部关于公安机关管辖的刑事案件立案追诉标准的规定（一）》第八条的规定，重大责任事故案（《刑法》第一百三十四条第一款）在生产、作业中违反有关安全管理的规定，涉嫌下列情形之一的，应予立案追诉：

（一）造成死亡一人以上，或者重伤三人以上的；

（二）造成直接经济损失50万元以上的；（2015年12月16日施行的《最高人民法院、最高人民检察院关于办理危害生产安全刑事案件适用法律若干问题的解释》已经修改为100万元起）

（三）发生矿山生产安全事故，造成直接经济损失100万元以上的；

（四）其他造成严重后果的情形。

四、量刑标准

《刑法》第一百三十四条第一款规定："在生产、作业中违反有关安全管理的规定，因而发生重大伤亡事故或者造成其他严重后果的，处三年以下有期徒刑或者拘役；情节特别恶劣的，处三年以上七年以下有期徒刑。"

《刑法》第一百三十四条之一规定："在生产、作业中违反有关安全管理的规定，有下列情形之一，具有发生重大伤亡事故或者其他严重后果的现实危险的，处一年以下有期徒刑、拘役或者管制：（一）关闭、破坏直接关系生产安全的监控、报警、防护、救生设备、设施，或者篡改、隐瞒、销毁其相关数据、信息的；（二）因存在重大事故隐患被依法责令停产停业、停止施工、停止使用有关设备、设施、场所或者立即采取排除危险的整改措施，而拒不执行的；（三）涉及安全生产的事项未经依法批准或者许可，擅自从事矿山开采、金属冶炼、建筑施工，以及危险物品生产、经营、储存等高度危险的生产作业活动的。”

根据 2015 年 12 月 16 日施行的《最高人民法院、最高人民检察院关于办理危害生产安全刑事案件适用法律若干问题的解释》第六条第一款规定，发生安全事故，具有下列情形之一的，应当认定为“造成严重后果”或者“发生重大伤亡事故或者造成其他严重后果”，对相关责任人员，处三年以下有期徒刑或者拘役：

（一）造成死亡一人以上，或者重伤三人以上的；

（二）造成直接经济损失 100 万元以上的；

（三）其他造成严重后果或者重大安全事故的情形。

根据《最高人民法院、最高人民检察院关于办理危害生产安全刑事案件适用法律若干问题的解释》第七条第一款的规定，因发生安全事故，具有下列情形之一的，对相关责任人员，处三年以上七年以下有期徒刑：

（一）造成死亡三人以上或者重伤十人以上，负事故主要责任的；

（二）造成直接经济损失 500 万元以上，负事故主要责任的；

（三）其他造成特别严重后果、情节特别恶劣或者后果特别严重的情形。

根据《最高人民法院、最高人民检察院关于办理危害生产安全刑事案件适用法律若干问题的解释》第十二条第一款的规定，具有下列情形之一的，从重处罚：

（一）未依法取得安全许可证件或者安全许可证件过期、被暂扣、吊销、注销后从事生产经营活动的；

（二）关闭、破坏必要的安全监控和报警设备的；

（三）已经发现事故隐患，经有关部门或者个人提出后，仍不采取措施的；

（四）一年内曾因危害生产安全违法犯罪活动受过行政处罚或者刑事处罚的；

（五）采取弄虚作假、行贿等手段，故意逃避、阻挠负有安全监督管理职责的部门实施监督检查的；

（六）安全事故发生后转移财产意图逃避承担责任的；

（七）其他从重处罚的情形。

根据《最高人民法院、最高人民检察院关于办理危害生产安全刑事案件适用法律若干问题的解释》第十三条的规定，实施《刑法》第一百三十四条的犯罪行为，在安全事故发生后积极组织、参与事故抢救，或者积极配合调查、主动赔偿损失的，可以酌情从轻处罚。

第二节　典型案例精析

周某、殷某、崔某、秦某重大责任事故案①

△基本案情

2013年11月11日，南通某家具公司（以下简称A公司）与江苏某建设发展公司（以下简称B公司）签订《建筑工程施工合同》一份，殷某代表A公司、崔某代表B公司在合同上签字。合同约定由B公司承揽A公司位于南通市××路×号的改扩建厂房工程。后来，崔某在未组建该工程项目部的情况下，指派无施工管理资质的陈某前往工地担任工程现场总负责人。2013年11月12日上午，殷某代表A公司组织了工程开工仪式，并让该改扩建工程在没有取得“施工许可证”的情况下开始施工。截至2013年12月3日，扩建7#厂房基础施工已基本完成，在此期间由秦某任工程现场安全员。

2013年12月2日，周某受B公司指派驾驶车牌号为苏F×××××的20吨流动式起重机到达该施工现场吊装砖块、模板。2013年12月3日7时许，周某再次驾驶该起重机到达施工现场，秦某到现场安排周某起吊7#厂房工地基坑内的模板进行挪移作业，在未安排专业起重机指挥人员和司索人员的情况下，秦某先行离开工地。周某将吊车停靠在A公司1#仓库东侧的路面上，吊车四角支撑完毕后，周某明知吊车正上方为220kV高压线且在未配备专业指挥人员和司索人员的情况下，仍将吊臂转到正东方向开始作业。7时50分左右，在进行模板挪移作业时，起重机吊臂与其上空的220kV高压线路发生放电，产生的电火球窜入该1#仓库，引燃仓库内租赁户存储的火灾危险性为丙类的物资后引起火灾，造成巨额财产损失。经南通市价格认证中心鉴定，该起事故造成存放于1#仓库内的C公司产品存货损失共计11793623元。

另查明，周某驾驶的苏F×××××20吨流动式起重机检验有效期至2013年6月3日，到期后未经检验机构检验。南通市公安消防支队崇川区大队于

① 案号：（2016）苏06刑终102号。

2013 年 12 月 31 日出具的火灾事故认定书，认定该起火灾起火原因系周某操作苏 F×××××起重机时，吊臂与其上空的 220kV 高压线路发生放电，产生的电火球窜入该 1#仓库，引燃可燃物后引起火灾。

△**裁判结果**

周某犯重大责任事故罪，判处有期徒刑一年七个月；崔某犯重大责任事故罪，判处有期徒刑一年；秦某犯重大责任事故罪，判处有期徒刑一年九个月，缓刑二年；殷某犯重大责任事故罪，判处有期徒刑一年三个月，缓刑二年。

△**评析**

本案主要涉及的是生产、作业中违反有关安全管理规定造成巨额财产损失，是否构成重大责任事故罪的问题。

根据《刑法》第一百三十四条第一款的规定，在生产、作业中违反有关安全管理的规定，因而发生重大伤亡事故或者造成其他严重后果的，处三年以下有期徒刑或者拘役；情节特别恶劣的，处三年以上七年以下有期徒刑。根据《最高人民法院、最高人民检察院关于办理危害生产安全刑事案件适用法律若干问题的解释》第一条规定，重大责任事故罪的犯罪主体包括对生产、作业负有组织、指挥或者管理职责的负责人、管理人员、实际控制人、投资人等人员，以及直接从事生产、作业的人员。上述司法解释第六条第一款第二项规定，造成直接经济损失 100 万元以上的，应予立案追诉。

本案中，周某驾驶已过检验有效期的流动式起重机，明知施工现场上方有高压线，仍在没有专业指挥人员、司索人员的情况下实施作业，导致吊臂与高压线发生放电引发火灾，对事故负有直接责任；殷某作为建设单位负责人，未尽到对建设项目的管理职责，所属工程在未取得施工许可证的情况下举行奠基仪式并开始施工，且其对 1#仓库被改变性质使用、存放火灾危险性为丙类物品的情况未予以纠正，导致工程存在重大安全事故隐患，对事故发生负有直接领导责任；崔某作为施工单位日常工作实际负责人，未尽到管理职责，未组建工程项目部，未安排有资质的项目负责人到场管理，承建工程在未取得施工许可证的情况下开工，存在重大安全事故隐患，对事故负有直接领导责任；秦某未认真履行安全员职责，未对流动式起重机相关手续进行检查，未对起重作业进行安全交底，在工地实施吊装、挪移作业时未安排专业指挥人员和司索人员，对事故发生负有重要责任。经南通市价格认证中心鉴定，该起事故虽然没有造成人员伤亡，但造成存放于1#仓库内的C公司产品存货损失共计11793623元，远远超过100万元立案追诉标准。综上所述，周某、殷某、崔某、秦某的行为均构成重大责任事故罪。

从本案中可知，重大责任事故罪犯罪主体不仅包括在一线现场施工的直接责任人，还包括对事故有直接领导责任或对事故发生有重要责任的企业管理人员。根据《刑法》第一百三十四条规定，违反有关安全管理规定，是本罪的构成要件之一。也就是说，企业管理人员只有违反安全管理规定，才构成本罪；企业管理人员在遵守安全管理规定的前提下因意外或过失导致事故发生，不构成本罪。因此，企业管理人员一定要认真学习及遵守与本企业相关的安全管理规定，以防止触犯本罪。司法实务中，违反安全管理规定的情形主要包括以下三种：

1. 国家颁布的各种有关安全生产的法律、法规、部门规章、地方性法规、地方性规章以及与之相关的规范性文件；

2. 企业、事业单位及其上级管理机关制定的反映安全生产客观规律的各种规章制度，包括工艺技术、生产操作、技术监督、劳动保护、安全管理等方面的规程、规则、章程、条例、办法和制度；

3. 虽无明文规定，但反映生产、科研、设计、施工的安全操作客观规律和要求，在实践中为相关从业人员所公认的行之有效的操作习惯和惯例等。

第三节 刑事法律风险防控措施

重大责任事故罪是我国《刑法》第二篇分则第二章危害公共安全罪第一百三十四条第一款规定的一个责任事故类的一般性罪名。而后《刑法修正案(六)》增加了一个“强令违章冒险作业罪”。后强令违章冒险作业罪被规定于《刑法》第一百三十四条第二款，进入刑法典，成为重大责任事故罪的“升级版”——这是专门针对“领导者”的胡乱指挥甚至疯狂强令自己管辖的工作人员违章冒险作业而增设的一个罪名，两者之基本法律逻辑和法律精神是一致的，均旨在保护“生产、作业安全”。

责任事故类刑事追诉均需以安全生产监督管理部门的依法“查处”作为前

置程序。须待安全生产监督管理机关的"调查结论"出来之后，司法机关才能开始研究、讨论、决定是否启动刑事立案程序、刑事追诉程序。如果事故特别重大，大多会成立专门的联合调查组，即人们耳熟能详的"专案组"，"专案组"的"调查结论"出来之后，司法机关才能开始研究、讨论、决定是否启动刑事追诉程序。因为司法机关启动重大责任事故罪刑事追诉程序的逻辑条件是，相关责任人涉嫌重大责任事故罪或其他刑事犯罪。

与重大责任事故罪相似相通的具体罪名还有，《刑法》第一百三十一条规定的重大飞行事故罪、第一百三十二条规定的铁路运营安全事故罪、第一百三十四条第二款规定的强令违章冒险作业罪、第一百三十五条规定的重大劳动安全事故罪、第一百三十五条之一规定的大型群众性活动重大安全事故罪、第一百三十六条规定的危险物品肇事罪、第一百三十七条规定的工程重大安全事故罪、第一百三十八条规定的教育设施重大安全事故罪、第一百三十九条规定的消防责任事故罪，等等。需要提醒的是，重大责任事故罪极易触犯一个直接延续而衍生的罪名，即第一百三十九条之一规定的"不报、谎报安全事故罪"。

其实，重大责任事故罪与重大飞行事故罪、铁路运营安全事故罪、强令违章冒险作业罪、重大劳动安全事故罪、大型群众性活动重大安全事故罪、危险物品肇事罪、工程重大安全事故罪、教育设施重大安全事故罪、消防责任事故罪等之间，是一般与特殊关系，依出罪时"举重以明轻"的司法逻辑与事理逻辑，本书选择了重大责任事故罪的刑事风险防控之道进行观察、分析、探讨、研究。因为，实质上重大责任事故罪与重大飞行事故罪、铁路运营安全事故罪、强令违章冒险作业罪、重大劳动安全事故罪、大型群众性活动重大安全事故罪、危险物品肇事罪、工程重大安全事故罪、教育设施重大安全事故罪、消防责任事故罪等的刑事司法逻辑是基本一致的。

迄今为止，我国较多企业的安全意识不强，随着国家经济的快速发展，各类重大责任事故频发，这不仅危及人民群众的生命安全，也造成了国家、企业和个人巨大的经济损失，根本性危及可持续科学发展，严重影响了社会经济秩序，增加了社会不稳定因素。加强对重大责任事故罪的整治和防范有利于维护企业正常的生产、经营秩序，维护社会和谐稳定。秉着有效增强安全意识的"初心"，本书提出以下刑事风险防范措施。

一、安全生产教育务必“年年讲、月月讲、天天讲”

本罪的犯罪主体，既包括对生产、作业负有组织、指挥、管理职责的负责人、管理人员等，又包括直接从事生产作业的普通职工。实务中，本罪一般是由于相关责任人麻痹大意或轻信能避免事故而导致事故的发生。因此，企业要经常组织管理人员、职工认真学习《安全生产法》《安全生产许可证条例》《国家突发公共事件总体应急预案》等法律法规，实实在在地“年年讲、月月讲、天天讲”，真实不虚地树立和不断完善安全生产意识，做到警钟长鸣，让生产安全意识成为企业文化不可或缺的一部分。

二、安全生产管理务必规范化、制度化、常态化

安全事故的发生往往就在一瞬间，而在这一瞬间背后就是企业不重视安全管理的后果。实务中，我国较多企业的内部安全生产管理制度不健全，或虽有规章制度，但却挂在墙上，未落实到行动上。企业应针对安全生产事故易发的薄弱环节，建立健全安全事故预防机制，将事故隐患消灭在萌芽状态之中。在制定出严格的安全生产管理制度后，企业在日常运行中要严格遵守执行，对于严重违反安全生产规章制度的员工，应给予相应惩罚。

三、生产设备务必严格要求、严格执行安全标准

实务中，较多安全生产事故的发生是由于企业的生产设备不合格或老化造成的。因此，企业应购置符合国家规定的安全生产设备，且及时淘汰、更换老化、不合格的生产设备。另外，企业要配备安全监控和报警设备设施，以及时发现生产、经营中存在的安全隐患。

四、有效实施安全事故隐患发现、举报、排除奖励制度

处于生产一线的员工肯定最易最先知道企业生产、经营的安全隐患，当安

全隐患不是很严重且没有影响到正常生产时，鼓励员工发现、举报、排除安全隐患，以便企业管理层及时有效获取安全隐患信息然后有效排除之。

如果没有奖励，很多员工往往会充耳不闻、熟视无睹，无视已然存在的安全隐患，乃至最终酿成大祸。

第二章
生产、销售伪劣产品罪

第一节　罪名概述

一、生产、销售伪劣产品罪的概念

生产、销售伪劣产品罪，是指生产者、销售者在产品中掺杂、掺假，以假充真，以次充好或者以不合格产品冒充合格产品，销售金额达 5 万元以上，触犯《刑法》第一百四十条的行为。

需要说明的是，销售金额不满 5 万元的制售伪劣产品的行为属一般违法行为，可由工商行政管理部门依法给予行政处罚。生产、销售伪劣产品罪的数额标准以销售金额计算，与是否盈利没有关系。“销售金额”是指生产者、销售者出售伪劣产品后所得和应得的全部违法收入。伪劣产品尚未销售，货值金额达到《刑法》第一百四十条规定的销售金额 3 倍以上的，以生产、销售伪劣产品罪（未遂）定罪处罚。

现实生活中，生产、销售伪劣产品案件频发，主要原因是我国市场经济体制不够完善，从社会一般观念到制度配套，均与完善的市场经济体制尚有较大差距。

本罪多发生于经营不规范的中小微企业。因为中小微企业没有太大的市场竞争力，当其承受不住竞争压力时，为了生存或不合理压降产品生产成本，极有可能走上生产、销售伪劣产品的道路。另外，个别大型企业也有可能为了谋取非法利益而生产、销售伪劣产品，如三鹿集团是一家集奶牛饲养、乳品加工、科研开发于一体的大型企业集团，早期发展良好，曾获得国家科学技术进步奖及被商务部评为最具市场竞争力品牌；但后期利欲熏心，在奶粉中掺加三聚氰胺（虽然据说所掺加的三聚氰胺来自原奶供应者），导致全国暴发婴儿肾结石，最终于2009年2月12日宣布破产。

二、犯罪构成要件

（一）犯罪主体

本罪的犯罪主体为一般主体，即伪劣产品的生产者和销售者，既包括年满十六周岁且具有刑事责任能力的自然人，也包括企业、公司等单位。生产者即产品的制造者（含产品的加工者），销售者即产品的批发或零散经销售卖者（含产品的直销者）。

需要说明的是，生产者、销售者是否具有合法的生产许可证或者营业执照不影响本罪的成立。

（二）犯罪客观方面

本罪在客观方面表现为生产者、销售者违反国家的产品质量管理法律、法规，在产品中掺杂、掺假，以假充真，以次充好或者以不合格产品冒充合格产品，销售金额5万元以上的行为。具体表现为以下四种行为：

1. 掺杂、掺假

根据《最高人民法院、最高人民检察院关于办理生产、销售伪劣商品刑事案件具体应用法律若干问题的解释》第一条第一款的规定，在产品中掺杂、掺假，是指在产品中掺入杂质或者异物，致使产品质量不符合国家法律、法规或者产品明示质量标准规定的质量要求，降低、失去应有使用性能的行为。

2. 以假充真

根据《最高人民法院、最高人民检察院关于办理生产、销售伪劣商品刑事案件具体应用法律若干问题的解释》第一条第二款的规定，以假充真，是指以不具有某种使用性能的产品冒充具有该种使用性能的产品的行为。

3. 以次充好

根据《最高人民法院、最高人民检察院关于办理生产、销售伪劣商品刑事案件具体应用法律若干问题的解释》第一条第三款的规定，以次充好，是指以低等级、低档次产品冒充高等级、高档次产品，或者残次、废旧零配件组合、拼装后冒充正品或者新产品的行为。

4. 以不合格产品冒充合格产品

根据《最高人民法院、最高人民检察院关于办理生产、销售伪劣商品刑事案件具体应用法律若干问题的解释》第一条第四款的规定，不合格产品，是指不符合《产品质量法》第二十六条第二款规定的质量要求的产品。即产品质量应当符合下列要求：

（1）不存在危及人身、财产安全的不合理的危险，有保障人体健康和人身、财产安全的国家标准、行业标准的，应当符合该标准；

（2）具备产品应当具备的使用性能，但是，对产品存在使用性能的瑕疵作出说明的除外；

（3）符合在产品或者其包装上注明采用的产品标准，符合以产品说明、实物样品等方式表明的质量状况。

根据《刑法》的相关规定，上述四种行为属选择行为，即行为人如果具有上述四种行为之一，就构成生产、销售伪劣产品罪。行为人如果同时具有上述两种行为或两种以上行为的，也应视为一个生产、销售伪劣产品罪，不实行数罪并罚。

需要说明的是，行为人生产、销售的伪劣产品应当达到 5 万元以上才构成本罪。

（三）犯罪客体

本罪侵犯的客体是国家对普通产品质量的管理制度。

普通产品是指除《刑法》另有规定的药品、食品、医用器材、涉及人身和财产安全的电器等产品，农药、兽药、化肥、种子、化妆品等以外的产品。国家对产品质量的管理制度是指国家通过法律、行政法规等规范产品生产的标准，产品出厂或销售过程中的质量监督检查内容，生产者、销售者的产品质量责任和义务、损害赔偿、法律责任等制度。生产、销售伪劣产品罪侵犯了国家对产品质量的上述管理制度。

（四）犯罪主观方面

本罪的主观方面表现为故意，包括直接故意和间接故意，过失不构成本罪。行为人的故意表现为在生产领域内有意制造伪劣产品。在销售领域内分两种情况：一是在销售产品中故意掺杂、掺假；二是明知是伪劣产品而售卖。

就认识因素而言，本罪的直接故意既可以是行为人明知自己的行为必然发生危害社会的结果，也可以是明知其行为可能发生危害结果。就意志因素而言，直接故意是希望即积极追求危害结果的发生，而间接故意对危害结果的发生是持放任的心理状态。

三、刑事立案追诉标准

根据《最高人民检察院、公安部关于公安机关管辖的刑事案件立案追诉标准的规定（一）》第十六条第一款的规定，生产者、销售者在产品中掺杂、掺假，以假充真，以次充好或者以不合格产品冒充合格产品，涉嫌下列情形之一的，应予立案追诉：

（一）伪劣产品销售金额 5 万元以上的；

（二）伪劣产品尚未销售，货值金额 15 万元以上的；

（三）伪劣产品销售金额不满 5 万元，但将已销售金额乘以三倍后，与尚未销售的伪劣产品货值金额合计 15 万元以上的。

该罪法律适用的关键在于，如何认定“在产品中掺杂、掺假”“以假充真”“以次充好”“不合格产品”。对前述行为涉及的证据和事实难以直接判定的，应当委托法律、行政法规规定的产品质量检验机构进行鉴定。依法而论，无法鉴定的，严格执行“罪刑法定原则”就不能定罪处刑。

四、量刑标准

根据《刑法》第一百四十条的规定，生产者、销售者在产品中掺杂、掺假，以假充真，以次充好或者以不合格产品冒充合格产品，销售金额5万元以上不满20万元的，处二年以下有期徒刑或者拘役，并处或者单处销售金额百分之五十以上二倍以下罚金；销售金额20万元以上不满50万元的，处二年以上七年以下有期徒刑，并处销售金额百分之五十以上二倍以下罚金；销售金额50万元以上不满200万元的，处七年以上有期徒刑，并处销售金额百分之五十以上二倍以下罚金；销售金额200万元以上的，处十五年有期徒刑或者无期徒刑，并处销售金额百分之五十以上二倍以下罚金或者没收财产。

单位犯生产、销售伪劣产品罪达到上述数额的，对单位判处罚金，并对其直接负责的主管人员和其他直接责任人员按照上述规定处罚。

《最高人民法院、最高人民检察院关于办理生产、销售伪劣商品刑事案件具体应用法律若干问题的解释》第二条第四款规定："多次实施生产、销售伪劣产品行为，未经处理的，伪劣产品的销售金额或者货值金额累计计算。"第九条规定："知道或者应当知道他人实施生产、销售伪劣商品犯罪，而为其提供贷款、资金、账号、发票、证明、许可证件，或者提供生产、经营场所或者运输、仓储、保管、邮寄等便利条件，或者提供制假生产技术的，以生产、销售伪劣商品犯罪的共犯论处。"第十条规定："实施生产、销售伪劣商品犯罪，同时构成侵犯知识产权、非法经营等其他犯罪的，依照处罚较重的规定定罪处罚。"第十二条规定："国家机关工作人员参与生产、销售伪劣商品犯罪的，从重处罚。"

需要说明的是，货值金额以违法生产、销售的伪劣产品的标价计算；没有标价的，按照同类合格产品的市场中间价格计算；货值金额难以确定的，按照国家计划委员会、最高人民法院、最高人民检察院、公安部于1997年4月22日联合发布的《扣押、追缴、没收物品估价管理办法》的规定，委托指定的估价机构确定。

第二节　典型案例精析

上海福×食品公司、杨某群等生产、销售伪劣产品案[①]

△基本案情

2013 年 2 月至 5 月，上海福×食品公司（以下简称上海福×公司）、河北福×公司生产的部分产品因未达到百×咨询（上海）有限公司规定的工艺和原料要求，被退货并终止订单，造成该两公司相关产品大量回收并积压。2013 年 7 月至 12 月，杨某群（母公司欧×公司深加工事业部总经理）等人多次召集相关管理人员商议，决定用上述回收或超过保质期的食品作为原料再生产、销售，并由贺某政向两公司分别转达上述决定；同时杨某群还要求销售部相关人员寻找客户。在销售部工作人员杜某等人找到客户、确定订单后，陆某艳等人制订、下达生产计划并分别发送至上海福×公司、河北福×公司。

胡某、刘某杰、张某分别为上海福×公司的厂长、计划主管、质量经理，被告人李某军、张某喜、薛某萍分别为河北福×公司的厂长、仓储物流经理、质量经理。在陆某艳等人下达生产计划后，胡某、李某军分别组织、指挥生产，刘某杰、张某喜分别负责安排生产，张某、薛某萍分别参与部分生产活动，致使上海福×公司与河北福×公司生产的不合格产品被销售。至案发，上海福×公司、河北福×公司生产、销售的上述不合格产品货值分别共计 34 万余元、76 万余元。

2014 年 6 月 2 日，上海福×公司因生产计划变化，经胡某同意，将该公司采购的保质期为 6 天的冰鲜鸡皮、冰鲜鸡胸肉等，更改保质期为一个月至三个月不等，并放入冷冻库保存。同年 6 月 18 日至 7 月 15 日，由刘某杰安排制订生产计划，将上述原料加工生产为麦乐鸡、麦香鸡排、烟熏风味肉饼、美式鸡排 4 种产品共计 5200 余箱并进行销售，销售金额 38 万余元，库存货值 83 万余元。

---

① 案号：（2016）沪 03 刑终 6 号。

公诉机关查明，杨某群、贺某政销售金额110万余元，陆某艳销售金额34万余元，杜某销售金额16万余元；上海福×公司销售金额72万余元，河北福×公司销售金额76万余元；胡某、刘某杰销售金额72万余元，张某销售金额34万余元，李某军、张某喜销售金额76万余元，薛某萍销售金额16万余元。公诉机关认为，杨某群、贺某政、陆某艳、杜某、胡某、刘某杰、张某、李某军、张某喜、薛某萍均系自首，依照我国《刑法》第六十七条第一款之规定，对上述十名被告人及两被告单位均可以从轻或减轻处罚。

△**裁判结果**

一审法院依法据实判决如下：

一、上海福×公司犯生产、销售伪劣产品罪，判处罚金人民币120万元；

二、河北福×公司犯生产、销售伪劣产品罪，判处罚金人民币120万元；

三、杨某群犯生产、销售伪劣产品罪，判处有期徒刑三年，并处罚金人民币10万元，驱逐出境；

四、贺某政犯生产、销售伪劣产品罪，判处有期徒刑二年八个月，并处罚金人民币8万元；

五、陆某艳犯生产、销售伪劣产品罪，判处有期徒刑一年七个月，缓刑一年七个月，并处罚金人民币3万元；

六、杜某犯生产、销售伪劣产品罪，判处有期徒刑一年七个月，缓刑一年七个月，并处罚金人民币3万元；

七、胡某犯生产、销售伪劣产品罪，判处有期徒刑二年六个月，并处罚金人民币7万元；

八、刘某杰犯生产、销售伪劣产品罪，判处有期徒刑二年三个月，并处罚金人民币6万元；

九、张某犯生产、销售伪劣产品罪，判处有期徒刑一年九个月，缓刑一年九个月，并处罚金人民币4万元；

十、李某军犯生产、销售伪劣产品罪，判处有期徒刑二年六个月，并处罚金人民币7万元；

十一、张某喜犯生产、销售伪劣产品罪，判处有期徒刑二年三个月，并处罚金人民币6万元；

十二、薛某萍犯生产、销售伪劣产品罪，判处有期徒刑一年七个月，缓刑一年七个月，并处罚金人民币3万元；

十三、违法所得予以追缴，在案伪劣产品予以没收。

宣判后，上海福×公司、河北福×公司、杨某群、贺某政、杜某、胡某、刘某杰、张某、李某军、张某喜、薛某萍不服一审判决，提出上诉。二审法院，准许部分上诉人撤回上诉；经审理后，依法据实驳回上诉，维持原判。

△评析

本案主要涉及的是企业将回收食品、超过保质期的食品作为原料进行再生产、销售，是否构成生产、销售伪劣产品罪的问题。

《食品安全法》第三十四条第一项、第三项、第十项规定："禁止生产经营下列食品、食品添加剂、食品相关产品：（一）用非食品原料生产的食品或者添加食品添加剂以外的化学物质和其他可能危害人体健康物质的食品，或者用回收食品作为原料生产的食品……（三）用超过保质期的食品原料、食品添加剂生产的食品、食品添加剂……（十）标注虚假生产日期、保质期或者超过保质期的食品、食品添加剂……"《食品安全法》第一百四十九条规定："违反本法规定，构成犯罪的，依法追究刑事责任。"

《刑法》第一百四十条规定："生产者、销售者在产品中掺杂、掺假，以假充真，以次充好或者以不合格产品冒充合格产品，销售金额五万元以上不满二十万元的，处二年以下有期徒刑或者拘役，并处或者单处销售金额百分之五十以上二倍以下罚金；销售金额二十万元以上不满五十万元的，处二年以上七年以下有期徒刑，并处销售金额百分之五十以上二倍以下罚金；销售金额五十万元以上不满二百万元的，处七年以上有期徒刑，并处销售金额百分之五十以上二倍以下罚金；销售金额二百元以上的，处十五年有期徒刑或者无期徒刑，并处销售金额百分之五十以上二倍以下罚金或者没收财产。"单位犯生产、销售伪劣产品罪达到上述数额的，对单位判处罚金，并对其直接负责的主管人员和其他直接责任人员按照上述规定处罚。《刑法》第六十七条第一款规定："犯罪以后自动投案，如实供述自己的罪行的，是自首。对于自首的犯罪分子，可以从轻或者减轻处罚……"

本案中，杨某群、贺某政、陆某艳、杜某分别利用担任的相关职务，根据各自职责，指令上海福×公司、河北福×公司违反国家法律法规，在食品生产、销售过程中，以不合格产品冒充合格产品，实施了生产、销售伪劣产品的行为。其中，杨某群、贺某政销售金额110万余元，陆某艳销售金额34万余元，杜某销售金额16万余元；上海福×公司、河北福×公司以不合格产品冒充合格产品进行生产、销售，其中上海福×公司销售金额72万余元，河北福×公司销售金额76万余元；分别系两被告单位主管人员和直接责任人员的胡某和刘某杰销售金额72万余元，张某销售金额34万余元，李某军、张某喜销售金额76万余元，薛某萍销售金额16万余元，其行为均已构成生产、销售伪劣产品罪。

从本案中可知，本罪的犯罪主体不仅包括作出决策的企业高级管理人员，还包括执行决策的销售人员及指挥、安排、参与生产的相关人员。实务中，企业为减少经营损失，将回收食品、超过保质期的食品作为原料进行再生产、销售的情况十分普遍，甚至成了行业"潜规则"。如何避免触犯本罪呢？建议如下：

1. 对于有决策权的企业管理人员（包括董事长、总经理等）来说，应当清楚食品安全与人民群众的生命健康和社会安宁息息相关，一旦发生问题将带来极大的负面影响。尤其是大型企业，一旦发生食品安全问题，后果更为严重，影响更加恶劣，不仅会给企业管理人员带来刑事法律风险，更会让企业多年积淀的商誉受损，严重的可能会导致企业破产。因此，有决策权的企业管理人员不仅要严格自律，带头做好食品安全风险管理和全程控制，而且要禁止下属从事相关违法行为。切莫"以身犯险""以身试法"。

2. 对于执行决策的企业管理人员（包括销售经理、厂长、计划主管、生产经理、质量经理等）来说，当收到上级指令要对回收食品、超过保质期的食品进行再生产、销售时，应当以存在刑事法律风险为由，明确表示拒绝。如果企业以不执行上级命令为由打击报复的，可向企业工会或到人力资源管理部门投诉。当企业另行安排其他员工进行违法行为时，为以防万一，建议收集相关证据，最起码保留"违法指令"——譬如生产计划、所涉及的原材料来源，条件许可应当尽可能收集相关信息与证明材料，以自证清白。确有必要时，应当及时依法举报。

第三节 刑事法律风险防控措施

生产、销售伪劣产品罪是我国《刑法》第三章破坏社会主义市场经济秩序罪第一节生产、销售伪劣商品罪的第一个罪名，是典型的行政犯、法定犯。换言之，轻微的生产、销售伪劣产品行为不会也不应当受到刑事追诉，只有那些胆大妄为、肆无忌惮的制假、售假行为才会被刑事追诉、定罪处刑。伴随着我国市场经济体制改革日益深入，生产销售伪劣产品的违规、违法、犯罪行为越来越多，作为基本市场主体的生产经营者、企业管理人员，在生产、经营过程中理所应当不断强化质量意识，自愿、自觉加强产品质量的监督、管理。实务中，如何规避本罪呢?

一、加强员工教育、培训

企业不仅要加强生产、销售技术、技能培训，从根本上提高生产、销售人员综合素质；而且还要加强质量管理培训，真正在每一位员工心底里牢牢建立起“质量第一、品质至上”的质量观。在培训过程中，尤其应当训练、强化基层管理人员的“及时纠错能力”。

首先，企业家以身作则，提高自身刑事法律风险防范意识。企业家应多接受刑事法律培训，认识到刑法不仅是用来惩罚不法行为，也是用来保障其合法权益。建立企业法律顾问制度，可以使包括刑事法律风险在内的法律风险管理的重点从事后处理向事前防范转移。

其次，提高企业高管的法律意识。有些企业的法定代表人并不是实际经营管理者，平时大部分事务都是总经理来负责，导致一些高管可能会借用企业的漏洞进行违法犯罪活动，一旦企业涉嫌触犯本罪，企业负责人难免被追责。

最后，定期组织员工学习刑事法律知识。企业可聘请常年法律顾问，亦可定期要求专业律师到企业以讲座的形式对员工进行教育、培训。使员工正确理解生产、销售伪劣产品罪的犯罪构成、危害、刑罚，使员工自觉学法、知法、守法，增强法律意识，杜绝员工实施违法犯罪行为。

二、生产、销售的产品应确保符合国家标准或行业标准

企业管理人员务必确保自己企业所生产、销售的产品符合国家标准或行业标准。对于没有现行有效质量标准或者标准不明确的，尤其应当倍加小心谨慎，务必做到以不影响他人生命、财产安全为底线，坚定不移地执行不危及他人身体健康的“良心标准”。自行开发的新产品，则应当先将自行制定的生产标准报相关政府部门备案。待备案通过后，方可按备案之后的标准组织生产。

三、建立产品质量监督机制，加强监控生产、销售全过程

企业应当设立专门产品质量监督部门，负责产品质量的检查、监督、评估、反馈等产品质量法实施工作。实务中，质量监督部门应切实履行职责，按照先前制定的产品质量监督管理规定对生产、销售环节进行监督，对于不符合质量要求的，应当立即要求整改。需要注意的是，如果企业涉嫌触犯本罪的，生产经理往往难脱干系，肯定要承担相应的法律责任。因此，生产经理必须要对公司的生产线有一个清晰的掌握，至少在自己的职责范围内严把质量关。

四、保管好个人签章，谨慎担任法定代表人

很多人因为无风险意识，轻易担任公司的挂名法定代表人，殊不知，法定代表人这一身份存在一定的法律风险。通常情况下，对于公司从事的犯罪行为，由公司承担刑事责任，法定代表人并不因此而承担刑事责任。但在我国《刑法》规定的某些罪名中，除了对单位进行处罚外，还可能追究“直接负责的主管人员和其他直接责任人”的刑事责任。而法定代表人一般都会被认定为“直接负责的主管人员和其他直接责任人”。

五、建立健全企业内部监督制度

企业可成立纪律监督委员会，对接企业负责人，对各部门进行监督，接受

举报，若发现不良行为，及时处理，定期汇报情况。在办公区域、生产区域设立监控录像，提示员工规范自己的行为，一旦发生涉嫌犯罪行为，便于及时查清案情。

假冒伪劣产品在国际上被视为“仅次于贩毒的世界第二大公害”。随着市场经济不断深化，生产、销售伪劣产品之恶行愈演愈烈，各种伪劣产品充斥到人们物质生活和精神生活的各个领域：假奶粉、假烟、假酒、假服装、假家电、假农药、假文凭、假字画……形形色色、林林总总、不一而足。生产、销售伪劣产品犯罪严重破坏了国家的经济秩序，侵犯了广大消费者的合法权益，给国家和被假冒产品的企业造成重大损失，影响了中国企业在世界市场的形象，是阻碍当前我国市场经济发展最突出的问题之一。

本书对此给予企业经营者的提示就是不要“见利忘义”，而应当“守职而不废，处义而不回，见嫌而不苟免，见利而不苟得”，绝不与生产、销售伪劣产品之恶行沾边。

第三章 走私普通货物、物品罪

第一节 罪名概述

一、走私普通货物、物品罪的概念

走私普通货物、物品罪，是指违反海关法律法规，逃避海关监管，非法运输、携带、邮寄国家禁止进出口的武器、弹药、核材料、假币、珍贵动物及其制品、珍稀植物及其制品、淫秽物品、毒品以及国家禁止出口的文物、金银和其他贵重金属以外的货物、物品进出境，偷逃应缴税额数额较大，触犯《刑法》第一百五十三条的行为。

走私普通货物、物品罪等"走私类犯罪"的内核，均是行为人挖空心思刻意违反《海关法》及其配套法律法规，且其严重程度达到了应受刑罚处罚地步的行为。

《海关法》第二条明文规定："中华人民共和国海关是国家的进出关境（以下简称进出境）监督管理机关。海关依照本法和其他有关法律、行政法规，监管进出境的运输工具、货物、行李物品、邮递物品和其他物品（以下简称进出境运输工具、货物、物品），征收关税和其他税、费，查缉走私，并编制海关统计和办理其他海关业务。"一切与《海关法》不相符的进出境业务活动皆有可能涉嫌走私，触犯刑法者则可能会被以涉嫌走私罪刑事追诉，甚至因犯走私罪锒铛入狱。

二、犯罪构成要件

（一）犯罪主体

走私普通货物、物品罪的犯罪主体为一般主体，即达到刑事责任年龄具有刑事责任能力的自然人或单位。

单位既包括国有、集体所有的公司、企业、事业单位，也包括依法设立的合资经营、合作经营企业和具有法人资格的独资、私营公司、企业、事业单位。

（二）犯罪客观方面

本罪的客观方面表现为违反海关法律法规，逃避海关监管，运输、携带、邮寄普通货物、物品进出国（边）境，偷逃应缴关税税额较大或者一年内曾因走私被两次行政处罚后又走私的行为。

“违反海关法律法规”是指违反我国《海关法》《中华人民共和国进出口关税条例》等法律、法规。“逃避海关监管”是指采用隐瞒、隐藏、伪报、蒙混、绕关等方式、方法，躲避海关监督、管理和检查，即通常所说的绕关走私、闯关走私、后续走私及间接走私行为。

绕关走私，是指行为人从未设立海关的地点运输、携带国家限制进出口或者依法应当缴纳税款的货物、物品。

闯关走私，是指行为人通过藏匿、伪装、伪报价格等欺骗手段逃避海关监管检查，将国家限制进出口或者依法应当缴纳税款的货物、物品通过设立海关的地点。

后续走私，是指行为人以合法的进关形式为幌子，而实际上进行走私的行为，根据《刑法》第一百五十四条规定，包括以下两种形式：

1. 未经海关许可并且未补缴应缴税额，擅自将批准进口的来料加工、来件装配、补偿贸易的原材料、零件、制成品、设备等保税货物，在境内销售牟利的；

2. 未经海关许可并且未补缴应缴税额，擅自将特定减税、免税进口的货物、物品，在境内销售牟利的；

间接走私，是指某种涉及走私物品的行为，并没有与海关关口发生直接的联系，但经我国《刑法》的特殊规定以走私犯罪论处的情形。包括以下两个方面：

1. 直接向走私人非法收购走私进口的其他货物、物品，数额较大的；

2. 在内海、领海、界河、界湖运输、收购、贩卖国家限制进出口货物、物品，数额较大，没有合法证明的。

“一年内曾因走私被给予二次行政处罚后又走私的行为”是指违反海关法律法规，逃避海关监管，在一年内因为运输、携带 、邮寄普通货物、物品进出国（边）境被有关部门给予两次行政处罚后，又运输、携带、邮寄普通货物、物品进出国（边）境的行为。

（三）犯罪客体

本罪侵犯的客体是国家对外贸易管理制度。其对象是除武器、弹药、伪造的货币，国家禁止出口的文物、黄金、白银和其他贵重金属，国家禁止进出口的珍贵动物及其制品、珍稀植物及其制品、淫秽物品、毒品、固体废物以外的一切货物与物品。根据国家是否禁止、限制的不同，又可分为以下三种情况：

1. 国家禁止进出口的货物、物品，主要有：对国家政治、经济、文化、道德有害或内容涉及国家秘密的印刷品、手稿、图片、胶卷、音像制品、软件等物品；烈性毒药、带有危险性病菌、害虫及其他有害生物的动植物及其制品；有碍人畜健康，来自疫区或者其他能传播疾病的仪器、药品等；按规定允许携带除外的人民币；濒危和珍贵植物（含标本）及种子和繁殖材料；侵犯知识产权的货物、物品；国家禁止进出口的一般性动物及其产品；等等。

2. 国家限制进出口的货物、物品，即国家对其进出口实行配额或者许可证管理的货物、物品，如烟、酒、汽车、摩托车、电视机、电冰箱、计算器、个人电脑、外币及有价证券、通信保密机、无线电收发报机、贵重中药材及其成药等。

3. 国家不禁止、不限制进出口但应缴纳关税的货物、物品，如服装、精矿、海蜇、淡水鱼、虾、土特产品等出口物品；陶瓷、塑料、化妆品、玻璃制品、造纸原料等进口物品。

（四）犯罪主观方面

本罪主观方面表现为直接故意，并且具有偷逃关税的目的，过失不构成本罪。

根据《最高人民法院、最高人民检察院、海关总署关于办理走私刑事案件适用法律若干问题的意见》第五条规定，行为人明知自己的行为违反国家法律法规，逃避海关监管，偷逃进出境货物、物品的应缴税额，或者逃避国家有关进出境的禁止性管理，并且希望或者放任危害结果发生的，应认定为具有走私的主观故意。

走私主观故意中的“明知”是指行为人知道或者应当知道所从事的行为是走私行为。具有下列情形之一的，可以认定为“明知”，但有证据证明确属被蒙骗的除外：

1. 逃避海关监管，运输、携带、邮寄国家禁止进出境的货物、物品的；

2. 用特制的设备或者运输工具走私货物、物品的；

3. 未经海关同意，在非设关的码头、海（河）岸、陆路边境等地点，运输（驳载）、收购或者贩卖非法进出境货物、物品的；

4. 提供虚假的合同、发票、证明等商业单证委托他人办理通关手续的；

5. 以明显低于货物正常进（出）口的应缴税额委托他人代理进（出）口业务的；

6. 曾因同一种走私行为受过刑事处罚或者行政处罚的；

7. 其他有证据证明的情形。

三、刑事立案追诉标准

根据《刑法》第一百五十三条的规定，走私货物、物品偷逃应缴税额较大或者一年内曾因走私被给予二次行政处罚后又走私的，将被立案侦查。

应当注意，下列几种情形符合立案标准的，也应当以涉嫌走私货物、物品罪立案侦查：

1. 未经海关许可并且未补缴应缴税额，擅自将批准进口的来料加工、来件装配、补偿贸易的原材料、零件、制成品、设备等保税货物，在境内销售牟利的；

2. 未经海关许可并且未补缴应缴税额，擅自将特定减税、免税进口的货物、物品，在境内销售牟利的。

3. 直接向走私人非法收购国家禁止进口物品的，或者直接向走私人非法收购走私进口的其他货物、物品，数额较大的；

4. 在内海、领海运输、收购、贩卖国家禁止进出口物品的，或者运输、收购、贩卖国家限制进出口货物、物品，数额较大，没有合法证明的。

走私罪乃《刑法》第三章破坏社会主义市场经济秩序罪第二节的名称；亦即走私罪是违反《海关法》这一类罪的罪名。

走私罪是最为典型的行政犯，张明楷老师称之为“法定犯”；乃“自然犯”之对称。所谓行政犯、法定犯即犯罪评价应当首先用行政法进行评价，只有在行政处罚不足以惩戒其违法行为的情形之下才可以启动刑事追诉程序。所以，所有走私罪的刑事风险防控均主要应从对行政法律法规即海关法及其配套法律法规的深刻、准确、充分的解析、研究与灵活运用开始。

四、量刑标准

根据《刑法》第一百五十三条的规定，走私本法第一百五十一条、第一百五十二条、第三百四十七条规定以外的货物、物品的，根据情节轻重，分别依照下列规定处罚：（一）走私货物、物品偷逃应缴税额较大或者一年内曾因走私被给予二次行政处罚后又走私的，处三年以下有期徒刑或者拘役，并处偷逃应缴税额一倍以上五倍以下罚金。（二）走私货物、物品偷逃应缴税额巨大或者有其他严重情节的，处三年以上十年以下有期徒刑，并处偷逃应缴税额一倍以上五倍以下罚金。（三）走私货物、物品偷逃应缴税额特别巨大或者有其他特别严重情节的，处十年以上有期徒刑或者无期徒刑，并处偷逃应缴税额一倍以上五倍以下罚金或者没收财产。单位犯前款罪的，对单位判处罚金，并对其直接负责的主管人员和其他直接责任人员，处三年以下有期徒刑或者拘役；情节严重的，处三年以上十年以下有期徒刑；情节特别严重的，处十年以上有期徒刑。对多次走私未经处理的，按照累计走私货物、物品的偷逃应缴税额处罚。

根据《最高人民法院、最高人民检察院关于办理走私刑事案件适用法律若干问题的解释》第十六条的规定，走私普通货物、物品，偷逃应缴税额在十万元以上不满五十万元的，应当认定为刑法第一百五十三条第一款规定的“偷逃应缴税额较大”；偷逃应缴税额在五十万元以上不满二百五十万元的，应当认定为‘偷逃应缴税额巨大’；偷逃应缴税额在二百五十万元以上的，应当认定为“偷逃应缴税额特别巨大”。

走私普通货物、物品，具有下列情形之一，偷逃应缴税额在三十万元以上不满五十万元的，应当认定为刑法第一百五十三条第一款规定的“其他严重情节”；偷逃应缴税额在一百五十万元以上不满二百五十万元的，应当认定为“其他特别严重情节”：（一）犯罪集团的首要分子；（二）使用特种车辆从事走私活动的；（三）为实施走私犯罪，向国家机关工作人员行贿的；（四）教唆、利用未成年人、孕妇等特殊人群走私的；（五）聚众阻挠缉私的。

第二节　典型案例精析

永×纺织有限公司、青岛帝×棉业有限公司等走私普通货物、物品案[①]

△基本案情

2014年以来，周口永×纺织有限公司（以下简称永×公司）总经理李某2（在逃）为给单位谋取非法利益，与吴某福共谋以加工贸易方式进口棉花并在国内销售牟利。其中，吴某福具体实施了为永×公司筹集货款、税款，以永×公司的名义与国外供货商、香港海×国际有限公司分别签订棉花、棉纱的进口、出口合同，帮助永×公司申领加工贸易手册，并联系被告单位青岛帝×棉业有限公司（以下简称帝×公司）等国内客户，持永×公司的加工贸易手册、配额证将保税棉花通关进口后在国内销售。委托青岛泰×公司以棉纱一

---

① 案号：（2016）鲁刑终506号。

日游的方式对永×公司的加工贸易手册进行核销等行为。邵某华作为永×公司的会计，在李某2的指使下，配合吴某福具体实施了申领加工贸易手册，收取、支付货款、税款，伪造虚假的核销资料，向海关申请手册核销等行为。另外，宋某民为给帝×公司谋取非法利益，明知上述棉花系用加工贸易手册进口的保税货物，仍决定购买并联系报关公司通关进口部分保税棉花在国内销售。

综上，永×公司、吴某福、邵某华在国内销售保税棉花共计976.667吨，偷逃应缴税额694万余元；帝×公司、宋某民在国内购买并销售保税棉花493.062吨，偷逃应缴税额352万余元。另外，永×公司通过一日游方式进口棉纱907吨，缴纳关税、增值税共计339万元；永×公司擅自在国内销售保税棉花实际造成国家税款损失355万元，其中，帝×公司购买并销售的保税棉花实际造成国家税款损失181万元。

案发后，永×公司主动缴纳罚金28万元，帝×公司在侦查阶段补缴税款20万元，在一审法院审理阶段缴纳罚金30万元，被告人吴某福在侦查阶段补缴税款10万元。

△裁判结果

永×公司构成走私普通货物、物品罪，判处罚金人民币240万元；帝×公司构成走私普通货物、物品罪，判处罚金人民币100万元；吴某福构成走私普通货物、物品罪，判处有期徒刑七年，并处罚金人民币20万元；邵某华构成走私普通货物、物品罪，判处有期徒刑三年，缓刑五年；宋某民构成走私普通货物、物品罪，判处有期徒刑三年，缓刑三年。海关缉私局扣押帝×公司人民币20万元、吴某福人民币10万元，依法没收。

△评析

本案主要涉及的是企业未经海关许可亦未补缴应缴税额，擅自将批准进口的保税货物在国内销售牟利的行为，是否构成走私普通货物、物品罪的问题。

根据《刑法》第一百五十四条的规定，下列走私行为，根据本节规定构成犯罪的，依照本法第一百五十三条的规定定罪处罚：（一）未经海关许可并且未补缴应缴税额，擅自将批准进口的来料加工、来件装配、补偿贸易的原材料、零件、制成品、设备等保税货物，在境内销售牟利的；（二）未经海关许可并且未补缴应缴税额，擅自将特定减税、免税进口的货物、物品，在境内销售牟利的。根据《刑法》第一百五十五条第一项的规定，直接向走私人非法收购国家禁止进口物品的，或者直接向走私人非法收购走私进口的其他货物、物品，数额较大的。根据《刑法》第一百五十三条第一款第二项、第三项和第二款的规定，走私货物、物品偷逃应缴税额巨大或者有其他严重情节的，处三年以上十年以下有期徒刑，并处偷逃应缴税额一倍以上五倍以下罚金；走私货物、物品偷逃应缴税额特别巨大或者有其他特别严重情节的，处十年以上有期徒刑或者无期徒刑，并处偷逃应缴税额一倍以上五倍以下罚金或者没收财产。单位犯前款罪的，对单位判处罚金，并对其直接负责的主管人员和其他直接责任人员，处三年以下有期徒刑或者拘役；情节严重的，处三年以上十年以下有期徒刑；情节特别严重的，处十年以上有期徒刑。根据《最高人民法院、最高人民检察院关于办理走私刑事案件适用法律若干问题的解释》第十六条第一款的规定，走私普通货物、物品，偷逃应缴税额在50万元以上不满250万元的，应当认定为“偷逃应缴税额巨大”；偷逃应缴税额在250万元以上的，应当认定为“偷逃应缴税额特别巨大”。

保税货物，是指经海关批准未办理纳税手续进境，在境内储存、加工、装配后复运出境的货物。根据《海关法》第三十三条第三款规定，加工贸易保税进口料件或者制成品内销的，海关对保税的进口料件依法征税；属于国家对进口有限制性规定的，还应当向海关提交进口许可证。

本案中，永×公司未经海关许可亦未补缴应缴税额，擅自将批准进口的保税货物在国内销售牟利，情节严重，其行为构成走私普通货物、物品罪；帝×公司直接向走私人非法收购走私进口的保税棉花，亦应以走私普通货物、物品罪论处；吴某福为谋取个人利益，与他人通谋，帮助永×公司擅自倒卖保税棉花，偷逃应缴税额特别巨大，亦构成走私普通货物、物品罪；邵某华作为被告单位永×公司的直接责任人员，受单位负责人指使擅自在国内倒卖保税货物，偷逃应缴税额巨大，亦构成走私普通货物、物品罪；宋某民作为帝×公司直接负责的主管人员，直接向走私人非法收购走私进口的保税棉花，数额较大，亦应以走私普通货物、物品罪论处。综上，永×公司、帝×公司、吴某福、邵某华、宋某民的行为均构成走私普通货物、物品罪。

实务中，从事加工贸易业务的企业管理人员，如何避免触犯本罪呢？建议如下：

1. 在中国境内销售加工贸易货物，一定要经海关许可并补缴税款才可实施。

2. 不得为谋取非法利益而收购未经内销审批亦未补缴税款的加工贸易货物。

3. 财务人员与报关员很容易成为本罪的直接责任人员，成为本罪的帮助犯。为此，当企业领导指使从事加工贸易货物的相关违法行为时，应明确表示拒绝。

第三节　刑事法律风险防控措施

走私犯罪，是我国所有企业尤其是外贸企业必须正视的经营管理风险，在笔者执业经历中遇到过多起因为涉嫌走私而导致发展前景良好的企业“其亡也忽焉”的惨痛案例。实务中，如果企业经营管理人员稍不注意，就有可能触犯本罪。为有效防止本罪的刑事风险，提出几点建议。

一、要树立刑事法律风险的红线意识，切忌抱有侥幸心理

企业在从事进出口业务过程中，对于明知是走私行为的事情，一定不能做，切忌抱有侥幸心理，希望怀揣“蒙混”过关的想法。如以低于实际进口的价格报关税、倒卖保税来料加工原材料、出售特定减税或免税货物等。这些做法，短期内可能会为企业带来颇具诱惑力的高额利润，但是更可能会让企业走向毁灭。

二、制定严格的商品采购审批制度，避免触犯“间接走私罪”

根据我国《刑法》第一百五十五条的规定，间接走私是指违反海关法律法规，直接向走私人非法收购走私进口的一般货物、物品数额较大的，或者在内海、领海运输、收购、贩卖国家限制进出口的货物、物品等以外的其他违禁

品，数额较大，没有合法证明的，以走私普通货物、物品罪论处。如果企业管理制度有漏洞，有采购职权的员工可能为谋取私利而采购明知是走私的货物，当其行为被海关发现时，单位、法定代表人及公司相关高管都有可能被刑事追诉，因为走私罪可以是单位犯罪。

实务中，企业在采购时，如遇到明显低于市场价格的原材料或产品时，一定要保持警惕，要核实对方的产品来源、产地等。为以防万一，采购时要做好相关证据保全，如要求对方提交相关证明文件等。当遭遇卖方被海关抓获时，如果企业能证明自己是不知情的，不构成本罪。

三、不要随便为他人提供贷款、资金、账号、发票或为其保管货物

《刑法》第一百五十六条规定："与走私罪犯通谋，为其提供贷款、资金、账号、发票、证明，或者为其提供运输、保管、邮寄或者其他方便的，以走私罪的共犯论处。"实务中，如果有人以某种利益相许或者以某种方式邀请外贸合作，一定要严格依法处理，万万不可利欲熏心，见利忘义，半推半就之间触犯本罪。

四、企业安排从事涉嫌走私活动的工作，要坚决拒绝

实务中，进出口业务负责人、财务、会计、报关员、制单员等都是走私罪单位的"高危人员"；在案发时，均会被询问或讯问。从劳动者角度来看，工作就是为了获得劳动报酬，没有义务为企业追求暴利的行为承担刑事法律风险。因此，当企业高层或股东要求从事涉嫌走私犯罪的事情时，务必高度警惕；一旦察觉，务必依法查询；一经查实，便断然拒绝。

五、制定严格的管理制度，防止员工超越职权从事走私活动

实务中，经常出现企业管理人员尤其是"董、监、高"等企业管理人员擅自超越公司意志，以违法方式进口货物的情况，尤其是涉嫌走私国家禁止进出

口的货物、物品罪的林林总总的光怪陆离的情形，不一而足，那些利欲熏心的不法分子绞尽脑汁去规避法律、逃避海关依法监管，走私国家禁止进出口的货物、物品，面对这类犯罪行为，企业应当制定严格的管理制度及建立严密的可操作性的管理系统，以防止刑事风险的发生。

第四章 非国家工作人员受贿罪

第一节 罪名概述

一、非国家工作人员受贿罪的概念

非国家工作人员受贿罪，是指公司、企业或者其他单位的非国家工作人员，利用职务上的便利，索取他人财物或者非法收受他人财物，为他人谋取利益，数额较大，触犯《刑法》第一百六十三条的行为。

本罪罪名原先是“公司、企业人员受贿罪”。最高人民法院、最高人民检察院于2007年11月5日联合公布刑法确定罪名补充规定，补充、修改了一批刑法罪名。该规定明文以“非国家工作人员受贿罪”替代了“公司、企业人员受贿罪”。经此“司法解释”调整后的新罪名“非国家工作人员受贿罪”于2007年11月6日起施行。本罪的设立将传统的国家工作人员受贿犯罪与新出现的各种不具有国家工作人员身份的人所实施的受贿犯罪区分开来，既避免打击不力又可以防止打击面过大，保证企业的正常管理活动和社会经济的正常秩序。

事实上，这种行为已经涉嫌非国家工作人员受贿罪，这样的行为不仅会严重损害相关公司、企业利益，更加值得关注的是，这样的行为必定根本性破坏经济社会秩序、根本性败坏营商环境、溃败市场经济体制，直至毁坏法治中国国策的实现。

可是，并不是所有“纯粹交易”商业行为之外的“利益输送行为”“交易之外的互利行为”都是非国家工作人员受贿罪的“行贿”“受贿”刑事犯罪行为。有鉴于此而不限于此，企业管理人员确有必要尽可能详尽准确了解非国家工作人员受贿罪与交易、交往、经营管理过程中的“人情世故”的边界及其区分方法，否则，在“温水煮青蛙”中东窗事发，被刑事追诉，甚至锒铛入狱，则必将悔之晚矣。

二、犯罪构成要件

（一）犯罪主体

本罪的犯罪主体是公司、企业或者其他单位的非国家工作人员。

公司、企业的工作人员既包括国有公司、国有企业或其他国有单位，也包括非国有公司、非国有企业或其他非国有单位，如公司的董事、监事以及公司、企业的经理、厂长、财会人员以及其他受公司、企业聘用从事相关事务的人员。需要说明的是，本罪不包括国有公司、企业或者其他国有单位中从事公务的人员和国有公司、企业或者其他国有单位委派到非国有公司、企业以及其他单位从事公务的人员。国有公司、企业或者其他国有单位中从事公务的人员，一般是指在国有公司、企业或者其他国有单位中具有一定组织、领导、监督、管理等工作的人员，包括董事长、监事会成员、经理等高级主管人员和从事管理、技术、财务等工作的、《公务员法》辖制的各类人员。

根据《最高人民法院、最高人民检察院关于办理商业贿赂刑事案件适用法律若干问题的意见》第二条规定，“其他单位”既包括事业单位、社会团体、村民委员会、居民委员会、村民小组等常设性的组织，也包括为组织体育赛事、文艺演出或者其他正当活动而成立的组委会、筹委会、工程承包队等非常设性的组织。

根据《最高人民法院、最高人民检察院关于办理商业贿赂刑事案件适用法律若干问题的意见》第四条、第五条、第六条的规定，以下特殊行业或组织中的工作人员有行贿受贿行为的，应按以下情况处理：

1. 医疗机构中的国家工作人员，在药品、医疗器械、医用卫生材料等医药产品采购活动中，利用职务上的便利，索取销售方财物，或者非法收受销售方财物，为销售方谋取利益，构成犯罪的，依照《刑法》第三百八十五条的规定，以受贿罪定罪处罚。

医疗机构中的非国家工作人员，有前款行为，数额较大的，依照《刑法》第一百六十三条的规定，以非国家工作人员受贿罪定罪处罚。

医疗机构中的医务人员，利用开处方的职务便利，以各种名义非法收受药品、医疗器械、医用卫生材料等医药产品销售方财物，为医药产品销售方谋取利益，数额较大的，依照《刑法》第一百六十三条的规定，以非国家工作人员受贿罪定罪处罚。

2. 学校及其他教育机构中的国家工作人员，在教材、教具、校服或者其他物品的采购等活动中，利用职务上的便利，索取销售方财物，或者非法收受销售方财物，为销售方谋取利益，构成犯罪的，依照《刑法》第三百八十五条的规定，以受贿罪定罪处罚。

学校及其他教育机构中的非国家工作人员，有前款行为，数额较大的，依照《刑法》第一百六十三条的规定，以非国家工作人员受贿罪定罪处罚。

学校及其他教育机构中的教师，利用教学活动的职务便利，以各种名义非法收受教材、教具、校服或者其他物品销售方财物，为教材、教具、校服或者其他物品销售方谋取利益，数额较大的，依照《刑法》第一百六十三条的规定，以非国家工作人员受贿罪定罪处罚。

3. 依法组建的评标委员会、竞争性谈判采购中谈判小组、询价采购中询价小组的组成人员，在招标、政府采购等事项的评标或者采购活动中，索取他人财物或者非法收受他人财物，为他人谋取利益，数额较大的，依照《刑法》第一百六十三条的规定，以非国家工作人员受贿罪定罪处罚。

依法组建的评标委员会、竞争性谈判采购中谈判小组、询价采购中询价小组中国家机关或者其他国有单位的代表，有前款行为的，依照《刑法》第三百八十五条的规定，以受贿罪定罪处罚。

（二）犯罪客观方面

本罪在客观方面表现为利用职务上的便利，索取他人财物或非法收受他人财物，为他人谋取利益，数额较大的行为。

利用职务上的便利，是指公司、企业或者其他单位的工作人员利用本人领导、监督、管理等职权以及利用与上述职权有关的便利条件。

索取他人财物，是指主动向有求于行为人职务行为的请托人索要财物。非法收受他人财物，是指为请托人办事，接受请托人主动送给的财物。

为他人谋取利益，是指行为人索要或收受他人财物，利用职务之便为他人或允诺为他人实现某种利益。该利益是合法还是非法，该利益是否已谋取到，均不影响本罪的成立。

数额较大，是指接受贿赂财物的数额较大。根据《最高人民法院、最高人民检察院关于办理贪污贿赂刑事案件适用法律若干问题的解释》第十一条第一款规定，对非国家工作人员受贿罪的“数额较大”的数额起点，按照本解释第一条关于受贿罪相对应的数额标准规定的二倍执行。

需要说明的是，受贿犯罪的本质是权钱交易，并非所有在工作中索取或收受他人财物的行为都构成受贿罪，关键是看该财物的获取是否利用了职务便利。如果在工作之余，没有利用职务便利为他人提供帮助，以劳费或酬谢费的名义收受他人财物的，不构成本罪。

（三）犯罪客体

本罪侵犯的客体是国家对公司、企业以及非国有事业单位、其他组织的工作人员职务活动的管理制度。

（四）犯罪主观方面

本罪的主观方面表现为直接故意，即行为人明知其利用职务上的便利为他人谋取利益及收受贿赂的行为是违法的，却铤而走险（多抱着“神不知鬼不觉”的侥幸心理）收受不义之财。

三、刑事立案追诉标准

根据《刑法》第一百六十三条第一款的规定，非国家工作人员受贿罪的追诉标准为数额较大。根据《最高人民法院、最高人民检察院关于办理贪污贿赂刑事案件适用法律若干问题的解释》第十一条第一款的规定，对非国家工作人员受贿罪的“数额较大”的数额起点，按照本解释第一条关于受贿罪相对应的数额标准规定的二倍执行。根据《最高人民法院、最高人民检察院关于办理贪污贿赂刑事案件适用法律若干问题的解释》第一条第一款的规定，贪污或者受贿数额在3万元以上不满20万元的，应当认定为《刑法》第三百八十三条第一款规定的“数额较大”，依法判处三年以下有期徒刑或者拘役，并处罚金。

综上，非国家工作人员受贿金额达到6万元的，应予立案追诉。

四、量刑标准

《刑法》第一百六十三条第一款规定：“公司、企业或者其他单位的工作人员，利用职务上的便利，索取他人财物或者非法收受他人财物，为他人谋取利益，数额较大的，处三年以下有期徒刑或者拘役，并处罚金；数额巨大或者有其他严重情节的，处三年以上十年以下有期徒刑，并处罚金；数额特别巨大或者有其他特别严重情节的，处十年以上有期徒刑或者无期徒刑，并处罚金。”该条第二款规定：“公司、企业或者其他单位的工作人员在经济往来中，利用职务上的便利，违反国家规定，收受各种名义的回扣、手续费，归个人所有的，依照前款的规定处罚。”

根据《最高人民法院、最高人民检察院关于办理贪污贿赂刑事案件适用法律若干问题的解释》第十一条第一款的规定，刑法第一百六十三条规定的非国家工作人员受贿罪中“数额较大”“数额巨大”的数额起点，按照本解释第一条、第二条关于受贿罪相对应的数额标准规定的二倍、五倍执行。第一条第一款规定，受贿数额在3万元以上不满20万元的，应当认定为《刑法》第三百八十三条第一款规定的“数额较大”，依法判处三年以下有期徒刑或者拘役，并处罚金。第二条第一款规定，受贿数额在20万元以上不满300万元的，应当认定为《刑法》第三百八十三条第一款规定的“数额巨大”，依法判处三年以上十年以下有期徒刑，并处罚金或者没收财产。

第二节　典型案例精析

董某非国家工作人员受贿案[①]

△基本案情

唐山开×碳素化工有限公司（以下简称开×公司）于2017年1月16日成立，为股份制企业；其前身为唐山考伯斯开×碳素化工有限公司，于2007年11月12日注册，原为中外合资企业。董某于2009年到唐山考伯斯开×碳素化工有限公司工作，2012年9月任销售部后勤统计，2014年1月任销售业务助理。

董某在先后任开×公司销售部后勤统计、销售业务助理、销售主管期间，在经济往来中，违反国家规定，多次在账外收受业务客户各种名义的回扣、好处费，并据为己有。经查，2012年9月至2017年2月，收受抚顺基×特化工有限公司实际控制人吴某86920元、收受乐亭县鼎×商贸有限公司法定代表人吕某52000元、收受唐山平×商贸有限公司经理王某16000元、收受乐亭县三×货物运输车队法定代表人卢某10300元、收受黄骅市新×达运输队经理韩某245550元，共计收受他人贿赂410770元。案发后，董某家属主动退回赃款410770元。

董某的上述行为因涉嫌犯非国家工作人员受贿罪，河北省乐亭县人民法院于2018年4月11日作出（2017）冀0225刑初177号刑事判决，宣判后，河北唐山海港经济开发区人民检察院提起抗诉，河北省唐山市人民检察院支持抗诉。河北省唐山市中级人民法院受理后，依法组成合议庭，公开开庭审理了本案。现已审理终结。

△裁判结果

董某犯非国家工作人员受贿罪，判处有期徒刑二年，缓刑三年；董某违法所得410770元，予以没收，上缴国库。

---

① 案号：（2018）冀02刑终542号。

△评析

本案主要涉及的是企业管理人员收受客户的回扣，是否构成非国家工作人员受贿罪的问题。

根据《刑法》第一百六十三条第一款的规定，公司、企业或者其他单位的工作人员，利用职务上的便利，索取他人财物或者非法收受他人财物，为他人谋取利益，数额较大的，处三年以下有期徒刑或者拘役，并处罚金；数额巨大或者有其他严重情节的，处三年以上十年以下有期徒刑，并处罚金；数额特别巨大或者有其他特别严重情节的，处十年以上有期徒刑或者无期徒刑，并处罚金。第二款规定，公司、企业或者其他单位的工作人员在经济往来中，利用职务上的便利，违反国家规定，收受各种名义的回扣、手续费，归个人所有的，依照前款的规定处罚。根据《最高人民法院、最高人民检察院关于办理贪污贿赂刑事案件适用法律若干问题的解释》第十一条第一款的规定，对非国家工作人员受贿罪的“数额较大”的数额起点，按照本解释第一条关于受贿罪相对应的数额标准规定的二倍即 6 万元执行，即“数额较大”的范围为 6 万元以上 100 万元以下。同时，根据上述司法解释规定，对多次受贿未经处理的，累计计算受贿数额。

回扣是指卖方从买方支付的商品款项中按一定比例返还给买方的价款。按照是否采取账外暗中的方式，回扣可以简单分为两种，即“账内明示”的回扣与“账外暗中”的回扣。《国家工商行政管理局关于禁止商业贿赂行为的暂行规定》第五条规定：“在帐外暗中给予对方单位或者个人回扣的，以行贿论处；对方单位或者个人在帐外暗中收受回扣的，以受贿论处。本规定所称回扣，是指经营者销售商品时在帐外暗中以现金、实物或者其他方式退给对方单位或者个人的一定比例的商品价款。本规定所称账外暗中，是指未在依法设立的反映其生产经营活动或者行政事业经费收支的财务帐上按照财务会计制度规定明确如实记载，包括不记入财务帐、转入其他财务帐或者做假帐等。”也就是说，“账内明示”的回扣，我国法律不禁止，是合法行为；我国法律所禁止的是指“账外暗中”的回扣。

本案中，董某在接受吴某、吕某、王某、卢某、韩某贿赂时是开×公司的普通职工，不具有国家工作人员的身份，故其收受贿赂的行为系非国家工作人员受贿行为。依据现有证据依法认定董某收受韩某“账外暗中”回扣

245550 元，共计收受他人“账外暗中”回扣 410770 元。董某利用职务上的便利，非法收受他人财物，为他人谋取利益，数额较大，其行为已经触犯了我国刑法，构成非国家工作人员受贿罪。需要说明的是，董某家属在案发后退缴了全部赃款，法院应当酌情对其从轻处罚，该案裁判结果已经予以充分考量。

根据《最高人民法院、最高人民检察院关于办理商业贿赂刑事案件适用法律若干问题的意见》的规定，商业贿赂犯罪包括非国家工作人员受贿罪、对非国家工作人员行贿罪、受贿罪、单位受贿罪、行贿罪、对单位行贿罪、介绍贿赂罪、单位行贿罪八个罪名。在商业贿赂犯罪司法实践中，回扣是贿赂的主要表现形式，很多企业管理人员因为涉及“回扣”的问题而遭受刑事追诉，甚至锒铛入狱。如何防控此类刑事法律风险呢？建议如下：

1. 经营者销售或者购买商品，可以以明示方式给对方折扣、回扣，可以给中间人佣金。经营者给对方折扣、回扣、给中间人佣金的，务必及时如实入账。接受折扣、回扣、佣金的，也必须如实入账。

2. 客户关系维护、巩固、发展，无疑是企业经营管理流程之中至关重要的工作之一。为做好刑事风险防范，笔者建议经营者在业务活动中不要随意向对方单位或者其个人附赠大额现金或者珍贵物品（价值明显较大，达到刑罚标准的价值额度），否则也可能涉嫌触犯本罪。实务中，经营者应当运用商业智慧巧妙地维护、巩固、发展客户关系，将客户关系管理艺术化、审美化，尽可能杜绝赤裸裸的“金钱交易”。

第三节　刑事法律风险防控措施

非国家工作人员受贿罪跟其他罪名有所区别，刑法分则有些罪名不为人所熟知，企业及相关人员往往会不自觉地中招。而本罪不存在这个问题，即使在封建社会，受贿也是犯罪。所以本罪的发生，基本上是基于人性的贪婪。当然有些人知道这是犯罪，但不一定知道其后果的严重性。有的人可能会误认为国家工作人员受贿才构成犯罪，公司、企业人员捞点好处无所谓，甚至还认为企业的便宜不占白不占，有这样想法的人不在少数。那么，如何规避本罪呢？

一、加强教育，增强刑事法律风险防控意识

本罪中，很多人会误以为只有国家工作人员受贿才构成犯罪，企业人员收点回扣没关系。因此企业内部应加强教育，应对员工有可能涉及犯罪的点进行法制宣传，对非国家工作人员受贿罪的立案标准、量刑标准进行普及。让员工们意识到要管住手，否则伸手必被抓。

实务中，很多受贿行为不是那么明显，具有一定的隐蔽性，行为人大多也没有意识到自己的行为触犯刑事法律。因此，笔者建议企业管理人员应当重点学习《最高人民法院、最高人民检察院关于办理受贿刑事案件适用法律若干问题的意见》规定的几种变相受贿行为，具体如下：

1. 交易型受贿；
2. 干股分红型受贿；
3. 合作投资型受贿；
4. 委托理财型受贿；
5. 赌博型受贿；
6. 干薪型受贿；
7. 特定关系人收受型受贿；
8. 权属未变型受贿；
9. 商业贿赂；
10. 涉及股票受贿案件。

二、建立有竞争力的薪酬制度体系

员工是企业的核心竞争力，没有好的员工，就没有好的企业。员工得不到适当的薪酬待遇，不仅没有办法成为好的员工，还有可能成为害群之马。极个别民营企业老板为私欲一掷千金，而跟随其打拼的员工则生存艰难。在这种情

况下，员工难免不生异心，这是人性的弱点，也是人之常情。好的企业应该和员工共同成长，应该建立适当的薪酬激励制度，鼓励员工充分发挥主观能动性，提高工作积极性。从企业获取的利益一定要大于通过不正当途径获取的利益，只有这样才能从根本上杜绝腐败的滋生。

三、建立严格的内控制度体系

有了合理的薪酬制度，还应该有严格的规章制度，让员工敬畏。有的企业会跟员工签订廉洁合同，约定违约责任，笔者认为这就是一个好办法，奖惩分明，让权力在阳光下，才能不滋生腐败。大一点的企业可以成立监督部门，管控企业的采购。小一点的企业可以建立企业信箱，欢迎员工检举揭发，查证属实的给予一定奖励。企业内部营造一种廉洁的氛围，才能抑制人性的贪婪，减少贪腐的发生。

四、跟供应商建立良好、互信的合作关系

企业的生产发展离不开供应商的支持，好的供应商是企业的成长伙伴。笔者认为，企业在与供应商签订合同时，应加上廉洁条款与违约责任。比如发现供应商给予回扣的，应取消供应商资格，对于已经执行的合同进行倒推，按照回扣的比例，扣除相应的不合理利润，并要求供应商给予一定的违约金。目前，供需双方签署《廉洁协议书》已成为通行的做法。

五、避免"借款"变受贿

根据《最高人民法院关于印发〈全国法院审理经济犯罪案件工作座谈会纪要〉的通知》的规定，国家工作人员利用职务上的便利以借为名向他人索取财物，或者非法收受财物为他人谋取利益的，应当认定为受贿。具体认定时，不能仅看是否有书面借款手续，应当根据以下因素综合判定：有无正当、合理的借款事由；款项的去向；双方平时关系如何、有无经济往来；出借方是否要求国家工作人员利用职务上的便利为其谋取利益；借款后是否有归还的意思表示

及行为；是否有归还的能力；未归还的原因；等等。因此，企业及其管理人员向供应商、客户或合作伙伴借款时，不仅要有书面的借款手续与归还借款的能力，而且要有充足的借款理由，同时还要按约定还款。比如，某企业总经理年薪 30 万元，但其向供应商借款 1000 万元，则有可能触犯本罪。

第五章
对非国家工作人员行贿罪

第一节　罪名概述

一、对非国家工作人员行贿罪的概念

对非国家工作人员行贿罪，是指行为人为谋取不正当利益，给予公司、企业或者其他单位的工作人员以财物，数额较大，触犯《刑法》第一百六十四条的行为。

本书研究的主题与旨趣是，以厘清“手续费”“回扣”“佣金”“好处费”等与对非国家工作人员行贿罪、非国家工作人员受贿罪的边界为逻辑起点，给予企业管理人员以某种警示和刑事风险防控提示。

二、犯罪构成要件

（一）犯罪主体

本罪的犯罪主体为一般主体，即年满十六周岁且具有刑事责任能力的自然人或单位。对非国家工作人员行贿罪的犯罪主体多为单位；一般是指非国有企业。本罪的犯罪主体一般为年满十六周岁且具有刑事责任能力的自然人，多为企业管理人员；因为即便是单位犯罪，也会追究相关责任人即自然人。

（二）犯罪客观方面

本罪在客观方面表现为行为人为谋取不正当利益，给予公司、企业的工作人员以财物，并且数额较大的行为。具体来讲，本罪在客观方面包括以下几个要点：

1. 谋取不正当利益

所谓“不正当利益”，根据2013年1月1日实施的《最高人民法院、最高人民检察院关于办理行贿刑事案件具体应用法律若干问题的解释》第十二条规定，行贿犯罪中的“谋取不正当利益”，是指行贿人谋取的利益违反法律、法规、规章、政策规定，或者要求国家工作人员违反法律、法规、规章、政策、行业规范的规定，为自己提供帮助或者方便条件。违背公平、公正原则，在经济、组织人事管理等活动中，谋取竞争优势的，应当认定为“谋取不正当利益”。

需要说明的是，不正当利益是否实现，并不影响行贿的认定。

2. 给予公司、企业或者其他单位的工作人员以财物

所谓“财物”，根据2016年4月18日实施的《最高人民法院、最高人民检察院关于办理贪污贿赂刑事案件适用法律若干问题的解释》第十二条规定，贿赂犯罪中的“财物”，包括货币、物品和财产性利益。财产性利益包括可以折算为货币的物质利益如房屋装修、债务免除等，以及需要支付货币的其他利益如会员服务、旅游等。后者的犯罪数额，以实际支付或者应当支付的数额计算。

司法实务经验显示，支付回扣、手续费是非国家工作人员行贿罪客观方面的主要表现形式。

（1）回扣是指卖方从买方支付的商品、服务款项中按一定比例返还给买方的价款，可分为“账内明示的回扣”和“账外暗中的回扣”。需要强调的是，不违反国家规定的“账内明示”的回扣是合法的，而违反国家规定的“账外暗中”的回扣则是非法的。根据《反不正当竞争法》第七条规定，经营者不得采用财物或者其他手段进行贿赂以谋取交易机会或者竞争优势。在账外暗中给予对方单位或者个人回扣的，以行贿论处；对方单位或者个人在账外暗中收受回扣的，以受贿罪论处。经营者销售或者购买商品，可以以明示方式给对方折

扣，可以给中间人佣金。经营者给对方折扣、给中间人佣金的，必须如实入账。接受折扣、佣金的经营者必须如实入账。

（2）手续费是指办事过程中所产生的费用，主要是为代理他人办理有关事项所收取的一种劳务补偿或报酬。根据我国法律规定，合法的手续费受法律保护，非法的手续费则不被允许。

3. 数额较大

根据《最高人民法院、最高人民检察院关于办理贪污贿赂刑事案件适用法律若干问题的解释》第十一条第三款的规定，对非国家工作人员行贿罪中的“数额较大”的数额起点，按照该解释第七条关于行贿罪的数额标准规定的二倍即6万元执行。

（三）犯罪客体

本罪侵犯的客体是公司、企业或者其他单位的工作人员职务行为的廉洁性和公司、企业或者其他单位的正常管理秩序。

对公司、企业人员的行贿行为，违背诚实守信原则，严重挫伤合法经营者的积极性，破坏市场经济公平竞争机制以及市场经济的有序性、规范性。随着公务员制度的建立与完善，国家工作人员直接以权谋私、以权换利的贿赂犯罪会逐步减少，而部分商品经营者、从事营利活动的个人、企事业单位利用贿赂手段进行不正当竞争谋取非法利润的商业行贿犯罪会不断上升，其隐蔽性和欺骗性很大，且并发其他多种犯罪，危害性极大。

（四）犯罪主观方面

本罪在主观方面表现为故意，即行为人明知自己是为了谋取不正当利益给予非国家工作人员以财物，而仍然实施这种行为。就行贿方而言，旨在通过对公司、企业人员行贿谋取高于其提供的商品、劳务服务所应得的公平利润，其动机还可能是为了垄断市场、排除竞争对手，最终进行垄断经营，牟取暴利。

三、刑事立案追诉标准

根据《刑法》第一百六十四条第一款、《最高人民法院、最高人民检察院关于办理贪污贿赂刑事案件适用法律若干问题的解释》（法释〔2016〕9号）第十一条规定，对非国家工作人员行贿罪的追诉标准是数额较大，而“数额较大”的数额起点为6万元。

需要说明的是，上述规定的数额起点是仅指个人行为的数额，还是包括单位行贿的数额，我国暂时没有明确规定，这就存在一定争议。因为根据最高人民检察院、公安部关于印发《最高人民检察院、公安部关于公安机关管辖的刑事案件立案追诉标准的规定（二）》的通知（公通字〔2010〕23号）第十一条规定，为谋取不正当利益，给予公司、企业或者其他单位的工作人员以财物，个人行贿数额在1万元以上的，单位行贿数额在20万元以上的，应予立案追诉。这里对单位行贿的数额起点定为20万元。前述“法释〔2016〕9号”文件没有区分个人行贿还是单位行贿，将数额起点定为6万元。由于“法释〔2016〕9号”文件公布于2016年，按照新法优于旧法的一般理解，没有特别规定，单位行贿的数额起点也应是6万元。

众所周知，对非国家工作人员行贿罪与一般行贿罪一样，都是比较典型的目的犯、情节犯、数量犯。所谓情节犯实质上就是后果犯，即犯罪行为的手段、动机、目的均比较恶劣，且后果比较严重、数额较大，等等；否则，不属于刑事评价范畴，也不应当启动刑事追诉程序。这就是该罪在刑法规范之中“为谋取不正当利益”给予有权选择的人“手续费”“回扣”“佣金”“好处费”等“数额较大”的法律规范的基本内涵。

尤其“为谋取不正当利益”这一“规范性要件要素”需要进行法律评价、经验性评价、一般社会评价。这一点，既是案发之后的关键辩点，更是本书的研究目标——刑事法律风险防控之道的主要节点。

四、量刑标准

根据《刑法》第一百六十四条的规定，为谋取不正当利益，给予公司、企业或者其他单位的工作人员以财物，数额较大的，处三年以下有期徒刑或者拘役，并处罚金；数额巨大的，处三年以上十年以下有期徒刑，并处罚金。

为谋取不正当商业利益，给予外国公职人员或者国际公共组织官员以财物的，依照前款的规定处罚。

单位犯前两款罪的，对单位判处罚金，并对其直接负责的主管人员和其他直接责任人员，依照第一款的规定处罚。

行贿人在被追诉前主动交代行贿行为的，可以减轻处罚或者免除处罚。

根据《最高人民法院、最高人民检察院关于办理贪污贿赂刑事案件适用法律若干问题的解释》第十一条第三款的规定，刑法第一百六十四条第一款规定的对非国家工作人员行贿罪中的“数额较大”“数额巨大”的数额起点，按照本解释第七条、第八条第一款关于行贿罪的数额标准规定的二倍执行。具体来说，非国家工作人员行贿罪的处罚标准如下：

1. 向非国家工作人员行贿，数额为6万元以上200万元以下的，处三年以下有期徒刑或者拘役，并处罚金；

2. 向非国家工作人员行贿，数额为200万元以上的，处三年以上十年以下有期徒刑，并处罚金。

需要说明的是，对多次行贿未经处理的，累计计算行贿数额。另外，具有下列情形之一的，一般不适用缓刑和免予刑事处罚：

1. 向三人以上行贿的；

2. 因行贿受过行政处罚或者刑事处罚的；

3. 为实施违法犯罪活动而行贿的；

4. 造成严重后果的。

第二节 典型案例精析

深圳市××科技有限公司对非国家工作人员行贿案[①]

△基本案情

2009年8月，赵某设立深圳市××科技有限公司（以下简称××公司），主要生产测试用载、治具，赵某任法定代表人。2009年该公司开始跟富×康集团下属富×华工业（深圳）有限公司（以下简称富×华公司）开展业务往来。为了使××公司获取竞争优势及富×华公司更大量的订单，从而获取更大的商业利益，赵某找到富×华公司研发部检测用载、治具主管翁某锋（另案处理），让其帮忙扩展业务，并向其承诺给予适当比例的好处费。翁某锋随后将该情况告诉其上司翁某芳（另案处理）。之后，赵某与翁某锋、翁某芳就好处费事宜达成一致意见，由翁某芳、翁某锋根据××公司的业务量，在一定比例范围内向赵某提出好处费数额，赵某同意支付后，分期转账给翁某锋、翁某芳；翁某芳、翁某锋两人则约定利润七三分成，翁某芳占七成，翁某锋占三成。

2009年下半年，翁某芳、翁某锋利用其二人在测试用载、治具方面的技术权威以及各自的职务便利，为××公司提供用载、治具方面的技术支持、指导，××公司获取了大量订单和收益。2012年8月至2014年10月，赵某按事先约定，利用其控制的王某华、赵某兴银行账户，转账到翁某锋实际控制的黄某玲、吴某玲银行账户（翁某锋母亲及岳母）共计27929000元；翁某锋通过黄某玲、吴某玲的账户转账给翁某芳及其女朋友濮某华账户共计13843817.5元。2013年8月，富×华公司工作人员向公安机关举报翁某芳、翁某锋收受赵某等人贿赂。公安机关受理后，于2014年10月23日立案侦查，于同年10月24日将赵某抓获归案。赵某归案后主动认罪，有悔罪表现，主动缴纳罚金。

××公司系深圳市政府认定的高新技术企业，有员工数千人，因赵某被羁押导致了该公司陷入经营危机。在法院审理期间，深圳市龙华新区综治信访维

---

① 案号：（2015）深中法刑二终字第1057号。

稳中心、××公司的上下游企业13家、深圳市浙江商会均来函请求在法律允许范围内对赵某从轻处罚。另外，赵某居住地居委会也出具证明证实其表现良好对该社区无不良影响。

△裁判结果

××公司犯对非国家工作人员行贿罪，判处罚金人民币10万元；赵某犯对非国家工作人员行贿罪，判处有期徒刑二年十个月，缓刑三年，并处罚金人民币3万元。

△评析

本案主要涉及的是企业或企业管理人员为获取订单给予非国家工作人员好处费，是否构成对非国家工作人员行贿罪的问题。

根据《刑法》第一百六十四条第一款、第三款的规定，为谋取不正当利益，给予公司、企业或者其他单位的工作人员以财物，数额较大的，处三年以下有期徒刑或者拘役，并处罚金；数额巨大的，处三年以上十年以下有期徒刑，并处罚金。单位犯前两款罪的，对单位判处罚金，并对其直接负责的主管人员和其他直接责任人员，依照第一款的规定处罚。根据《最高人民法院、最高人民检察院关于办理贪污贿赂刑事案件适用法律若干问题的解释》第十一条第三款的规定，刑法第一百六十四条第一款规定的对非国家工作人员行贿罪中的“数额较大”的数额起点，按照本解释第七条关于行贿罪的数额标准规定的二倍执行；上述司法解释第七条第一款规定，为谋取不正当利益，向国家工作人员行贿，数额在3万元以上的，应当依照刑法第三百九十条的规定以行贿罪追究刑事责任。也就是说，对非国家工作人员行贿罪的刑事追诉的数额起点为6万元。

本案中，××公司在与富×华公司开展业务往来期间，为谋取竞争优势，违背公平原则，给予富×华公司人员翁某芳、翁某锋好处费27929000元，数额巨大，其行为构成对非国家工作人员行贿罪。赵某作为××公司的法定代表人属于直接负责的主管人员，应当承担对非国家工作人员行贿罪的刑事责任。对于赵某来说，以下情节法院可以根据实际情况酌情从轻或减轻处罚：赵某归案后认罪态度较好；有悔罪表现；主动缴纳罚金；居住地居委会出具其对社区无不良影响的证明；深圳市龙华新区综治信访维稳中心、××公司的上下游企业 13 家、深圳市浙江商会请求法院在法律允许范围内对赵某从轻处罚。

实务中，较多企业经营者认为赵某的上述行为不构成犯罪，理由如下：一是大多同行都是这样接业务的，如果不给有采购权的人回扣或好处费，订单就会不稳定；二是只有给官员、公务员等国家工作人员送钱，才构成行贿罪，还有很多人不知道我国存在“对非国家工作人员行贿罪”这个罪名。企业及其管理人员如何做好本罪风险防范呢？请见本章第三节。

第三节　刑事法律风险防控措施

对非国家工作人员行贿罪与行贿罪的区别在于其犯罪对象不同。对非国家工作人员行贿罪的行贿对象是公司、企业或其他非国家单位、非国有企业的工作人员；行贿罪的行贿对象是国家工作人员。有的企业管理人员可能会误认为给国家工作人员行贿才构成犯罪，给非国家工作人员“好处”获取商业机会是正当商业行为。有这样想法的人不在少数。所以公司、企业要规避本罪，应做好以下方面的工作：

一、加强教育

企业管理人员可以没有法律知识，但是必须有法律意识。企业应定期进行法律培训，对企业管理人员有可能涉及本罪的点进行法制宣传，对非国家工作人员行贿罪的立案标准、量刑标准进行普及。让企业管理人员意识到提高企业与个人的核心竞争力才是成功之道，而非通过贿赂谋取“不正当利益”。有条件的企业，可定期聘请专业律师对员工进行法律知识培训和法律风险讲解，学习国家有关行贿、受贿的法律法规，树立正确的竞争意识，不使用非法手段谋取不正当利益。

二、建立科学合理的管理制度，提高合法合规经营的风险意识

企业应建立有竞争力的薪酬制度与奖罚制度，禁止员工以企业之名谋私人

之利，尽量做到所有办事流程公开透明，防止权力寻租，并且建立有效可行的监督机制，使权力互相监督，互相制约。完善企业财务管理制度，对财务报销予以严格审核。另外，要健全企业财务会计以及审计制度，定期对企业账目进行审计，可采取第三方审计同企业内部自查相结合等方式，以杜绝企业及其各部门私设小金库、往来现金不入账的现象。

需要强调的是，在企业设立之初就要搭建科学合理的管理制度，除了需要人力、劳动、合同三大板块相辅相成，还应有“三会一层”作为防火墙，“三会”为股东会、董事会、监事会，“一层”为高管层。相关负责人之间相互监督、相互制衡，成为内部的警戒线，可降低负责人触犯刑事责任的概率。

三、学会危机公关

这里的危机公关，我们更倾向于定义为诸如企业或者企业家被调查时如何应对，进入刑事司法程序后如何主张自己的合法权利，以及如何灵活应对办案人员的违法行为和判决生效后如何进行自我保护等。了解各个程序可能面临的情况，学会危机公关，避免事态的恶化并最大限度减小损害是企业家应该具有的忧患意识。

四、与上下游合作企业建立双向投诉机制

当合作企业工作人员主动索取财物时，可向合作企业相关部门或领导进行投诉，并建议对索贿者进行严格处分。

五、提高企业家刑事法律风险意识，将预防思维导入企业刑事法律风险防控，推荐企业内部反腐的公开化、透明化，预防企业的腐败现象

调整和扭转观念。接触民营企业群体，笔者经常会听到这几句话，“不冒险就不会挣大钱”“遵纪守法啥时候也发不了财”“听律师的啥也干不成”，等等。这些企业的“成功经验”就是“冒险”“打擦边球”甚至是“故意违法”。

随着国家法制的不断健全和完善，企业家切不可心存侥幸。希望企业家能认清不同事项罪与非罪的界限，提高自我保护意识，不要轻易踏破法律底线，毁了自己的事业和人生。

六、严格管理，增强公开性和透明度

建立健全企业规章制度，尽量做到所有办事流程公开透明，防止权力寻租，并建立有效可行的监督机制，使权力互相监督，互相制约。另外，根据预防工作需要，可以在企业内部设置举报箱，公布举报电话，以便及时发现、揭露犯罪，发挥警示威慑作用。逢年过节期间，注意公司业务部门及监督人员的礼尚往来不要触犯对非国家工作人员行贿罪。

第六章
非法吸收公众存款罪

第一节　罪名概述

一、非法吸收公众存款罪的概念

非法吸收公众存款罪，是指违反国家金融管理法律法规非法吸收公众（包括单位或个人）存款或变相吸收公众存款，扰乱金融秩序，触犯《刑法》第一百七十六条的行为。

根据 1998 年 7 月 13 日中华人民共和国国务院令第 247 号发布、以 2011 年 1 月 8 日《国务院关于废止和修改部分行政法规的决定》为依据修订的《非法金融机构和非法金融业务活动取缔办法》第四条第二款的规定，非法吸收公众存款，是指未经中国人民银行批准，向社会不特定对象吸收资金，出具凭证，承诺在一定期限内还本付息的活动；变相吸收公众存款，是指未经中国人民银行批准，不以吸收公众存款的名义，向社会不特定对象吸收资金，但承诺履行的义务与吸收公众存款性质相同的活动。根据最高人民法院 2010 年 12 月 13 日颁布的《最高人民法院关于审理非法集资刑事案件具体应用法律若干问题的解释》第一条第一款之明文规定，应当同时具备下列四个特征，才能认定为刑法第一百七十六条规定的涉嫌“非法吸收公众存款或者变相吸收公众存款”的犯罪行为：

（一）未经有关部门依法批准或者借用合法经营的形式吸收资金；

（二）通过媒体、推介会、传单、手机短信等途径向社会公开宣传；

（三）承诺在一定期限内以货币、实物、股权等方式还本付息或者给付回报；

（四）向社会公众即社会不特定对象吸收资金。

司法实务中，非法吸收公众存款本质上是一种非法集资行为。“非法集资”至今已是一个妇孺皆知的概念。然而，我国现行法律并没有非法集资这个法律概念抑或规范学理名词，更没有非法集资这个罪名。“非法集资”在我国法律体系里实际上关涉两个罪名，一个是非法吸收公众存款罪；另一个则是集资诈骗罪。换言之，所谓非法集资，要么是非法吸收公众存款；要么是集资诈骗。两者虽然被民众“眉毛胡子一把抓”，但却是本质上差异极大的两种行为——在法律和司法领域应当明确区分。本章研究的是非法吸收公众存款罪。

非法吸收公众存款，俗称“非法吸存”或“非吸”，多属频发、易发且涉众型刑事案件。通常一旦案发，社会影响较大。虽缘由各不相同，但多半都是企业为了自身的快速发展壮大，加之法定融资渠道不通畅，或救危解困满足一时流动资金短缺之需求，或抓住时机满足扩大再生产之前景，懵懵懂懂、过于自信、明知故犯地铤而走险，撞上了刑事法网——被刑事司法机关以涉嫌非法吸收公众存款罪刑事追诉，甚至因此而锒铛入狱。

二、犯罪构成要件

（一）犯罪主体

本罪的犯罪主体为一般主体，即年满十六周岁且具有刑事责任能力的自然人或单位。

单位不仅包括普通企业、依法不能经营吸收公众存款业务的证券公司等非银行金融机构、其他非金融机构，还可以包括依法可以经营吸收公众存款业务的商业银行等银行金融机构。包括依法设立的单位，也包括没有法律主体资格的单位。

（二）犯罪客观方面

本罪在客观方面表现为行为人实施了非法吸收公众存款或变相吸收公众存款、扰乱金融秩序的行为。

需要说明的是，非法吸收公众存款罪的对象是“公众”存款。所谓“公众”即吸收存款对象的不特定性，即社会上不特定的大多数人，包括自然人、法人；存款包括个人存款和机构存款。所以，“公众”不仅包括自然人，还包括法人及其他单位。如果存款人只是少数个人或者特定的对象，不构成本罪。

行为人不具有吸收存款的主体资格的，无论其是否提高了国家规定的存款利率，或者是否为变相吸存手段，只要其从事了吸收公众存款的行为，即属于非法行为，情节严重者，可能涉嫌非法吸收公众存款罪。

行为人虽然具有吸收存款的主体资格，但其擅自采取提高存款利率或变相提高存款利率的方式吸收公众存款，也属于非法行为。根据《金融违法行为处罚办法》第十五条第一款的规定，金融机构办理存款业务，不得有下列行为：(1) 擅自提高利率或者变相提高利率，吸收存款；(2) 明知或者应知是单位资金，而允许以个人名义开立账户存储；(3) 擅自开办新的存款业务种类；(4) 吸收存款不符合中国人民银行规定的客户范围、期限和最低限额；(5) 违反规定为客户多头开立账户；(6) 违反中国人民银行规定的其他存款行为。

实务中，对于无资格从事吸收公众存款业务的企业来说，其触犯非法吸收公众存款罪的客观行为主要表现有以下两种：

一是非法吸收公众存款，即未经主管机关批准，面向社会公众吸收资金，出具凭证，承诺在一定期限内还本付息的活动。如某公司因为资金紧张而以许诺给予高额利息的方式向公众借款渡过难关。

二是变相吸收公众存款，即未经主管机关批准，不以吸收公众存款的名义向社会不特定对象吸收资金，但承诺履行的义务与吸收公众存款法理内涵相同，属于还本付息的活动。

对于变相吸收公众存款的行为，由于行为人刻意规避法律制裁，其表现形式多种多样，不一而足，因此实务中往往不易识别，一时间难以引起政府职能部门的注意且难以被发现。例如，或寄托互助会、基金会等形式；或虚构一些投资项目，许诺以高额回报非法吸收资金；或项目是真实的，但实践中无法实现。为此，最高人民法院于2010年12月13日颁布了《最高人民法院关于审理非法集资刑事案件具体应用法律若干问题的解释》，通过司法解释的形式对该罪名所涉及的犯罪行为予以明确。该司法解释第一条规定，违反国家金融管理法律规定，向社会公众（包括单位和个人）吸收资金的行为，同时具备下列四个条件的，除刑法另有规定的以外，应当认定为刑法第一百七十六条规定的“非法吸收公众存款或者变相吸收公众存款”：

（一）未经有关部门依法批准或者借用合法经营的形式吸收资金；

（二）通过媒体、推介会、传单、手机短信等途径向社会公开宣传；

（三）承诺在一定期限内以货币、实物、股权等方式还本付息或者给付回报；

（四）向社会公众即社会不特定对象吸收资金。

未向社会公开宣传，在亲友或者单位内部针对特定对象吸收资金的，不属于非法吸收或者变相吸收公众存款。

该司法解释第二条规定，实施下列行为之一，符合本解释第一条第一款规定的条件的，应当依照刑法第一百七十六条的规定，以非法吸收公众存款罪定罪处罚：

（一）不具有房产销售的真实内容或者不以房产销售为主要目的，以返本销售、售后包租、约定回购、销售房产份额等方式非法吸收资金的；

（二）以转让林权并代为管护等方式非法吸收资金的；

（三）以代种植（养殖）、租种植（养殖）、联合种植（养殖）等方式非法吸收资金的；

（四）不具有销售商品、提供服务的真实内容或者不以销售商品、提供服务为主要目的，以商品回购、寄存代售等方式非法吸收资金的；

（五）不具有发行股票、债券的真实内容，以虚假转让股权、发售虚构债券等方式非法吸收资金的；

（六）不具有募集基金的真实内容，以假借境外基金、发售虚构基金等方式非法吸收资金的；

（七）不具有销售保险的真实内容，以假冒保险公司、伪造保险单据等方式非法吸收资金的；

（八）以投资入股的方式非法吸收资金的；

（九）以委托理财的方式非法吸收资金的；

（十）利用民间“会”“社”等组织非法吸收资金的；

（十一）其他非法吸收资金的行为。

（三）犯罪客体

本罪侵犯的客体是国家金融管理制度和金融管理秩序。

根据我国法律规定，商业银行、城乡信用合作社等取得许可证的金融机构可以经营吸收公众存款业务；任何非金融机构和个人不得从事吸收公众存款业务。采取非法手段吸收公众存款，往往是以高利率或高回报为诱饵，其行为必然影响国家对金融活动的宏观监管，损害存款人的利益，扰乱金融秩序，最终会影响国民经济的有序发展和社会和谐稳定。

（四）犯罪主观方面

本罪的主观方面表现为故意。这里的故意，意为实施非法吸收公众存款罪的犯罪故意；指行为人明知自己非法吸收公众存款的行为会造成扰乱金融秩序的危害后果，而仍希望或放任这种结果发生。需要说明的是，过失不构成本罪，比如说有的金融机构由于工作失误造成利率过高而吸收了大量公众存款，则不构成本罪。

三、刑事立案追诉标准

根据2010年《最高人民检察院、公安部关于公安机关管辖的刑事案件立案追诉标准的规定（二）》第二十八条和2010年《最高人民法院关于审理非法集资刑事案件具体应用法律若干问题的解释》第三条规定，非法吸收公众存款或者变相吸收公众存款，扰乱金融秩序，涉嫌下列情形之一的，应予立案追诉：

（一）个人非法吸收或者变相吸收公众存款数额在20万元以上的，单位非法吸收或者变相吸收公众存款数额在100万元以上的；

（二）个人非法吸收或者变相吸收公众存款30户以上的，单位非法吸收或者变相吸收公众存款150户以上的；

（三）个人非法吸收或者变相吸收公众存款给存款人造成直接经济损失数额在10万元以上的，单位非法吸收或者变相吸收公众存款给存款人造成直接经济损失数额在50万元以上的；

（四）造成恶劣社会影响的；

（五）其他扰乱金融秩序情节严重的情形。

值得特别指出的是，上述刑事立案追诉之标准是并列列举的，即只要符合（一）、（二）、（三）、（四）、（五）其中任何一项即可刑事立案追诉。

关于罪与非罪、被刑事追诉之刑事风险防控的提示。

第一，尽可能避免以个人名义对外举债。

上述立案追诉标准明文告诉大家：就数量而言，个人被刑事立案追诉是20万元以上，而单位则是100万元以上；就涉案“公众”而言，个人是30户以上，而单位则是150户以上；就所造成损失而言，个人是10万元以上，而单位则是50万元以上。显而易见，根据追诉标准的高低之分，个人举债显然要比单位举债承担更大的风险，更容易触发该罪名的追诉，因此，在实际操作中，企业家们应尽量避免以个人名义对外举债。

第二，即便出现不能及时兑现的还款问题，也应当竭尽所能加强“公关工作”，尽可能将可能产生的社会问题、社会影响消弭于萌芽状态，尽可能避免“造成恶劣社会影响”。

四、量刑标准

《刑法》第一百七十六条规定：“非法吸收公众存款或者变相吸收公众存款，扰乱金融秩序的，处三年以下有期徒刑或者拘役，并处或者单处罚金；数额巨大或者有其他严重情节的，处三年以上十年以下有期徒刑，并处罚金；数额特别巨大或者有其他特别严重情节的，处十年以上有期徒刑，并处罚金。

“单位犯前款罪的，对单位判处罚金，并对其直接负责的主管人员和其他直接责任人员，依照前款的规定处罚。有前两款行为，在提起公诉前积极退赃退赔，减少损害结果发生的，可以从轻或者减轻处罚。”

《最高人民法院关于审理非法集资刑事案件具体应用法律若干问题的解释》第三条第二款、第三款、第四款规定，具有下列情形之一的，属于刑法第一百七十六条规定的“数额巨大或者有其他严重情节”：

（一）个人非法吸收或者变相吸收公众存款，数额在100万元以上的，单位非法吸收或者变相吸收公众存款，数额在500万元以上的；

（二）个人非法吸收或者变相吸收公众存款对象100人以上的，单位非法吸收或者变相吸收公众存款对象500人以上的；

（三）个人非法吸收或者变相吸收公众存款，给存款人造成直接经济损失数额在50万元以上的，单位非法吸收或者变相吸收公众存款，给存款人造成直接经济损失数额在250万元以上的；

（四）造成特别恶劣社会影响或者其他特别严重后果的。

非法吸收或者变相吸收公众存款的数额，以行为人所吸收的资金全额计算。案发前后已归还的数额，可以作为量刑情节酌情考虑。

非法吸收或者变相吸收公众存款，主要用于正常的生产经营活动，能够及时清退所吸收资金，可以免予刑事处罚；情节显著轻微的，不作为犯罪处理。

第二节　典型案例精析

胡某雄非法吸收公众存款案①

△基本案情

2002年9月25日，赣州市某通信器材公司在赣州市工商行政管理局注册登记成立，注册资本为人民币50万元，胡某雄是该公司股东之一。该公司的经营范围是通信设备及器材、办公自动化设备、电子产品批发、零售，营业期限为2002年9月25日至2012年9月24日。2002年至2006年，该公司为解决扩大业务经营之资金需要，由时任该公司副总经理的胡某雄以月息1.5分至5分不等的高利为诱饵，吸收公众存款，先后向社会上不特定的人借款，共计人民币30万元，用于公司经营周转。2006年12月12日赣州市工商行政管理局吊销其营业执照。

① 案号：（2010）赣中刑二终字第22号。

△裁判结果

胡某雄犯非法吸收公众存款罪，判处有期徒刑九个月，并处罚金人民币2万元。

△评析

本案主要涉及的是向社会上不特定的人借款是否构成非法吸收公众存款罪的问题。

根据《刑法》第一百七十六条第一款的规定，非法吸收公众存款或者变相吸收公众存款，扰乱金融秩序的，处三年以下有期徒刑或者拘役，并处或者单处罚金；数额巨大或者有其他严重情节的，处三年以上十年以下有期徒刑，并处罚金；数额特别巨大或者有其他特别严重情节的，处十年以上有期徒刑，并处罚金。根据《最高人民法院关于审理非法集资刑事案件具体应用法律若干问题的解释》第一条规定，违反国家金融管理法律规定，向社会公众（包括单位和个人）吸收资金的行为，同时具备下列四个条件的，除刑法另有规定的以外，应当认定为刑法第一百七十六条规定的“非法吸收公众存款或者变相吸收公众存款”：

（一）未经有关部门依法批准或者借用合法经营的形式吸收资金；

（二）通过媒体、推介会、传单、手机短信等途径向社会公开宣传；

（三）承诺在一定期限内以货币、实物、股权等方式还本付息或者给付回报；

（四）向社会公众即社会不特定对象吸收资金。

未向社会公开宣传，在亲友或者单位内部针对特定对象吸收资金的，不属于非法吸收或者变相吸收公众存款。

司法实务中，以“高利息”为诱饵的借款行为，可能是合法的民间借贷，也可能涉嫌非法吸收公众存款。一方面，需要判断其行为是否通过相关部门的依法批准；另一方面，则应关注其借款对象的范围是否特定。具体而言，民间借贷的对象通常限于特定的范围，如亲戚朋友、同事同学等，一般依托于借贷双方一定的人际和社会关系形成借贷法律关系且人数通常不会超过30人。非法吸收公众存款行为则往往针对的是社会不特定的对象，通过宣传、介绍等手段诱使社会公众基于货币超常增值的愿望而出让资金，严重扰乱了国家正常的金融秩序。

本案中，胡某雄未经有关部门批准，以月息 1.5 分至 5 分不等的高额借款利息为诱饵，向社会不特定的被害人借款 30 万元，数额较大，其行为已构成非法吸收公众存款罪。需要说明的是，如果胡某雄是面向亲友、同事、同学、职工等熟人借款，且没有超出 30 人，则属于合法的民间借贷行为，不构成犯罪。

有鉴于此，在实务中，企业经营者进行民间借贷时，如何防止触犯非法吸收公众存款罪呢？可参考的做法如下：

1. 一对一面对面进行。避免通过广告借钱，例如派发传单、群发借款信息等。

2. 企业以“高利率”为诱饵借款的信息在当地公开后，在口耳相传下，如果有较多“陌生人”主动上门借钱给企业，这些钱一定不能借。

3. 向亲戚朋友、本企业职工等熟人借款要注意人数，以个人名义借款不能超过 30 人，以单位名义借款不能超过 150 人。

4. 务必量入为出，万万不可以贪多、来者不拒。预计什么时间能够偿还，务必按时偿还；万万不可言而无信到期不还，包括不按照约定利率还款，造成出借人款项的“被损失”。

第三节　刑事法律风险防控措施

迄今为止，我国民营企业普遍规模较小（多属中、小、微企业），资金基础薄弱，企业发展主要依靠自有资本积累。但企业单靠自有资本积累发展，其缓慢的积累速度与瞬息万变的市场之间原本就不相匹配，极难适应，容易错过难能可贵的发展良机——俗语云：机不可失，时不再来。企业为抓住机会“做大、做强”，必然要招募优秀人才、扩大生产规模、更新设备、创新产品品种或服务模式、增加研发投入，尤其是原材料价格上涨、租金、劳动力成本不断遭受通胀压力，利润却越来越透明而微薄等刚性因素之间的“两头扯”，令许多民营企业都存在或大或小的资金缺口，均存在各自的融资刚性需求。

众所周知，中、小、微规模的民营企业由于自身条件限制以及法定贷款条件的制约，得到国有商业银行“规范性贷款”有一定难度。流动资金很多时候要依靠民间借贷，企业的“民间借贷”与非法吸收公众存款罪，仅“一纸之隔”。

特别是企业急需资金，但因各种原因无法通过银行贷款或正常民间借贷进行融资时，无视法律法规几乎成为必然，如果是无视刑法，亦即“红线意识”明显不足，走上非法吸收公众存款或者变相吸收公众存款的犯罪道路可能就会在所难免。

借贷、融资，本来属于民事法律的调整范围，但是，一旦越过“红线”则可能触犯刑事法律。为帮助企业家有效规避刑事法律风险，防止触碰非法吸收公众存款罪这根“红线”“高压线”，务必要建立各自的“红线意识”。如何规避本罪呢？建议如下：

一、量力而行，切忌盲目扩张

企业在做出新的投资决策前，不仅要客观评估企业的现金流与融资能力，有切实可行并行之有效的财务规划，还要在一定程度上对未来一定时期内我国的金融政策走势进行预判。否则，一旦银行突然收紧银根，新项目无法通过银行渠道获得贷款时，企业家就会被迫通过“较高的利率”或“较高的回报”向身边的亲友、员工、邻里、同乡等熟人进行集资。随着资金需求不断增加，当熟人借款不够用时，企业家就会被迫去借高利贷。很多时候，高利贷就代表着一条不归路；遇到“套路贷”那就更是“盲人骑瞎马，夜半临深池”，危乎殆哉！不仅如此，当钱还不够用且没有抵押物借高利贷时，企业家往往就会被迫逐渐从向相对固定的熟人转为向不特定对象集资。

根据笔者对能够收集到的“非法吸收公众存款罪”案件的观察，基本上都遵循一个从亲到疏的规律。需要提醒的是，在“疏”的部分人群中，一般都会有小部分是“资金掮客”——“小贷公司”甚至是“地下钱庄”——他们会积极介绍、劝说他人给企业放贷并从中牟利。当企业家向不特定对象集资时，只要集资金额或集资户数达到一定数量，就构成本罪，无论犯罪主体是否怀有“恶意”。

二、合理配置，避免“以长占短”

通常来说，民间借贷的借款期限较短，比较适合企业的流动资金周转。如果企业开展新项目，所需资金周转期限较长，项目可能在较长时间之后才能产生效益进而具备还款能力。在这种情况下，应尽量避免使用民间借贷方式进行融资。主要原因在于，借入短期资金用于长期项目的话，很可能会使企业资金难以为继，不能及时还款，纠纷极易浮出水面。一旦与其中某一个出借人的纠纷浮出水面，极易出现“骨牌效应”，迅速引发较为严重的社会影响，从而很可能触碰“非法吸收公众存款”的红线。

三、亲熟远疏，控制集资范围

根据《刑法》第一百七十六条及相关规定，当企业向不特定对象进行集资时，就很可能触碰非法吸收公众存款罪这根“红线”“高压线”而面临“牢狱之灾”。由此可见，向不特定公众融资是构成本罪的一个重要评价元素。据此，企业在急需资金时，应尽可能通过正规渠道融资譬如银行贷款，还有就是依据《公司法》《证券法》等以增资扩股的方式筹集资金；迫不得已走向民间借贷的，也应该首先向亲朋好友、企业内部寻求帮助，而尽可能不向社会不特定对象进行集资。

实务中，如果企业管理者已向社会不特定公众集资筹款，则务必将借款用于公司经营并及时偿还。根据我国法律规定，非法吸收或变相吸收公众存款，主要用于正常的生产经营活动，能够及时清退所吸收资金的，可以免予刑事处罚；情节显著轻微的，不作为犯罪处理。因此，及时偿还借款可让企业管理者免受牢狱之灾，甚至不构成犯罪。

此外，如果企业管理者已向公众吸收存款且暂时无力偿还，此时应当尽力偿还部分借款，绝对不能携款潜逃，否则会被司法机关认定为“非法占有目的”，届时会由较轻的非法吸收公众存款罪转化为集资诈骗罪，刑事处罚会加重。

四、以约限途，遵照约定使用借款

企业在向亲友、员工借款时要在借款协议或者收条上写明资金的真实用途。企业若能做到严格按约定使用借款，也就基本上可以避免触犯非法吸收公众存款罪、集资诈骗罪等罪名了。

五、正确理解“被害人承诺”，防止因法律理解错误而犯罪

被害人承诺又称“被害人的同意”，指基于被害人允许他人侵害自己可支配的权益的承诺而实施的阻却犯罪的损害行为，可以降低行为的可责性，甚至可以排除行为人行为的违法性。实务中，有的人认为出借人自愿同意借款构成“被害人承诺”，因而不会触犯本罪，这种想法是对法律的错误认识。因为本罪的行为除会侵害公司、个人的财产所有权外，还会侵害国家的金融管理制度，亦即，即使取得了“被害人的同意”甚至承诺，也未必可以脱罪。

六、防患未然，遵循专业律师指导

企业急需资金时，往往会有较多融资中介或“资金掮客”——“小贷公司”甚至是“地下钱庄”——为其出谋划策。如果企业家不懂法，“红线意识”不足，想当然地拍脑袋决策，就很可能触犯非法吸收公众存款罪。据此，在重大“涉众”型融资、筹资之前，尽量聘请足够专业的律师——最好是金融法和刑事法两个方面的专业律师——严把刑事法律关，免于牢狱之灾。

第七章 贷款诈骗罪

第一节　罪名概述

一、贷款诈骗罪的概念

贷款诈骗罪，是指行为人以非法占有为目的，编造引进资金、项目等虚假理由，使用虚假的经济合同、证明文件、产权证明等作担保，超出抵押物价值重复担保或者以其他方法诈骗银行或者其他金融机构的贷款，数额较大，触犯《刑法》第一百九十三条的行为。

贷款诈骗罪，是金融诈骗犯罪之中的一个重罪。需要说明的是，本罪与合同诈骗罪虽然都是以非法占有为目的，骗取对方财物的欺诈性犯罪，但两者之间存在以下本质区别：

1. 两者侵犯的客体不同。尽管两者侵犯的都是财产所有权，但侧重点不同。合同诈骗罪侵犯的客体主要是合同监管制度；而本罪侵犯的客体主要是金融管理秩序。

2. 两者发生的场合不同。合同诈骗罪发生在签订、履行合同的过程中；而本罪发生在行为人向银行或其他金融机构贷款的过程中。

3. 两者侵害的直接对象有所不同。合同诈骗罪直接侵害的对象是对方当事人的财物或者贷款；而本罪侵害的对象是银行或者其他金融机构的贷款。

本罪与合同诈骗罪在法条的规定内容中有包容交叉之处，即法条竞合的现象。按照《民法典》合同编的相关规定，贷款合同相对于一般合同是特殊合同，因此，使用虚假的经济合同诈骗银行或其他金融机构的贷款行为，相对于一般的合同诈骗行为而言，应当优先适用贷款诈骗罪。

二、犯罪构成要件

（一）犯罪主体

本罪的犯罪主体为一般主体，任何年满十六周岁且具有刑事责任能力的自然人均可构成，单位不可以成为本罪的犯罪主体。

根据《最高人民法院关于印发〈全国法院审理金融犯罪案件工作座谈会纪要〉的通知》规定，单位不能构成贷款诈骗罪，即对于单位实施贷款诈骗行为的，不能以贷款诈骗罪定罪处罚，也不能以贷款诈骗罪追究直接负责的主管人员和其他责任人员的刑事责任。然而在实务中，贷款诈骗罪多以公司、企业等单位名义实施，由于单位不能成为本罪的犯罪主体，故上述文件规定，在司法实践中，对于单位十分明显地以非法占有为目的，利用签订、履行借款合同诈骗银行或其他金融机构贷款，符合刑法第二百二十四条规定的合同诈骗罪构成要件的，应当以合同诈骗罪定罪处罚。

特别指出，银行或其他金融机构的工作人员与贷款诈骗的犯罪行为人串通并为其诈骗贷款提供帮助的，依法应当以贷款诈骗罪的共犯论处。所谓串通，是指银行或者其他金融机构的工作人员与诈骗贷款的犯罪行为人在实施诈骗前或在诈骗行为实施的过程中，相互暗中勾结，共同商量或共同策划，与贷款诈骗犯罪行为人里应外合，为之提供帮助的行为。

（二）犯罪客观方面

本罪在客观方面表现为行为人违反有关贷款的金融管理法律法规，采用虚构事实或者隐瞒真相等欺诈手段，骗取银行或者其他金融机构的贷款，数额较大的行为。

虚构事实，是指编造客观上不存在的事实，以骗取银行或者其他金融机构的信任；隐瞒真相，是指有意掩盖客观存在的某些事实，使银行或者其他金融机构产生错觉。实务中，行为人使用的诈骗贷款方法主要如下：

1. 编造引进资金、项目等虚假理由，骗取银行或者其他金融机构的贷款。

2. 使用虚假的经济合同诈骗银行或者其他金融机构的贷款。

3. 使用虚假的证明文件诈骗银行或者其他金融机构的贷款。

4. 使用虚假的产权证明作担保或者超出抵押物价值重复担保，骗取银行或者其他金融机构的贷款。这里的产权证明，是指能够证明行为人对房屋等不动产或者汽车、货币、可随时兑付的票据等动产具有所有权的一切文件。

5. 以其他方法诈骗贷款。如伪造单位公章、印鉴骗贷的；以假货币为抵押骗贷的；先借贷后采用欺诈手段拒不还贷的情况等。

（三）犯罪客体

本罪侵犯的客体是复杂客体，主要客体是国家对金融机构的管理制度，次要客体是银行或者其他金融机构对贷款的所有权。

随着经济发展，人们对资金的需求越来越大，贷款在社会经济生活中的作用日益突出，很多人为了获取贷款进行贷款诈骗。这种贷款诈骗行为不仅侵犯了银行等金融机构的财产所有权，而且必然影响银行等金融机构贷款业务和其他金融业务的正常秩序，不同程度破坏我国金融秩序的稳定，具有比一般诈骗行为更大的社会危害性和法益侵害性。

（四）犯罪主观方面

本罪的主观方面表现为故意，且以非法占有为目的。需要说明的是，行为人非法占有贷款的动机是挥霍享受，还是转移隐匿，都不影响本罪的构成。

非法占有贷款之目的是本罪最重要的构成要件，如果行为人并没有非法占有目的，虽然其在申请贷款时使用了欺骗手段，也不构成本罪，具体可以由银行或其他金融机构根据贷款相关管理规定或贷款合同的约定，停止发放贷款、提前收回贷款、收取罚金或违约金等。

根据《最高人民法院关于印发〈全国法院审理金融犯罪案件工作座谈会纪要〉的通知》规定，金融诈骗犯罪都是以非法占有为目的的犯罪。在司法实践中，认定是否具有以非法占有为目的，应当坚持主客观相一致的原则，既要避免单纯根据损失结果客观归罪，也不能仅凭被告人自己的供述，而应当根据案件具体情况具体分析。

根据司法实践经验，对于行为人通过诈骗的方法非法获取资金，造成数额较大资金不能归还，并具有下列情形之一的，可以认定为具有非法占有的目的：

1. 明知没有归还能力而大量骗取资金的；

2. 非法获取资金后逃跑的；

3. 肆意挥霍骗取资金的；

4. 使用骗取的资金进行违法犯罪活动的；

5. 抽逃、转移资金、隐匿财产，以逃避返还资金的；

6. 隐匿、销毁账目，或者搞假破产、假倒闭，以逃避返还资金的；

7. 其他非法占有资金、拒不返还的行为。在处理具体案件的时候，对于有证据证明行为人不具有非法占有目的的，不能单纯以财产不能归还就按金融诈骗罪处罚。

三、刑事立案追诉标准

《最高人民检察院、公安部关于公安机关管辖的刑事案件立案追诉标准的规定（二)》第五十条规定：“以非法占有为目的，诈骗银行或者其他金融机构的贷款，数额在二万元以上的，应予立案追诉。”

贷款诈骗罪，属于金融诈骗罪之中的重点罪名。从其客观方面来看，焦点有两个，一为是否使用了“编造引进资金、项目等虚假理由、使用虚假的经济合同、证明文件、产权证明作担保，超出抵押物价值重复担保或者其他诈骗方法”；二为“骗取贷款”与“不能如期还款”之间的“同一性”评价问题。严格而论，“不能如期还款”并不能直接推定出取得贷款过程中必然存在“骗取贷款”的动机与行为。前者属于“记述的构成要件”比较容易识别与区分；但是后者则涉及是否具有“以非法占有为目的”这一“规范的构成要件要素”，其认识、评价和判断需要进行价值评价，所以极易形成“公说公有理，婆说婆有理”各执一词的僵持局面。更何况“不能如期还款”这一概念本身大抵又可以区分为两大类，一类是“能还不还”属于“恶意不还”，这类“骗取贷款”之后又“不如期还款”的严重破坏国家金融管理秩序且严重侵犯贷款人合法权益的行为，其贷款诈骗罪犯罪嫌疑便十分明显。另一类是在市场竞争日趋激烈的情况下，的确是因为经营管理不善而无法如期还款，诸如此类当然不应当都作为贷款诈骗罪处理。

“贷款诈骗罪”与“骗取贷款罪”两个罪名文字差不多，但法定刑相差较大。因为两个罪名所表征的，对金融信用的破坏性明显不同。而信用是金融的本质。

四、量刑标准

根据《刑法》第一百九十三条的规定，以非法占有为目的，诈骗银行或者其他金融机构的贷款，数额较大的，处五年以下有期徒刑或者拘役，并处2万元以上20万元以下罚金；数额巨大或者有其他严重情节的，处五年以上十年以下有期徒刑，并处5万元以上50万元以下罚金；数额特别巨大或者有其他特别严重情节的，处十年以上有期徒刑或者无期徒刑，并处5万元以上50万元以下罚金或者没收财产。

由于相关司法解释没有对何谓贷款诈骗罪中的“数额巨大或者有其他严重情节”“数额特别巨大或者有其他特别严重情节”作出明确规定，有些地区的司法机关习惯参考《最高人民法院、最高人民检察院关于办理诈骗刑事案件具体应用法律若干问题的解释》第一条规定的标准，即诈骗公私财物价值3000元至1万元以上、3万元至10万元以上、50万元以上的，应当分别认定为刑法第二百六十六条规定的“数额较大”“数额巨大”“数额特别巨大”。虽然贷款诈骗罪与普通诈骗罪是特殊与一般的关系，在没有特别规定的情况下，可以适用一般规定，但按照上述司法解释的规定，诈骗“数额巨大”与贷款诈骗罪的立案追诉标准（2万元以上）的标准过于接近，存在明显冲突。因此，从案件性质上考虑，贷款诈骗罪与集资诈骗罪、票据诈骗罪均属金融诈骗，在量刑标准上参考其他金融诈骗犯罪更为合理。

对于贷款诈骗罪中何谓具有“其他严重情节”或“其他特别严重情节”，我国法律同样没有明确规定，也需要进一步明确。参照司法解释关于诈骗罪的相关规定，贷款诈骗导致出现下列情形的，可以认定为具有“其他严重情节”：（1）导致被骗银行或其他金融机构严重亏损；（2）诈骗所得用于违法犯罪活动；（3）以赈灾募捐名义实施诈骗。贷款诈骗导致出现下列情形的，可以认为具有“其他特别严重情节”：（1）导致银行或其他金融机构破产或者濒临破产；（2）诈骗数额巨大并且用于违法犯罪活动。

第二节　典型案例精析

施某君贷款诈骗案①

△基本案情

2013 年年初，施某君从他人处接手了杭州×特汽车销售有限公司（以下简称×特公司）。经营期间，施某君背负巨额债务，并因无法如期偿还欠李某的 500 万元债务而于 2013 年 11 月 21 日将×特公司 49% 的股份转让给李某，由李某担任法定代表人，由杨某、王某代被告人施某君持有剩余的 51% 股份，施某君仍系该公司的实际控制人。

2013 年 6 月 1 日，×特公司与中国工商银行杭州众安支行（以下简称众安支行）签订《牡丹信用卡购车分期付款业务全面合作协议》，约定客户在申请汽车分期付款业务中支付购车首付款后，由×特公司向汽车经销商垫付剩余购车款取得购车发票，办理相关保险手续，并将业务申请材料交银行办理汽车分期付款业务，×特公司负责材料的真实性、合法性、有效性和准确性；银行审查后将贷款发放到×特公司账户上，后由客户每月进行还款，×特公司向众安支行承担不可撤销的共同偿债责任，并提供保证金质押担保。此后，×特公司相继与该行开展该合作协议，帮助购车客户从众安支行获取贷款。

2013 年 11 月至 2015 年 3 月，施某君在银丰大厦另设办公处，招募员工由其个人直接管理、发放工资，通过承诺偿还购车贷款且支付 1 万元好处费或事后可办理高额信用卡等好处，招揽自己的亲友、业务员以及通过业务员招揽的他人作为虚假购车人，取得大量的公民身份信息及确认办理购车分期付款的资料和视频录像等，虚构购车事实并以×特公司名义为上述虚假购车人向众安支行申请车贷。其间，施某君指使公司员工肖某等人伪造虚假购车人的收入证

① 案号：（2016）浙 01 刑初 121 号。

明、单身证明、银行交易记录等材料，以购买汽车为由与杭州广×汽车营销策划有限公司（以下简称广×公司）法定代表人韩某签订代理购车合同，约定×特公司介绍客户通过广×公司购买车辆，由韩某垫付车辆首付款、×特公司支付剩余车款及垫付款的利息，获取购车发票后取消交易，却向众安支行隐瞒客户未真实购车、此前的购车发票已作废的事实。施某君通过上述手段，以余某等48名虚假购车人的名义骗取众安支行发放的购车贷款共计人民币1859.5万元。该贷款发放至×特公司账户后，施某君以支付车辆垫付款等为由通过广×公司及韩某等人的银行账户套取，主要用于支付犯罪成本、归还个人债务以及个人及其亲友的消费挥霍等，其中以邱某玉名义购买位于杭州市余杭区星桥街道擎天半岛城格兰郡某幢某单元某室房产一套（已被公安机关查封）。至案发前造成众安支行损失人民币14587498.79元。

施某君的上述行为因涉嫌犯贷款诈骗罪，于2015年5月30日被公安机关刑事拘留，同年7月7日被逮捕。

△裁判结果

施某君犯贷款诈骗罪，判处有期徒刑十五年，并处罚金人民币50万元；责令施某君退赔违法所得人民币14587498.79元，发还被害单位众安支行。

△评析

本案主要涉及的是行为人大量使用虚假证明文件向银行贷款并导致银行贷款无法收回的行为，是否足以判断其具有以非法占有为目的从而构成贷款诈骗罪的问题。

根据《刑法》第一百九十三条的规定，以非法占有为目的，诈骗银行或者其他金融机构的贷款，数额较大的，处五年以下有期徒刑或者拘役，并处2万元以上20万元以下罚金；数额巨大的，处五年以上十年以下有期徒刑，并处5万元以上50万元以下罚金；数额特别巨大的，处十年以上有期徒刑或者无期徒刑，并处5万元以上50万元以下罚金或者没收财产。由于相关司法解释没有对何谓贷款诈骗罪中的“数额巨大”“数额特别巨大”作出明确规定，有些地区的司法机关参考《最高人民法院、最高人民检察院关于办理诈骗刑事案件具体应用法律若干问题的解释》第一条的规定，诈骗公私财物价值3000元至1万元以上、3万元至10万元以上、50万元以上的，应当分别认定为刑法第二百六十六条规定的“数额较大”“数额巨大”“数额特别巨大”。需要说明的是，贷款诈骗罪与普通诈骗罪是特殊与一般的关系，在没有特别规定的情况下，可以适用一般规定。也就是说，贷款诈骗罪的诈骗数额在50万元以上的，视为数额特别巨大。

根据《最高人民法院关于印发〈全国法院审理金融犯罪案件工作座谈会纪要〉的通知》的规定，在司法实践中，金融诈骗罪认定是否具有以非法占有为目的，应当坚持主客观相一致的原则，既要避免单纯根据损失结果客观归罪，也不能仅凭被告人自己的供述；而应当根据案件具体情况具体分析、判断。对于行为人通过诈骗的方法非法获取资金，造成数额较大资金不能归还，并具有下列情形之一的，可以认定为具有非法占有的目的：明知没有归还能力而大量骗取资金的；非法获取资金后逃跑的；肆意挥霍骗取资金的；使用骗取的资金进行违法犯罪活动的；抽逃、转移资金、隐匿财产，以逃避返还资金的；隐匿、销毁账目，或者搞假破产、假倒闭，以逃避返还资金的；其他非法占有资金、拒不返还的行为。

本案中，被告人施某君等在2013年6月至2015年3月长达21个月的时间中，以余某等48名虚假购车人的名义，借用“代办购车分期付款”业务模式，骗取合作银行贷款。在此过程中，施某君指使公司员工肖某等人伪造虚假购车人的收入证明、单身证明、银行交易记录等材料且取得的资金也未用于“约定用途”，而是用于支付犯罪成本、归还个人债务以及个人及其亲友的消费挥霍等。综观整个案情过程中施某君等的种种行为，足以证明其具有以非法占有为目的，且诈骗数额特别巨大，其行为构成贷款诈骗罪。

第三节　刑事法律风险防控措施

随着我国社会经济的不断发展，贷款诈骗罪作为司法实践中一种常见的金融诈骗犯罪，表现出越来越大的社会危害性，目前已经演变成为一种发案率高、手段多样化、影响范围大的恶性犯罪，严重危害了我国的金融管理秩序和金融机构的贷款资金所有权。对企业而言，通过贷款方式筹集资金从事经营活动是较为常见的方式，但贷款过程中的个别行为、个别文书、个别环节处理不当，普通的“民商事纠纷”就可能会演变成刑事犯罪。本罪的刑事法律风险防控建议如下：

一、积极主动建立合法的贷款机制

企业应当建立规范的贷款筹措机制，确保贷款程序、流程、文件及文件所表征的财物抑或权利凭证的真实性、规范性及合法性，从根本上阻断包括刑事法律风险在内的绝大多数法律风险。另外，在企业资金紧缺或个人资金短缺的情况下，企业经营者一定要恪守底线，不得通过伪造证明文件、虚构交易等方式向银行申请贷款。

二、密切监测贷款款项的使用情况及其还款期限

本罪被立案追责的一个主要原因是企业贷款到期后无力偿还。因此，企业要密切监测贷款款项的使用情况，保证自身有充足的现金流与还款能力，这是防范本罪刑事风险的最重要措施。实务中，企业经营者应当保持与放贷机构的实时、有效沟通，以便即使出现贷款不能如期偿还也不至于被刑事追诉。即便因为贷款过程中所提交的某些文件或文件所表征的财物抑或权利之凭证的真实性、规范性及合法性存在某种问题，而最终难逃厄运面临刑事追诉，也应当通过“信息完整性”保持与放贷机构的实时、有效沟通，避免“以非法占有为目的”这一贷款诈骗罪关键要件的浮现，争取在“骗取贷款罪”的刑事诉讼过程中化解刑事法律风险。

三、防止融资过程中不当行为被推定“非法占有目的”而入罪

“非法占有目的”是本罪重要构成要件，是区分本罪与普通民事借贷纠纷的关键。然而，非法占有目的主要涉及主观方面的内容，法院无法直接体会与判定，只能根据行为人外部行为和表现，来综合推定行为是否具有非法占有的目的。根据司法实践经验，行为人主观上是否具有“非法占有目的”，可以通过以下客观事实推定：明知没有归还能力而大量骗取资金的；非法获取资金后

逃跑的；肆意挥霍骗取资金的；使用骗取的资金进行违法犯罪活动的；抽逃、转移资金、隐匿财产，以逃避返还资金的；隐匿、销毁账目，或者搞假破产、假倒闭，以逃避返还资金的。因此，企业融资后以实际行为表现出履约的诚意十分重要，要避免因行为不当而使银行或司法机关产生误会，从而承担严重的刑事法律责任。

诚然，目前中小企业融资难是客观现实，为能顺利获得银行贷款，极个别企业管理者在递交申请材料时往往存在编造谎言、夸大履约能力等情况，这些行为都为后续的被追责埋下隐患。然而，残酷的是不论什么原因，一旦企业无法按时归还贷款，之前的欺骗行为将成为“骗取银行贷款”的证据，重则定本罪，轻则以骗取贷款罪定罪处罚。因此，企业应慎重进行贷款活动。

四、避免同意其他公司借用本公司名义向银行申请贷款

实务中，有企业因不符合银行贷款条件，就借用其他企业名义向银行申请贷款。这种操作方法，表面上看没有问题，实则会给两家企业带来巨大的刑事法律风险。对于申请贷款公司而言，明知他人不具备贷款条件，却同意以本公司名义为其贷款，实际上是为对方的欺骗行为提供帮助；对于实际用款公司而言，假借他人名义贷款是一种欺骗行为。如果实际用款公司能按时还款，就会平安无事，一旦不能按时还款，两者都可能以贷款诈骗罪或骗取贷款罪被刑事追责。

五、无法按约定偿还贷款时，应当主动寻求法律途径解决违约问题

企业在借款后，往往由于客观形势的变化，无法偿还借款，出现此种情况后，应当主动寻求法律途径解决违约问题，避免民事责任刑事化。如果因无法还款被公安机关立案侦查的，建议尽快聘请专业刑事律师提供帮助。

第八章
逃税罪

第一节　罪名概述

一、逃税罪的概念

逃税罪，是指纳税人采取欺骗、隐瞒手段进行虚假纳税申报或者不申报，逃避缴纳税款数额较大，并且占应纳税额10%以上；扣缴义务人采取欺骗、隐瞒等手段，不缴或者少缴已扣已收税款，数额较大或者因逃税受到两次行政处罚又逃税，触犯《刑法》第二百零一条的行为。

关于逃税罪，不得不说的是2018年我国发生的一起影响较大的偷逃税款案件——范某冰逃税案，本案虽然已经处理完毕，但是我国不少人对此案的关注、讨论依然在持续，人们争论的焦点问题是：刘某庆与范某冰同样是逃税，而且逃税金额没有范某冰那么多，为什么刘某庆会因税被捕，而范某冰仅受到行政处罚而免予追究刑事责任？很多人对此表示不解。事实上，这里存在一个关于刑法的修订适用问题，刘某庆“偷税案”事发在2002年，当时实行的是1997年《刑法》，该法第二百零一条规定的是“偷税罪”，当时并没有“初罪免责条款”，而到了2009年2月28日，我国《刑法修正案（七）》出台，对1997年《刑法》第二百零一条“偷税罪”作了较大的修改与补充。罪名上，将“偷税罪”更改为“逃税罪”；罪状上，最大的修改就在于追责方式上，增加了纳税人“初罪免责条款”，即经税务机关依法下达追缴通知后，补缴应纳税款，缴纳滞纳金，已受行政处罚的，不予追究刑事责任。也就是说，“初罪免责条款”的出台导致了刘某庆“偷税案”和范某冰“逃税案”不同的处罚结果。

刘某庆偷税案中，税务部门认定刘某庆及其公司偷逃税 1458.3 万元，欠税 2000 万元，已经达到偷税罪的入刑标准，而当时又没有“初罪免责条款”，触犯刑法当然要受到法律的惩罚，刘某庆于 2002 年 6 月被刑事拘留，422 天后，刘某庆才被取保候审。相反，尽管范某冰偷逃税款高达数亿元，其行为已然构成逃税犯罪，但最终却也只是受到税务部门的行政处罚和缴纳巨额罚款就结束了。这就是因为现行《刑法》关于逃税罪的“初罪免责条款”发挥了作用，才导致了不同的处罚结果，之所以导致不同的处罚结果完全是因为不同时间适用不同的法律。需要说明的是，无论是刘某庆偷税案，还是范某冰逃税案，我国司法机关在处理过程中都严格遵从了罪刑法定原则，法律没有冤枉刘某庆，也没有偏袒范某冰，最终都是在合理合法的情形下公开公正处理的。

至于我国《刑法》为什么会给逃税罪设置一个“初罪免责条款”？笔者认为，主要理由是随着经济的发展，纳税人的收入日益增长，如果严格按照 1997 年《刑法》规定的偷税罪的标准执行，打击面会太大。按照过去的规定，一个企业如偷税达到一定数额、比例，一旦发现，不管企业是否积极补缴税款和滞纳金，接受罚款，都会定罪；这可能会导致企业破产，工人下岗需要重新安置，企业负责人会因为偷税而坐牢。很显然，这种处理方式无论对国家、社会、企业还是本人都无好处，也不利于构建和谐社会。

二、犯罪构成要件

（一）犯罪主体

本罪的犯罪主体为特殊主体，包括纳税人和扣缴义务人。纳税人和扣缴义务人既可以是个人，也可以是单位。这里的纳税人是指法律、法规规定负有纳税义务的单位和个人；扣缴义务人是指法律、法规规定负有代扣代缴、代收代缴税款的单位和个人。

（二）犯罪客观方面

本罪的客观方面表现为纳税人采取形形色色、林林总总、不一而足的欺骗、隐瞒手段，进行虚假纳税申报或者不申报，逃避缴纳税款数额较大且占应纳税额10%以上的行为；扣缴义务人采取上述手段，不缴或者少缴已扣、已收税款，数额较大的行为。

实务中，行为人采取欺骗、隐瞒手段，进行虚假纳税申报或者不申报，主要包括以下四种情形：

1. 伪造、变造、隐匿、擅自销毁账簿、记账凭证。

（1）伪造账簿、记账凭证，是指行为人为达到逃税的目的，不依法建立账簿而编制假凭证、假账簿，欺骗税务机关。最常见的是“两套账”，即有的企业拥有真假两本账簿；真的自用，假的用来进行纳税申报和应对税务机关检查。

（2）变造账簿、记账凭证，是指行为人对真实的账簿、记账凭证进行挖补、涂改等。

（3）隐匿账簿、记账凭证，是指行为人将真实的账簿、记账凭证故意隐藏起来。

（4）擅自销毁账簿、记账凭证，是指行为人未经税务主管机关批准而擅自将正在使用中的或尚未超过保存期的账簿、记账凭证销毁的行为。

2. 进行虚假的纳税申报或不申报。

（1）虚假的纳税申报，是指纳税人或者扣缴义务人向税务部门报送虚假的纳税申报表、财务报表、代扣代缴、代收代缴税款报告表或者其他纳税申报资料。虚假申报方式包括虚报收入、虚报成本、虚报盈亏、虚报职工人数等。

（2）不申报，是指以逃税为目的不申报纳税的行为。

3. 在账簿上多列支出或不列、少列收入。

为达到少缴或不缴税款的目的，纳税人、扣缴义务人最常采用的逃税手段是在账簿上多列支出或不列、少列收入。

多列支出，是指行为人在账簿上填写超出实际支出的数额，以冲抵或者减少实际收入的数额。在实践中，多列支出的手段一般有将专用基金支出挤入成本、多提固定资产折旧、虚列预提费用、违规摊销、扩大产品材料成本、扩大产品工资成本等。

违规摊销是比较隐蔽的逃税方法，其主要做法有：缩短待摊费用摊销期限；改变低值易耗品核算方法；将固定资产大修理费用列入代摊费用；违规摊销开办费等。

不列、少列收入，是指行为人将所取得的生产经营收入不计入账簿，或者只将少量收入计入账簿而将大部分收入置于账外的行为。不列、少列收入既可以偷逃增值税、营业税，基础设施建设附加费，还会直接导致企业所得额下降，偷逃企业所得税。生产应纳消费税的企业不列、少列收入不可以偷逃消费税。

4. 以假报出口或者其他欺骗手段骗取所已缴纳的税款。

《刑法》第二百零四条规定："以假报出口或者其他欺骗手段，骗取国家出口退税款，数额较大的，处五年以下有期徒刑或者拘役，并处骗取税款一倍以上五倍以下罚金；数额巨大或者有其他严重情节的，处五年以上十年以下有期徒刑，并处骗取税款一倍以上五倍以下罚金；数额特别巨大或者有其他特别严重情节的，处十年以上有期徒刑或者无期徒刑，并处骗取税款一倍以上五倍以下罚金或者没收财产。纳税人缴纳税款后，采取前款规定的欺骗方法，骗取所缴纳的税款的，依照本法第二百零一条的规定定罪处罚；骗取税款超过所缴纳的税款部分，依照前款的规定处罚。"

也就是说，纳税人缴纳税款后，以假报出口或者其他的欺骗方法，骗取所缴纳税款的，依照逃税罪的规定定罪处罚。不能不强调的是，纳税人缴纳税款后，以假报出口或者其他的欺骗方法，骗取所缴纳税款的行为的法律特征及其法律属性与骗取出口退税罪是存在本质区别的。骗取出口退税罪是纳税人本来没有纳税，而以假报出口或者其他欺骗手段骗取国家财政支付的退税款；逃税罪是行为人有纳税义务而实施某些不正当的不合法的行为以逃避自己的纳税义务。

（三）犯罪客体

本罪侵犯的客体是我国的税收征收管理制度。逃税罪违反了国家的税收征管法律法规，破坏了正常的税收征管秩序，使国家税收遭受不同程度的损失。

（四）犯罪主观方面

本罪主观方面表现为故意，即行为人明知自己的行为是违反税收法律法规、逃避缴纳税款的行为，仍希望、追求这种结果发生，具有逃避应缴税款的明确目的。需要稍加说明的是，过失不构成本罪；即如果是由于纳税人工作失误或者不熟悉税收法规而漏缴、少缴税款的，不构成本罪。

三、刑事立案追诉标准

根据《最高人民检察院、公安部关于公安机关管辖的刑事案件立案追诉标准的规定（二）》第五十七条的规定，逃避缴纳税款，涉嫌下列情形之一的，应予立案追诉：

（一）纳税人采取欺骗、隐瞒手段进行虚假纳税申报或者不申报，逃避缴纳税款，数额在5万元以上并且占各税种应纳税总额10%以上，经税务机关依法下达追缴通知后，不补缴应纳税款、不缴纳滞纳金或者不接受行政处罚的；

（二）纳税人五年内因逃避缴纳税款受过刑事处罚或者被税务机关给予二次以上行政处罚，又逃避缴纳税款，数额在5万元以上并且占各税种应纳税总额10%以上的；

（三）扣缴义务人采取欺骗、隐瞒手段，不缴或者少缴已扣、已收税款，数额在5万元以上的。

纳税人在公安机关立案后再补缴应纳税款、缴纳滞纳金或者接受行政处罚的，不影响刑事责任的追究。

我国《刑法修正案（七）》第三条第四款明文规定："有第一款行为，经税务机关依法下达追缴通知后，补缴应纳税款，缴纳滞纳金，已受行政处罚的，不予追究刑事责任；但是，五年内因逃避缴纳税款受过刑事处罚或者被税务机关给予二次以上行政处罚的除外。"

这一规定的内涵极为丰富而深刻，较好地体现了我国税法的重大进步——民事处罚、行政处罚优先原则在税收征管法对违法行为的处理中符合法治与正义要求的执行。

众所周知，税法最为深刻而又重要的功能是国民的“二次分配”及其财富在该法域内的调整机能。也就是说，纳税是纳税人从自己的合法收入里拿出一部分交给国家；换言之，逃税行为，无论如何不是一种“偷”，与“偷”毫不相干；所以《刑法修正案（七）》将“偷税罪”修改成“逃税罪”，确实是“名正言顺”的英明、伟大的“正名”制度进步。因为，偷，在刑法上叫作“盗窃罪”，其本质意涵是，以非法占有为目的、违反被害人的意志、将他人占有的财物转移为自己或者第三者占有的行为。

我国对经济犯罪、财产犯罪均要求达到一定数额才构成犯罪，而外国则无具体数额的要求，理论上都构成犯罪。但即便如此，外国也不是一经查出有逃税行为就定罪，而大多采取区别于其他普通犯罪的特别处理方式，即对逃税行为往往查得严，民事罚款重，行政处罚较少，真正定罪的则更是少之又少。这正是前面述及的“范某冰逃税案”，虽然逃税额达到了天文数字，但是最终有惊无险，化险为夷，牢狱之灾转化成了“大放血”——补缴应缴税款及滞纳金等高达9亿元，而结案的法理内涵。

四、量刑标准

《刑法》第二百零一条规定：“纳税人采取欺骗、隐瞒手段进行虚假纳税申报或者不申报，逃避缴纳税款数额较大并且占应纳税额百分之十以上的，处三年以下有期徒刑或者拘役，并处罚金；数额巨大并且占应纳税额百分之三十以上的，处三年以上七年以下有期徒刑，并处罚金。

“扣缴义务人采取前款所列手段，不缴或者少缴已扣、已收税款，数额较大的，依照前款的规定处罚。

“对多次实施前两款行为，未经处理的，按照累计数额计算。

“有第一款行为，经税务机关依法下达追缴通知后，补缴应纳税款，缴纳滞纳金，已受行政处罚的，不予追究刑事责任；但是，五年内因逃避缴纳税款受过刑事处罚或者被税务机关给予二次以上行政处罚的除外。”

单位犯本罪的，对单位判处罚金，并对其直接负责的主管人员和其他直接责任人员，依照上述处罚标准进行处罚。

不能不提醒的是，一般来说，纳税人在公安机关刑事立案后再补缴应纳税款、缴纳滞纳金或者接受行政处罚的，不影响本罪刑事责任的追究。但是，这是一个法解释学与法律适用过程中需要进行价值均衡与价值评价的问题，就可以搜索到的资料来看，本章述及的“范某冰逃税案”之中其实包含了一个“程序转换”。

第二节　典型案例精析

社旗京×置业有限责任公司、王某强逃税案①

△基本案情

2013年3月，王某强为开发经营社旗金公馆楼盘项目，在社旗县注册成立了社旗京×置业有限责任公司（以下简称“京×公司”），以赵某涛为公司法定代表人，而由自己实际控制和经营。公司成立后，聘用李某敏为财务经理，又聘用韩某为财务会计。在经营运作该项目过程中，为少缴税款，王某强指使公司财务人员李某敏、韩某隐瞒公司真实收入，进行虚假税务申报。李某敏、韩某采用少列收入、多列支出等方式，进行虚假税务申报，并在财务账上予以处理。经社旗县地税局调查，该公司自成立以来，取得商品房预售收入121403426.8元，实际申报纳税的预售收入25524899元，少申报预售收入95878527.8元，少申报缴纳营业税4552090.24元、城建税227604.5元、城镇土地使用税56493.63元、企业所得税1188110.2元。社旗县地税局认定“京×公司”逃税金额6024298.57元，逃税金额占全部应缴纳税款（9727664.46元）的比例为61.9%。在社旗县税务局制发追缴通知书后，“京×公司”未补缴税款。2017年10月19日，社旗县地方税务局依法对“京×公司”作出行政处罚决定，但被告单位截至目前依然未补缴税款，也未执行行政处罚决定。

△裁判结果

“京×公司”犯逃税罪，判处罚金人民币200万元，并于判决生效后30日

---

① 案号：（2018）豫1327刑初320号。

内补缴税款6024298.57元；王某强犯逃税罪，判处有期徒刑五年，并处罚金人民币10万元；李某敏犯逃税罪，判处有期徒刑三年，缓刑三年，并处罚金人民币2万元；韩某犯逃税罪，判处有期徒刑三年，缓刑三年，并处罚金人民币2万元。

△评析

本案主要涉及的是企业负责人指使财务人员采取少列收入、多列支出等方式进行虚假税务申报，是否构成逃税罪的问题。

根据《刑法》第二百零一条第一款和第四款的规定，纳税人采取欺骗、隐瞒手段进行虚假纳税申报或者不申报，逃避缴纳税款数额较大并且占应纳税额10%以上的，处三年以下有期徒刑或者拘役，并处罚金；数额巨大并且占应纳税额30%以上的，处三年以上七年以下有期徒刑，并处罚金。有第一款行为，经税务机关依法下达追缴通知后，补缴应纳税款，缴纳滞纳金，已受行政处罚的，不予追究刑事责任；但是，五年内因逃避缴纳税款受过刑事处罚或者被税务机关给予二次以上行政处罚的除外。

虚假税务申报，是指纳税人或者扣缴义务人向税务部门报送虚假的纳税申报表、财务报表、代扣代缴、代收代缴税款报告表或者其他纳税申报资料。实务中，虚假申报方式包括虚报收入、虚报成本、虚报盈亏、虚报职工人数等。少列收入，是指行为人将所取得的生产经营收入不计入账簿，或者只将少量收入计入账簿而将大部分收入置于账外的行为。多列支出，是指行为人在账簿上填写超出实际支出的数额，以冲抵或者减少实际收入的数额。

本案中，“京×公司”采取少列收入、多列支出等方式进行虚假纳税申报，逃税600余万元，数额巨大，并占应缴纳税款的30%以上，在社旗县税务局制发追缴通知书与作出行政处罚决定后，“京×公司”未补缴税款，其行为已构成逃税罪。王某强作为该公司的实际控制人，安排、指使财务人员李某敏、韩某进行虚假的纳税申报，逃避应缴纳的税款，系单位的直接负责主管人员，应以逃税罪追究其刑事责任。李某敏、韩某作为公司的财务人员，明知单位隐瞒收入，逃避纳税，实施逃税犯罪行为，仍进行虚假的纳税申报，给国家税收造成重大损失，负有直接责任，也应以逃税罪追究刑事责任。

根据《会计法》第四十三条的规定，伪造、变造会计凭证、会计帐簿，编制虚假财务会计报告，构成犯罪的，依法追究刑事责任。有前款行为，尚不构成犯罪的，由县级以上人民政府财政部门予以通报，可以对单位并处五千元以上十万元以下的罚款；对其直接负责的主管人员和其他直接责任人员，可以处三千元以上五万元以下的罚款；属于国家工作人员的，还应当由其所在单位或者有关单位依法给予撤职直至开除的行政处分；其中的会计人员，五年内不得从事会计工作。也就是说，企业财务人员帮企业“做假账”，不仅有刑事风险，也有五年内不得从事会计工作的风险。实务中，企业为少交税，安排、利诱或胁迫财务人员“做假账”逃税的情况十分普遍，作为企业财务人员，如何避免或降低触犯本罪的刑事法律风险呢？建议如下：

1. 不要去做假账、偷税逃税的企业上班，尽量去正规企业

我国金税三期上线以来，企业做假账、偷税逃税已经无处遁形，一旦被大数据系统筛查出来，税务局会查近三年的所有税种，绝不姑息。对于财务人员来说，要做好利害判断，不能为了微薄的工资及企业给的额外好处费，而赌上人生与职业前途。

2. 注册会计师证书不能随便挂靠

有的财务人员将注册会计师证书挂靠，希望增加外快收入。需要提醒的是，挂靠行为本身不合法，不受法律保护。如果他人用你的证书去做逃税等违法的事情，将面临巨大的刑事风险。

3. 个人身份证件不要随意外借

税收实名制实施后，财务人员的姓名、身份证件、手机号码、人像信息都会被记录在案。企业一旦有违法行为上了“黑名单”，想撤下来非常困难。因此，不能为了情面就轻易外借自己的证件。

4. 兼职一定要明白里面的风险

实务中，兼职会计通常对企业的经营情况知之甚少，仅依据企业老板提供的凭证做账，有的甚至按企业老板意图做假账，帮企业逃税。一旦企业被立案侦查，兼职会计也可能受到牵连。

5. 离职后，要及时办理财务人员信息变更

目前，我国税务系统的法人、财务、股东信息正在逐步和公安、工商、银行、劳动等部门联网。如果财务人员被列入“黑名单”，社保、医保、出入境、贷款等很多方面都会受到影响。因此，财务人员在与前公司进行离职交接时，

一定要确认自己是否为公司财务负责人。如果是，务必去税务局进行财务负责人变更，否则将影响到下一家单位的纳税信用等级。

6. 受领导要挟“做假账”的时候，要注意保留相关证据

财务人员为保住工作，往往要听从领导的指示。最常见的是，领导要求财务人员通过少列收入、多列支出等方式偷漏税款或避税。如果财务人员没有保留证据，当出现问题的时候，领导很有可能会将责任推卸到财务人员身上，此时财务人员将由一个“从犯”变成一个“主犯”。因此，当财务人员受到上级的不正当指示且不得不做的时候，建议尽可能多保留证据，以防万一。

第三节 刑事法律风险防控措施

企业作为主要纳税主体，面对防不胜防的涉税风险，如果只是涉及民事责任和行政责任，往往破财消灾，尚可弥补。一旦触犯刑法，将会招致牢狱之灾。实务中，触犯逃税罪的企业管理人员主要是企业法定代表人、董事长、总经理与财务人员。如何做好风险评估和刑事风险规避工作，建议如下：

一、通过税务筹划合理合法避税，摈弃逃税观念

合理避税，是指在法律允许的情况下，以合法的手段和方式来达到纳税人减少缴纳税款的经济行为。合理避税不同于偷税、逃税，它不是对法律的违背和践踏，而是以尊重税法、遵守税法为前提，以对法律和税收的详尽理解、分析和研究为基础，是对现有税法不完善的发现和利用。在税务问题上，企业经营者想少交税，完全可以通过合理的税收筹划进行依法节税。反之，如果不顾法律规定，逃避税款，将会招致巨大的刑事法律风险，还有可能会招致牢狱之灾。

二、如在自查中发现逃避缴纳税款的情形，应及时补缴税款

《刑法》第二百零一条第一款、第四款规定，纳税人采取欺骗、隐瞒手段

进行虚假纳税申报或者不申报，逃避缴纳税款数额较大并且占应纳税额 10% 以上的，处三年以下有期徒刑或者拘役，并处罚金；数额巨大并且占应纳税额 30% 以上的，处三年以上七年以下有期徒刑，并处罚金。

有第一款行为，经税务机关依法下达追缴通知后，补缴应纳税款，缴纳滞纳金，已受行政处罚的，不予追究刑事责任；但是，五年内因逃避缴纳税款受过刑事处罚或者被税务机关给予二次以上行政处罚的除外。

从上述刑法规定可知，如果企业在五年内没有因逃避缴纳税款受过刑事处罚或者被税务机关给予二次以上行政处罚，由于欠税受到税务机关的催缴函，应当即刻进行缴税，以防止刑事风险的发生。

三、制定严格的发票管理制度

企业的发票事务如果管理不好，企业经营者不仅会触犯发票类犯罪，还可能触犯本罪。实务中，在发票管理方面需要注意哪些事项呢？建议如下：

1. 对于第三人为交易相对方代开的发票慎重处理，尽量不要接受。

2. 增值税专用发票的开具要与会计账簿记载、交易实质相互对应，被省略的中间环节也要体现出来，资金流动过程中不能出现矛盾记载。

3. 尽量通过银行账户将货款划拨到供货企业的银行账户内，防止开票方是 A 企业、收款方却是 B 企业的情形。

4. 核查税务登记证，一般纳税人的申请认定表，发票领购簿、开具的发票、出库单，提供的收款银行账户、入库的账簿及凭证等资料，要看其中的企业名称是否与实际发生交易的一致。

5. 对合法性存疑的发票要暂缓付款和暂缓申报抵扣其中的进项税金，待查证落实后再作处理。

四、企业安排从事有关的逃税工作，财务人员要果断拒绝

有的企业出现单位涉税案件时，会出现直接负责的主管人员逼迫会计、出纳等一般职员顶罪的情况。根据我国法律规定，会计、出纳等直接责任人员不能替直接负责的主管人员顶罪，一旦触犯本罪，直接负责的主管人员与其他直

接责任人员都要受到刑事处罚。实务中，财务总监、会计、会计助理、出纳等财务人员是本罪的“高危人员”，在案发时，均会被询问或讯问。因此，为避免触犯本罪，当企业董事长、总经理等人指使财务人员做假账逃税时，应当果断拒绝。

第九章
骗取出口退税罪

第一节 罪名概述

一、骗取出口退税罪的概念

骗取出口退税罪，是指故意违反税收法律法规，采取以假报出口或者其他欺骗手段骗取国家出口退税款，数额较大，触犯《刑法》第二百一十一条的行为。

出口退税本是一项对出口创汇企业的鼓励、扶持、优惠政策，自施行以来，极大地促进了国货走向世界、提升了我国出口产品在国际市场上的竞争力。但实务中常有不法分子利用法律政策的漏洞骗取出口退税，此种行为导致我国税款大量流失，同时扰乱了正常的经济秩序，并引发了大量其他犯罪，危害极其严重。

为适应打击骗取出口退税犯罪需要，1992 年 9 月 4 日，第七届全国人民代表大会常务委员会第二十七次会议通过的《全国人民代表大会常务委员会关于惩治偷税、抗税犯罪的补充规定》[①] 中专门设定了“骗取出口退税罪”。1997 年 3 月 14 日，第八届全国人民代表大会第五次会议修订并公布了《刑法》，对“骗取出口退税罪”进行了补充完善。2002 年 9 月 9 日，最高人民法院审判委

① 《全国人民代表大会常务委员会关于惩治偷税、抗税犯罪的补充规定》已失效，后文不再注明。

员会第 1241 次会议通过了《最高人民法院关于审理骗取出口退税刑事案件具体应用法律若干问题的解释》，对骗取出口退税的手段、量刑标准等问题进行了具体解释。

二、犯罪构成要件

（一）犯罪主体

本罪的犯罪主体为一般主体，已满十六周岁的完全刑事责任能力人都能成为本罪的主体。

根据《刑法》第二百一十一条的规定，单位犯本节第二百零四条规定之罪的，对单位判处罚金，并对其直接负责的主管人员和其他直接责任人员，依照该条的规定处罚。也就是说，单位也能成为本罪的犯罪主体。出口退税实质是国家为鼓励产品出口而给予的财政性资助，不具有出口经营权的单位不可能享受这种优惠，因此这里的“单位”主要是具有出口经营权的单位。实务中，享有出口退税权的单位主要有以下三种：

1. 享有独立对外出口经营权的中央和地方的外贸企业、工业贸易公司以及部分工业生产企业。

2. 特定出口退税企业，如外轮供应公司、对外承包工程公司等。

3. 委托出口企业。前两种单位可直接申报出口退税，自然可以构成骗取出口退税罪主体。后一种单位，委托方虽不具有直接出口经营权，但其仍有权享有出口退税利益，所以也可以构成骗取出口退税罪主体。至于代理方本身具有直接出口经营权，当然可以成为骗取出口退税罪主体。

（二）犯罪客观方面

本罪在客观方面表现为行为人以假报出口或者其他欺骗手段，骗取国家出口退税款，数额较大的行为。

《最高人民法院关于审理骗取出口退税刑事案件具体应用法律若干问题的解释》第一条规定，“假报出口”是指以虚构已税货物出口事实为目的，具有下列情形之一的行为：

1. 伪造或者签订虚假的买卖合同；

2. 以伪造、变造或者其他非法手段取得出口货物报关单、出口收汇核销单、出口货物专用缴款书等有关出口退税单据、凭证；

3. 虚开、伪造、非法购买增值税专用发票或者其他可以用于出口退税的发票；

4. 其他虚构已税货物出口事实的行为。

《最高人民法院关于审理骗取出口退税刑事案件具体应用法律若干问题的解释》第二条规定，“其他欺骗手段”指具有下列情形之一的：

1. 骗取出口货物退税资格的；

2. 将未纳税或者免税货物作为已税货物出口的；

3. 虽有货物出口，但虚构该出口货物的品名、数量、单价等要素，骗取未实际纳税部分出口退税款的；

4. 以其他手段骗取出口退税款的。

（三）犯罪客体

本罪侵犯的客体是国家出口退税管理制度和国家财产权。

出口退税制度是国家为体现税收鼓励出口的政策，使出口商品以不含税的价格进入国际市场，以提高出口商品在国际市场的竞争能力，依法对在国内已征增值税、营业税、消费税的产品（除国家明确规定不予退税的产品外），在其出口时将已征税款予以退还的制度。它是中国特定税收政策的产物。在1985年初，国务院对税收政策、外贸政策进行重大调整，决定从1985年4月1日起对所有经营外贸业务的企业、事业单位的出口产品全面实行退税政策，以增强其出口产品在国际市场上的竞争能力，支持出口创汇，同时还颁布了《国家税务局、对外经济贸易部、海关总署出口产品退税审批管理办法》等相应的法规，自此，出口退税成为中国税收领域中一种普遍而又独特的活动。1988年1月开始实行全面彻底退税，属于产品税、增值税征收范围的产品，按核定的综合退税率计算退税，并对出口的应退税款一律由国家预算收入退付。1991年开始实行外贸体制改革，重申出口退税政策不变，但改由中央和地方共同负担出口退税。至此，中国已建立起了一套完整的出口退税制度。实践证明，实行出口退税制度，对于鼓励出口，扩大和占领国际市场，参与国际竞争，发展外向型经济，都具有重要意义。然而，少数企业事业单位却趁机采取假报出口等手段，骗取国家出口退税款。这不仅严重地破坏了国家关于出口退税的管理制度，扰乱了国家出口退税政策的顺利执行，而且还给国家财政造成严重损失。

（四）犯罪主观方面

本罪的主观方面表现为故意，并且具有骗取出口退税的目的。行为人明知自己的行为会骗取国家税款，并且希望危害结果的发生。过失不构成本罪，如由于企业员工失误，或者产品出口以后由于质量等原因又被退回，造成税务机关多退税款的，由于没有骗税的犯罪故意，因此不构成本罪，一般只能由税务机关责令企业限期退回其多退的税款。

三、刑事立案追诉标准

《最高人民检察院、公安部关于公安机关管辖的刑事案件立案追诉标准的规定（二）》第六十条规定，以假报出口或者其他欺骗手段，骗取国家出口退税款，数额在5万元以上的，应予立案追诉。

四、量刑标准

根据《刑法》第二百零四条第一款的规定，以假报出口或者其他欺骗手段，骗取国家出口退税款，数额较大的，处五年以下有期徒刑或者拘役，并处骗取税款一倍以上五倍以下罚金；数额巨大或者有其他严重情节的，处五年以上十年以下有期徒刑，并处骗取税款一倍以上五倍以下罚金；数额特别巨大或者有其他特别严重情节的，处十年以上有期徒刑或者无期徒刑，并处骗取税款一倍以上五倍以下罚金或者没收财产。

根据《最高人民法院关于审理骗取出口退税刑事案件具体应用法律若干问题的解释》的规定，骗取国家出口退税款5万元以上的，为刑法第二百零四条规定的“数额较大”；骗取国家出口退税款50万元以上的，为刑法第二百零四条规定的“数额巨大”；骗取国家出口退税款250万元以上的，为刑法第二百零四条规定的“数额特别巨大”。

具有下列情形之一的，属于刑法第二百零四条规定的“其他严重情节”：

（一）造成国家税款损失30万元以上并且在第一审判决宣告前无法追回的；

（二）因骗取国家出口退税行为受过行政处罚，两年内又骗取国家出口退税款数额在30万元以上的；

（三）情节严重的其他情形。

具有下列情形之一的，属于刑法第二百零四条规定的“其他特别严重情节”：

（一）造成国家税款损失150万元以上并且在第一审判决宣告前无法追回的；

（二）因骗取国家出口退税行为受过行政处罚，两年内又骗取国家出口退税款数额在150万元以上的；

（三）情节特别严重的其他情形。

其他量刑情节如下：

（一）有进出口经营权的公司、企业，明知他人意欲骗取国家出口退税款，仍违反国家有关进出口经营的规定，允许他人自带客户、自带货源、自带汇票并自行报关，骗取国家出口退税款的，以本罪论处。

（二）实施骗取国家出口退税行为，没有实际取得出口退税款的，可以比照既遂犯从轻或者减轻处罚。

（三）国家工作人员参与实施骗取出口退税犯罪活动的，依照刑法第二百零四条第一款的规定从重处罚。

（四）实施骗取出口退税犯罪，同时构成虚开增值税专用发票罪等其他犯罪的，依照刑法处罚较重的规定定罪处罚。

第二节　典型案例精析

三×福进出口有限公司、魏某波等骗取出口退税案①

△基本案情

2012年至2015年，福建省晋江市三×福进出口有限公司（以下简称三×福公司）在经营过程中，为了非法获利，经公司经理汪某提出，公司法定代表

① 案号：（2017）黑0904刑初89、90号。

人魏某波和公司股东丁某进同意后，指使公司出纳员魏某淳支付人民币从丁某1（另案处理）处购买美元，充当境外虚假货款；同时经陈某1、陈某生、丁某4的介绍，在没有真实货物交易的情况下，由魏某淳汇款向七×辉公司、福建泉州鸿×迪路普公司、福建鸿星沃×集团等五家公司购买增值税专用发票，用于向福建省晋江市国税局申报出口退税。

经黑龙江省昕泰源司法鉴定所鉴定，三×福公司购买增值税专用发票价税合计41024760.4元，骗取出口退税5259584.67元，非法所得全部用于公司花销和股东分红。案发后，三×福公司主动上缴涉案资金1271447.86元。经侦查，被告人魏某波、丁某进于2016年10月27日在福建省晋江市被公安机关抓获。被告人汪某、魏某淳于2016年1月15日在福建省晋江市被公安机关抓获。在公安机关侦查期间，魏某淳供述自己是出纳员，每月工资2500元，是三×福公司经理汪某安排自己把假的购销合同盖章后传给七×辉、开×米奇、鸿×迪路普公司和鸿星沃×公司等企业，自己收到增值税专用发票并在网上认证后告诉汪某，并将增值税专用发票交给小郑办理出口退税，同时按照发票金额给开票企业汇款，在对方扣除11.2%的票点后，自己接受回款。

△裁判结果

三×福公司犯骗取出口退税罪，判处罚金人民币1000万元，骗取出口退税5259584.67元应予追缴，上缴国库；魏某波犯骗取出口退税罪，判处有期徒刑十年，并处罚金人民币530万元；汪某犯骗取出口退税罪，判处有期徒刑十年，并处罚金人民币530万元；丁某进犯骗取出口退税罪，判处有期徒刑五年，并处罚金人民币530万元；魏某淳犯骗取出口退税罪，免予刑事处罚。

△评析

本案涉及的是企业及其管理人员以非法获利为目的，购买增值税专用发票骗取国家出口退税款的行为，是否构成骗取出口退税罪的问题。

根据《刑法》第二百零四条的规定，以假报出口或者其他欺骗手段，骗取国家出口退税款，数额特别巨大或者有其他特别严重情节的，处十年以上有期徒刑或者无期徒刑，并处骗取税款一倍以上五倍以下罚金或者没收财产。根据《最高人民法院关于审理骗取出口退税刑事案件具体应用法律若干问题的解释》第三条的规定，骗取国家出口退税款250万元以上的，为刑法第二百零四条规定的“数额特别巨大”。根据《最高人民法院关于审理骗取出口退税刑事案件具体应用法律若干问题的解释》第一条的规定，“假报出口”是指以虚构已税货物出口事实为目的，具有下列情形之一的行为：伪造或者签订虚假的买卖合同；以伪造、变造或者其他非法手段取得出口货物报关单、出口收汇核销单、出口货物专用缴款书等有关出口退税单据、凭证；虚开、伪造、非法购买增值税专用发票或者其他可以用于出口退税的发票；其他虚构已税货物出口事实的行为。

本案中，三×福公司、魏某波、汪某、丁某进、魏某淳等精心编造非税收入专用收据、三×福公司税务登记表、申报退税供货企业名单、用于退税的增值税发票明细，并在晋江市国家税务局办理纳税登记，申报退税供货企业名单和用于出口退税的增值税专用发票，与七×辉、开×米奇、鸿×迪路普公司和鸿星沃×公司等勾结使用已由晋江市国税局退税的申报出口所使用的增值税专用发票，骗取出口退税达5259584.67元之巨。其行为不仅严重侵害了我国的基本国策之一的“出口退税”制度与对外贸易政策，而且触犯了《刑法》的有关规定，构成骗取出口退税罪。

从本案中可知，身为企业财务人员的魏某淳和其他企业管理人员等，虽然没有非法获利，但因其是被指控行为的实施人，同样要承担相应刑事责任。企业财务人员和其他企业管理人员如何规避本罪呢？建议如下：

1. 加强税务法律知识学习，要清楚虚开、伪造、非法购买用于骗取出口退税的增值税专用发票的行为，是犯罪行为。有的财务人员认为自己按月领取固定工资而已，没有非法获利，应当不构成犯罪，这种想法是错误的。道理很简单，你的行为是整个犯罪行为链之中的一个环节，整体行为被评价为犯罪行为，那么你的“帮助行为”不可能逃脱法律制裁。

2. 如果企业核心领导“安排”从事虚开、伪造、非法购买用于骗取出口退税的增值税专用发票的，要明确表示拒绝，不能有任何侥幸心理。

3. 迄今为止，我国的税制体系仍然在探索之中，确有某些不合理设定，但是，我们务必清晰而又清醒地认识到，与普通税收征收不同，“出口退税”制度作为一项基本的“杠杆性”鼓励对外贸易政策，是我国的基本国策之一，尤其不能以身犯险，触碰“红线”“底线”“高压线”。

第三节 刑事法律风险防控措施

在经济犯罪中，骗取出口退税犯罪是当前较为活跃的经济犯罪之一，随着经贸活动的深入发展，出口政策的逐步完善，参与贸易的国家、企业、公司急剧增加，骗取出口退税的犯罪已向更高的层次与更广的领域继续发展。根据中国裁判文书网现有数据资料显示，自2010年以来，以骗取出口退税罪被定罪的案件呈逐年递增之势。实务中，企业如果涉嫌骗取出口退税罪被提起公诉，由于受案件的复杂性、专业性和涉案金额较大等因素的影响，导致获得无罪判决的可能性较低。企业要规避本罪，保护员工，应做好以下方面的工作：

一、加强税务法律的学习

企业应组织从事出口业务的员工认真学习《税收征收管理法》《税收征收管理法实施细则》《增值税暂行条例》《最高人民法院关于审理骗取出口退税刑事案件具体应用法律若干问题的解释》《国家税务总局、商务部关于进一步规范外贸企业出口经营秩序切实加强出口货物退（免）税管理的通知》等法律法规，树立守法意识，依法进行生产经营。

二、避免从事“四自三不见业务”

“四自三不见业务”是指出口企业违反外贸经营的正常程序，在“客商”或中间人自带客户、自带货源、自带汇票、自行报关和出口企业不见出口货物、不见供货货主、不见外商的情况下进行所谓的“出口交易”业务。《最高人民法院关于审理骗取出口退税刑事案件具体应用法律若干问题的解释》第六条规定：“有进出口经营权的公司、企业，明知他人意欲骗取国家出口退税款，仍违反国家有关进出口经营的规定，允许他人自带客户、自带货源、自带汇票并自行报关，骗取国家出口退税款的，依照刑法第二百零四条第一款、第二百一十一条的规定定罪处罚。”为此，笔者建议企业在代理出口业务时切勿为了一时利益，因小失大；必须严格按照正常的贸易程序开展出口业务，实质参与出口交易活动，认真落实供货商的相关情况，确保出口业务的真实性，从而避免触碰“四自三不见业务”而涉嫌骗取出口退税的罪名。

三、选择管理规范、信誉良好的中介机构合作

企业对外贸易出口，不可避免地要与中介机构合作，而选择管理规范、信誉良好的物流公司及报关公司，是控制风险的关键。对于报关行、货代公司、运输企业等要严格审查其资质，进行风险评估，签订规范的服务合同并留存备查，做好相关单据的备案管理工作。对于不具有出口经营权的企业，委托外贸企业代理出口的，还要与外贸企业明确服务范围和服务内容，防止信息泄露。

四、加强与税务机关退税部门的沟通

对于可能触犯税务法律的出口业务，应及时向退税部门咨询，让退税专业人员把关有无出口退税风险，以便及时采取对策。对于新颁布的出口退税政策、法律法规，如果有不明白的地方，也应及时向退税部门咨询。对税务机关提出的退税问题或者交易对方存在退税问题的，应当及时沟通、自查，确认相关事实并向税务机关反馈报告，最大限度化解、消灭税务风险。

第十章
虚开增值税专用发票、用于骗取出口退税、抵扣税款发票罪

第一节　罪名概述

一、虚开增值税专用发票、用于骗取出口退税、抵扣税款发票罪的概念

虚开增值税专用发票、用于骗取出口退税、抵扣税款发票罪，是指违反国家税收征管和发票管理规定，为他人虚开、为自己虚开、让他人为自己虚开、介绍他人虚开增值税专用发票或者用于骗取出口退税、抵扣税款的其他发票，触犯《刑法》第二百零五条的行为。

在司法实践中，本罪及其他各类专用发票的犯罪关乎国计民生，涉案金额之巨，动辄百万元甚至上亿元；涉案企业之多，动辄数家甚至上百家；涉及地域之广，动辄数省甚至全国，可谓“经济犯罪之首”。近年来，一些企业和个人把非法为他人、为自己虚开、让他人为自己虚开、介绍他人虚开增值税专用发票作为“赚快钱”的捷径。甚至有的开票公司仅凭一张桌子、一本发票就开门营业，通过虚开增值税发票获利，受票者则借虚开的发票进行逃税或骗取抵扣退税。这种行为严重扰乱了国家对发票的管理制度，造成国家税款的大量流失，成为国家打击的重点。需要提醒的是，本罪的入罪标准极低，量刑又往往因虚开数额巨大而极易触犯“十年以上有期徒刑”的量刑档次，属于典型的易

发、高发的刑事风险点。

二、犯罪构成要件

（一）犯罪主体

本罪的犯罪主体为一般主体，即年满十六周岁且具有刑事责任能力的自然人或单位。单位构成本罪的，对单位实行双罚制，对单位判处罚金，并对直接负责的主管人员和其他直接责任人员依法追究刑事责任。

（二）犯罪客观方面

本罪在客观方面表现为行为人实施了虚开增值税专用发票或者用于骗取出口退税、抵扣税款的其他发票的行为。增值税专用发票，是指以商品或者劳动增值额为征税对象，具有直接抵扣税款功能的专门用于增值税的发票，其他发票，是指具有与增值税专用发票相同功能的用于骗取出口退税、抵扣税款的其他非增值税发票。虚开，是指行为人违反有关发票开具管理的规定，不按照实际情况如实开具增值税专用发票及其他可用于骗取出口退税、抵扣税款的发票之行为，从广义上讲，一切不如实出具发票的行为，都是虚开的行为。

本罪行为方式具体包括以下四种表现形式：

1. 为他人虚开增值税专用发票或者用于骗取出口退税、抵扣税款的其他发票。

2. 为自己虚开增值税专用发票或者用于骗取出口退税、抵扣税款的其他发票。

3. 让他人为自己虚开增值税专用发票或者用于骗取出口退税、抵扣税款的其他发票。

4. 介绍他人虚开增值税专用发票或者用于骗取出口退税、抵扣税款的其他发票。

根据《最高人民法院关于适用〈全国人民代表大会常务委员会关于惩治虚开、伪造和非法出售增值税专用发票犯罪的决定〉若干问题的解释》的规定，具有下列行为之一的，即属于“虚开增值税专用发票”。

1. 没有货物购销或者没有提供或接受应税劳务而为他人、为自己、让他人为自己、介绍他人开具增值税专用发票；

2. 有货物购销或者提供或接受了应税劳务但为他人、为自己、让他人为自己、介绍他人开具数量或者金额不实的增值税专用发票；

3. 进行实际经营活动，但他人为自己代开增值税专用发票。

需要说明的是，如只是虚设开票人或不按规定时限提前或滞后开具日期等，虽属违法不实开具，但仍不是本罪意义上的虚开，对此不能以本罪论处。

实务中，我国企业虚开增值税发票有以下三个特点：

1. 虚开增值税发票行为呈现职业化倾向。此类案件的犯罪主体有的是“皮包公司”，在无实际经营业务的情况下，专门为他人虚开增值税专用发票，通过散发传单、发送 QQ 群信息等手段散布消息，诱惑受票单位卷入虚开犯罪；有的以介绍开票为业，为开票方、受票方牵线搭桥充当“掮客”，从中谋取利益；有的企业主本来从事正常的生产经营，后逐渐放弃正常经营，专门从事虚开“业务”。

2. 犯罪形态呈现窝串化倾向。办理虚开增值税专用发票案件往往是“破一案，带一串，抓一人，挖一窝”。一方面，开票方一旦与开票中介、受票方取得联系，往往形成长期合作关系，相互依存关联。另一方面，虚开增值税专用发票犯罪具有一定的“传染性”。一些企业通过虚开方式获利后，会在一定范围内引发其他企业效仿，虚开方法和渠道也会在企业之间口口相传，甚至成为某一行业或者区域的“潜规则”。

3. 犯罪主体呈现“小微”化倾向。办理的虚开增值税专用发票案件涉及的企业大部分为注册资本在 50 万元以下的小微企业、家庭作坊或者个体工商户。这类企业以从事加工、贸易类为主，具有业务量小、利润微薄、抗风险能力低、企业制度建设不完备的特征。

（三）犯罪客体

本罪侵犯的客体是国家对增值税专用发票和可用于出口退税、抵扣税款的其他发票的监督管理制度。

（四）犯罪主观方面

本罪的主观方面表现为故意，即行为人明知自己虚开的是增值税专用发票、用于骗取出口退税、抵扣税款的发票，并且希望或者放任危害税收管理秩序的结果发生。需要说明的是，是否有谋取非法经济利益的目的不影响本罪的成立。实务中，为他人虚开、介绍他人虚开增值税专用发票的单位和个人一般都以收取高额的"开票费"或者"中介费"为目的，为自己虚开、让他人为自己虚开的单位和个人一般都是以骗取税款为目的。

三、刑事立案追诉标准

《最高人民检察院、公安部关于公安机关管辖的刑事案件立案追诉标准的规定（二）》第六十一条规定："虚开增值税专用发票或者虚开用于骗取出口退税、抵扣税款的其他发票，虚开的税款数额在一万元以上或者致使国家税款被骗数额在五千元以上的，应予立案追诉。"

四、量刑标准

《刑法》第二百零五条第一款、第二款规定："虚开增值税专用发票或者虚开用于骗取出口退税、抵扣税款的其他发票的，处三年以下有期徒刑或者拘役，并处二万元以上二十万元以下罚金；虚开的税款数额较大或者有其他严重情节的，处三年以上十年以下有期徒刑，并处五万元以上五十万元以下罚金；虚开的税款数额巨大或者有其他特别严重情节的，处十年以上有期徒刑或者无期徒刑，并处五万元以上五十万元以下罚金或者没收财产。

单位犯本条规定之罪的，对单位判处罚金，并对其直接负责的主管人员和其他直接责任人员，处三年以下有期徒刑或者拘役；虚开的税款数额较大或者有其他严重情节的，处三年以上十年以下有期徒刑；虚开的税款数额巨大或者有其他特别严重情节的，处十年以上有期徒刑或者无期徒刑。"

关于本罪犯罪未遂问题，由于本罪是行为犯，并非结果犯。因此，只要行为人虚开了增值税专用发票，并且在虚开时具有骗取税款或其他牟利的故意，即使最终没有能够抵扣税款，仍然属于犯罪既遂，而不能认定为未遂。实务中，本罪只有在一种情况下是未遂，即行为人在虚开过程中，还没来得及将虚开发票行为完成即被查获。

另外，有下列情节之一的，不适用缓刑：

1. 虚开增值税专用发票税款数额 30 万元以上，或使国家税款被骗取 25 万元以上的；

2. 曾因虚开增值税专用发票被行政处罚或判刑的；

3. 虚开增值税专用发票累计 5 次以上的；

4. 未按规定缴纳 60% 以上罚金的。

需要说明的是，犯本罪被判处罚金、没收财产的，在执行前，应当先由税务机关追缴税款和所骗取的出口退税款。

第二节　典型案例精析

杭州亮×电子电器有限公司、吴某祥虚开增值税专用发票案[①]

△基本案情

2011 年 9 月至 2012 年 11 月，吴某祥在经营杭州亮×电子电器有限公司（以下简称亮×公司）期间，为逃避缴纳税款，在亮×公司与杭州临×天茂贸易有限公司（以下简称临×天茂公司）没有真实货物交易的情况下，通过徐某某、程某等人（均另案处理）联系、帮助，采用支付票面额 6.5%—8% 不等开票费的手段，从临×天茂公司虚开 11 份增值税专用发票（价税合计 2562480 元、税款合计 372326.16 元），均已被亮×公司申报抵扣税款。

何某是德清县新安镇胜×照明电器厂的负责人，吴某祥在明知何某（另案处理）经营的德清县新安镇胜×照明电器厂与临×天茂公司没有真实货物交易的情况下，仍在 2012 年 9 月和 11 月两次通过程某联系，采用支付票面额 6.5% 开票费的手段，从临×天茂公司虚开 2 份增值税专用发票（价税合计

---

① 案号：（2014）杭临刑初字第 54 号。

450060 元，税款合计 65393.34 元）交给何某，后该 2 份发票均被德清县新安镇胜×照明电器厂申报抵扣税款。

案发后，吴某祥向杭州市余杭区国家税务局补缴非法抵扣的增值税 29248.72 元；何某主动向德清县国家税务局补缴非法抵扣的增值税 65393.34 元及滞纳金、罚款。

△裁判结果

亮×公司犯虚开增值税专用发票罪，判处罚金人民币 15 万元；吴某祥犯虚开增值税专用发票罪，判处有期徒刑十年；责令亮×公司将其余非法抵扣的税款 343077.44 元补缴至杭州市余杭区国家税务局。

△评析

本案主要涉及的是企业在没有真实货物交易的情况下，通过虚开增值税专用发票逃避缴纳税款的行为，是否构成虚开增值税专用发票罪的问题。

根据《刑法》第二百零五条的规定，虚开增值税专用发票或者虚开用于骗取出口退税、抵扣税款的其他发票，虚开的税款数额巨大的，处十年以上有期徒刑或者无期徒刑，并处 5 万元以上 50 万元以下罚金或者没收财产；单位犯本条规定之罪的，对单位判处罚金，并对其直接负责的主管人员和其他直接责任人员进行处罚。根据《最高人民法院关于适用〈全国人民代表大会常务委员会关于惩治虚开、伪造和非法出售增值税专用发票犯罪的决定〉若干问题的解释》的规定，虚开税款数额 50 万元以上的，属于“虚开的税款数额巨大”。

本案中，亮×公司、吴某祥采用支付票面额 6.5%—8% 不等开票费的手段，虚开增值税专用发票，虚开税款数额价税合计达 3012540 元，属于《刑法》第二百零五条规定的“虚开的税款数额巨大”，应当判处十年以上有期徒刑或者无期徒刑，并处 5 万元以上 50 万元以下罚金或者没收财产。

现实生活中，某些人甚至个别企业习惯性铤而走险虚开增值税发票，骗取国家出口退税，有的甚至以此为业，通过替人虚开发票收取好处费从中受益，这样的举动看起来似乎可以“不劳而获”，但是，一旦东窗事发，必将得不偿失，等待他们的必将是法律的严惩。

从伦理上看，依法纳税是每一位公民、每一家企业的基本义务，最基本的道理就是，财税是维持国家、社会依法正常运转，人人安宁、平静生活的基本要求。

第三节 刑事法律风险防控措施[①]

本罪在刑法中是一个重罪，在《刑法修正案（八)》颁布实施之前，本罪的最高刑为死刑。在《刑法修正案（八)》颁布之后，最高刑为无期徒刑。为什么本罪刑罚如此之重呢？因为虚开增值税专用发票行为的目的是“骗取”国家税款，这种目的具有严重的主观恶性和社会危害性，严重危害国家征税秩序和社会公共利益。现实中，有相当一部分企业因为管理不规范，存在虚开增值税专用发票的现象，而我国对虚开增值税发票类案件的追诉标准较低，因此，企业在日常经营中应对此类违法犯罪行为保持高度警惕，严格防控由此带来的刑事风险。以下是笔者对本罪的风险防范建议，以供参考。

一、强化依法据实开票意识

企业经营者一定要自重，在创造自身效益的同时，更要创造社会效益，带头做依法纳税的模范，要杜绝为少缴税款而向其他企业购买发票或者要求其他企业帮助开具抵扣税款的发票。本罪的犯罪主体可以是单位也可以是个人，企业在进行经营的时候，一定要把握一个大的原则，不能做违法的事情。一旦发现股东或员工有虚开发票谋取私利的行为，要严惩不贷。实务中，企业尤其要重视对财务人员的教育和培训，建立完善的监督制度，防止部分财务人员为一己之利为他人代开发票或进行其他违法活动。

另外，企业高管、财务人员应认真学习我国关于发票的法律法规，自觉遵守《发票管理办法》《发票管理办法实施细则》《增值税专用发票使用规定》规定，从源头上筑起第一道防火墙，消除侥幸心理。

---

① 第十一章虚开发票罪与本罪防控措施基本相同，第十一章不再赘述。

二、严格发票管理，把控税务风险源

企业应制定严格的增值税专用发票管理制度，从增值税专用发票的购买、开具、保存等环节做好风险防范。财务人员开具增值税专用发票时应认真核对发票信息，防止出现发票缺联少页、填写错误、盖章不清晰等现象；保存发票时应设立发票登记簿，详细记载发票开具信息，按照税务部门要求进行销毁等。实务中，企业对取得的发票存在疑点的，建议暂缓抵扣有关进项税金，并及时向税务部门求助、查证，税务部门可以利用金税工程系统中的协查系统，向供货方企业所在地的税务机关发送协查函，请对方税务机关进行调查，落实发票的性质、来源和业务的真实性。

需要说明的是，企业为少交税购买发票做账，是触犯本罪的红线，实务中大量案例也清楚地警示这样的行为会面临税务刑事风险。因此，企业应该增强风险意识，严格抵制购买发票抵税款的行为。

三、完善业务往来凭据，以备证明业务活动合法性的不时之需

本罪的主观方面表现为故意，司法实践中，虚假交易或交易的非法性极易被法院直接据此认定为“故意”而入罪。因此，企业可能因为合作伙伴的违法行为而涉嫌触犯本罪。所以，企业在日常经营管理中应完善各项业务往来凭据，使各项具体业务可以追本溯源随时复盘，当合作伙伴企业出现违法行为时，能够通过完整的证据材料证明自身业务的合法性。

四、尽量通过银行转账方式支付货款

企业采购货物时，建议通过银行账户将货款划拨到供货企业的银行账户内，以防止销售方用他人的名义虚开发票。在这个过程中，企业可对购进业务进行监督、审查，如果对方提供的银行账户与发票上注明的信息不符，就应当引起警惕，暂缓付款，先做进一步的审查。

五、不违法给亲朋好友“帮忙”虚开抵扣税款的发票

根据《刑法》第二百零五条的规定，为他人虚开发票、介绍他人虚开发票也可能触犯本罪。当有亲友提出帮忙开具发票要求时，一定要果断拒绝，不能心存侥幸，否则会引发巨大的刑事风险。需要特别强调的是，介绍他人虚开发票即使不获利也构成犯罪，因此企业经营者除自己不能帮助亲友开发票外，更不能介绍他人帮助亲友开发票。

第十一章
虚开发票罪

第一节　罪名概述

一、虚开发票罪的概念

虚开发票罪，是指为了谋取非法经济利益，违反国家发票管理规定，虚开增值税专用发票和用于骗取出口退税、抵扣税款发票以外的发票，触犯《刑法》第二百零五条之一的行为。

本罪是 2011 年 2 月 25 日全国人民代表大会常务委员会《刑法修正案（八）》新增设的罪名。《刑法修正案（八）》颁布以前，《刑法》只规定处罚虚开增值税专用发票、用于骗取出口退税、抵扣税款发票的行为，对于虚开其他类型的发票，并不按犯罪行为处理。由于对普通发票的管理并不够完善，一些单位和个人利用发票管理上的漏洞，虚开普通发票用于偷逃税款，造成国家税款的流失，诱发了逃税等税收违法犯罪行为，并为其他诸如财务造假、贪污贿赂、洗钱等违法犯罪行为提供了条件。因此，为了进一步规范发票的管理，严厉打击虚开普通发票的行为，我国《刑法修正案（八）》将虚开增值税专用发票、用于骗取出口退税、抵扣税款以外的其他发票作为《刑法》规制的犯罪行为来处理。这样一来，就形成了打击发票犯罪行为的严密法网，使得行政法规与刑事立法相互配合、相互衔接。

二、犯罪构成要件

（一）犯罪主体

本罪的犯罪主体为一般主体，即年满十六周岁且具有刑事责任能力的自然人或单位。实务中，本罪犯罪主体主要如下：

1. 非法获得虚开发票的单位和个人。这些单位和个人通过获取虚开的发票来获得非法经济利益或者掩盖自己的违法行为。

2. 虚开发票的单位和个人。这些单位和个人，为了谋取“开票费”“手续费”等非法利益，开具虚假或者不实的发票。

3. 虚开发票和购买虚开发票的中介者。实务中，介绍他人虚开发票也是常见、多发的情况。通过介绍，行为人将虚开发票者和发票使用者连接起来，促成虚开发票交易。随着虚开发票违法行为的多发，甚至出现“代开发票”的组织化运行。有人专门负责联络虚开发票者，有人通过网络或发小广告联络购买者，为购买者提供各种发票，一定程度上助长了发票犯罪。对于介绍他人虚开发票的行为人，将作为虚开发票罪的共犯处罚。

（二）犯罪客观方面

本罪在客观方面表现为虚开增值税专用发票和用于骗取出口退税、抵扣税款发票以外的发票，情节严重的行为。实务中，主要表现为如下几种情形：

1. 为他人虚开

行为人在没有销售商品或者没有提供服务的情况下，为他人开具发票；或者在行为人虽然销售了商品或者提供了服务的情况下，但为他人开具交易内容或交易数量、金额不实的发票。

2. 为自己虚开

行为人在没有商品交易或是提供或接受服务的情况下，为自己开具发票。由于普通发票没有可以用于骗取出口退税和抵扣税款的功能，因此，实务中为自己虚开发票的情况并不多见。但即使出于其他目的为自己虚开发票难以达到抵扣税款以牟利的目的，也违反了发票管理制度中关于如实开具发票的规定，情节严重的，亦构成本罪。

3. 让他人为自己虚开

主要包括两种情况：一是行为人通过支付“手续费”等形式要求他人为自己虚开发票；二是行为人销售商品或提供服务，让他人为自己虚开发票给商品购买者或接受服务者。这种做法，往往是行为人没有开具发票的资格，或者是利用不同行业的税率差异来偷逃税款。

（三）犯罪客体

本罪侵犯的客体是国家的财务管理制度和税收征管制度。

发票是在购销商品、提供或者接受服务以及从事其他经济活动中，开具、收取的收付款凭证。虚开发票的行为，在没有产生商品购销或者提供服务的情况下，就开具交易内容并不存在的凭证，使得会计核算与现实交易存在误差，严重影响会计核算的真实性，会使国家对国民经济发展相关数据的掌握存在偏差，因此，虚开发票的行为，侵犯了国家的财务管理制度。此外，发票是国家进行税务稽查的重要依据，通过虚开发票，可以使不法经营者多列成本，减少所得税等税种的应纳税额，达到偷逃税款的目的，从而侵犯国家的税收征管制度。

（四）犯罪主观方面

本罪的主观方面表现为直接故意，即行为人明知违反税收法律制度，还虚开增值税专用发票和用于骗取出口退税、抵扣税款发票以外的发票。间接故意和过失不构成本罪。

三、刑事立案追诉标准

根据《最高人民检察院、公安部关于公安机关管辖的刑事案件立案追诉标准的规定（二）的补充规定》第二条的规定，在《立案追诉标准（二）》中增加第六十一条之一：［虚开发票案（刑法第二百零五条之一）］虚开刑法第二百零五条规定以外的其他发票，涉嫌下列情形之一的，应予立案追诉：

（一）虚开发票100份以上或者虚开金额累计在40万元以上的；

（二）虽未达到上述数额标准，但五年内因虚开发票行为受过行政处罚二次以上，又虚开发票的；

（三）其他情节严重的情形。

从上述规定中看出，本罪的立案数额要求远远高于虚开增值税专用发票、用于骗取出口退税、抵扣税款发票罪，也即立法者对虚开普通发票罪的行为容忍度更高；换言之，与虚开增值税专用发票、用于骗取出口退税、抵扣税款发票罪相比，虚开发票罪对社会经济秩序的损害，尤其是对国家税收征管秩序和国家财政收入的损害小得多。

四、量刑标准

《刑法》第二百零五条之一规定："虚开本法第二百零五条规定以外的其他发票，情节严重的，处二年以下有期徒刑、拘役或者管制，并处罚金；情节特别严重的，处二年以上七年以下有期徒刑，并处罚金。

"单位犯前款罪的，对单位判处罚金，并对其直接负责的主管人员和其他直接责任人员，依照前款的规定处罚。"

根据最高人民法院于1996年10月17日发布的《最高人民法院关于适用〈全国人民代表大会常务委员会关于惩治虚开、伪造和非法出售增值税专用发票犯罪的决定〉的若干问题的解释》规定，虚开税款数额1万元以上，应当依法定罪处罚；虚开税款数额10万元以上，属于"虚开的税款数额较大"，与"有其他严重情节"适用相同的量刑档次；虚开税款数额50万元以上，属于"虚开的数额巨大"，与"有其他特别严重情节"适用相同的量刑档次。由于虚开增值税专用发票和用于骗取出口退税、抵扣税款发票罪与虚开发票罪是在同一条中规定的，故在新的司法解释出台前，虚开发票罪"情节严重"和"情节特别严重"的认定标准可按照虚开增值税专用发票和用于骗取出口退税、抵扣税款发票罪的标准进行折算并参照执行。

但是最高人民检察院、公安部于2011年11月14日颁布实施的《最高人民检察院、公安部关于公安机关管辖的刑事案件立案追诉标准（二）的补充规定》对虚开发票罪的立案标准作出了部分修正，即虚开刑法第二百零五条规定以外的其他发票，涉嫌下列情形之一的，应予立案追诉：虚开发票100份以上或者虚开金额累计在40万元以上的；虽未达到上述数额标准，但五年内因虚开发票行为受到行政处罚二次以上，又虚开发票的；其他情节严重的情形。

本罪只规定对犯罪的自然人和单位应并处罚金，但对罚金的数额没有作具体的规定。与虚开发票罪一同规定于刑法第二百零五条的虚开增值税专用发票、用于骗取出口退税、抵扣税款发票罪规定了罚金刑的具体数额，虚开发票罪在适用罚金刑时可根据相应档次自由刑并罚的罚金数额参照适用，即情节严重的，并处 2 万元以上 20 万元以下罚金；情节特别严重的，处 5 万元以上 50 万元以下罚金。

需要说明的是，行为人以偷逃税款为目的，其虚开发票的手段、行为又触犯了虚开发票的，应属于刑法理论中的牵连犯。对于牵连犯，依据刑法总则理论，不实行数罪并罚，而是择一重罪处罚。

第二节　典型案例精析

江阴市绿×园林工程有限公司、潘某等虚开发票案①

△基本案情

2014 年 5 月，潘某在担任江阴市绿×园林工程有限公司（以下简称绿×公司）法定代表人期间，因会计吴某表示公司缺成本发票，潘某经与江阴市大×景观园艺场（以下简称大×园艺场）的张某乙（另案处理）商议互开发票冲账，让吴某实际操作。后在无真实交易的情况下，绿×公司于 2014 年 5 月 20 日通过大×园艺场虚开发票 1 份，金额为人民币 103 万元，并实际入账冲抵成本。吴某于 2014 年 6 月 10 日从潘某实际经营的江阴市青×旺盛花木园向大×园艺场虚开发票 1 份，金额为人民币 103 万元。2016 年 4 月 26 日，吴某接到公安机关电话通知后主动至江阴市公安局申港派出所投案，并如实供述上述事实。案发后，绿×公司已补缴相应税款、缴纳罚款人民币 65873.88 元及相应滞纳金。

---

① 案号：(2016) 苏 0281 刑初 1427 号。

△裁判结果

一、绿×公司犯虚开发票罪，判处罚金人民币2万元。

二、潘某犯（单位）虚开发票罪，判处有期徒刑六个月，并处罚金人民币6000元；犯虚开发票罪，判处有期徒刑七个月，并处罚金人民币8000元，决定执行有期徒刑九个月，缓刑一年，并处罚金人民币14000元。

三、吴某犯（单位）虚开发票罪，判处拘役四个月，并处罚金人民币2000元；犯虚开发票罪，判处拘役五个月，并处罚金人民币3000元，决定执行拘役七个月，缓刑九个月，并处罚金人民币5000元。

△评析

本案主要涉及的是企业之间相互虚开发票冲抵成本的行为，是否构成虚开发票罪的问题。

发票冲账是指企业或公民通过不同的途径购买或者以其他方式获得发票，来达到避税的目的的一种违法行为。根据《刑法》第二百零五条之一规定，虚开本法第二百零五条规定以外的其他发票，情节严重的，处二年以下有期徒刑、拘役或者管制，并处罚金；单位犯前款罪的，对单位判处罚金，并对其直接负责的主管人员和其他直接责任人员进行处罚。根据《最高人民检察院、公安部关于公安机关管辖的刑事案件立案追诉标准的规定（二）的补充规定》第二条规定，虚开发票100份以上或者虚开金额累计在40万元以上的，应予立案追诉。

本案中，绿×公司、潘某、吴某以冲抵经营成本从而减少纳税基数为目的，互开一般发票，虽然仅此一回，但是金额高达103万元，达到了《刑法》第二百零五条之一及相关刑事司法规范性文件的规定，其行为已经构成了虚开发票罪。

据笔者观察，以互开发票、购买发票等方式冲销进项、减少纳税基数是较为常见的逃税方式，依法据实而论，这种“明知山有虎，偏向虎山行”的“避税”行为，着实不足为训。

现实生活中，经常听闻许多企业通过购买购物小票换开发票入账的方式来“避税”。需要提醒的是，不管是刻意还是无意为之，这种做法均是违法的。以购买的购物小票换开发票入账，不论是无中生有虚增费用，还是移花接木假报费用，都是“看似很得利，实则很受伤”的违法甚至犯罪行为。在税务检查中，商场、超市开具的购物发票，不管品名是办公用品还是其他货物，都是税务人员稽查的重点。一旦企业无法提供这些物品的去向，以及此项业务的真实性、合理性证明，这些发票将被直接判定为虚假发票。除了调增应纳税所得额，补缴企业所得税、个人所得税外，还将视查证的情况和情节给予行政处罚；构成犯罪的，将移送司法机关依法追究刑事责任。

其实我们不能不牢记于心的是，企业本来就是“法律拟制的社会行为主体”，点点滴滴均“依法运行”是企业与生俱来的基本特征与客观要求，必须在依法依规的前提下，借助专业知识节税。

第十二章 假冒注册商标罪

第一节 罪名概述

一、假冒注册商标罪的概念

假冒注册商标罪，是指违反国家商标管理法规，未经注册商标所有人许可，在同一种商品上使用与其注册商标相同的商标，情节严重，触犯《刑法》第二百一十三条的行为。

随着人们对商标价值的认同与企业创品牌意识的增强，在强大的经济利益驱动下的假冒他人商标的“搭便车”行为也相伴而生，而且，这种行为日益增多并出现了一些新形式。面对日益严重化、复杂化的假冒注册商标行为，刑法作为商标法律保护的重要组成部分，对此类行为应当给予严厉打击。实务中，触犯本罪的案件具有以下两个特点：

1. 假冒产品种类多，涉案数额大

企业为获取巨额利润，扩展自己的销路，选择仿造的对象多是各行各业中的著名品牌，其中尤以烟、酒、化妆品、皮包、衣服等高档产品为甚。虽然其制造假冒商品的成本极其低廉，但通常以接近市价出售，在对其犯罪的涉案数额认定时，也并非以成本或差价为准，因此，此类案件的犯罪金额大多较大。

2. 生产地点隐蔽，侦查难度大

随着我国互联网行业的快速发展，地域间的隔离状态逐渐被打破，且销售模式日益多样化，如此便使得假冒注册商品的流通区域不断扩大。另外，此类案件的犯罪嫌疑人为逃避侦查，其生产地点通常较为隐蔽，如将工厂设到相对落后的省份或农村，给侦查工作带来了难度。实务中，犯罪嫌疑人大多分工明确，各司其职，分别负责进货、销售、发货等各个相连的环节，且多以家庭小作坊形式进行秘密生产加工制作。

二、犯罪构成要件

（一）犯罪主体

本罪的犯罪主体为一般主体，即年满十六周岁且具有刑事责任能力的自然人或单位。就单位而言，实施了假冒他人注册商标的行为，构成犯罪的，实行双罚制，即对单位判处罚金，对直接负责的主管人员和其他直接责任人员依法追究刑事责任。

（二）犯罪客观方面

本罪在客观方面表现为未经注册商标所有人许可，在同一种商品上使用与其注册商标相同的商标，情节严重的行为。具体来讲，需要注意以下几点：

1. 关于“同一种商品”的理解。同一商品并不要求商品的名称、功能完全一致。根据《最高人民法院、最高人民检察院、公安部关于办理侵犯知识产权刑事案件适用法律若干问题的意见》第五条的规定，名称相同的商品以及名称不同但指同一事物的商品，可以认定为“同一种商品”。“名称”是指国家工商行政管理总局商标局在商标注册工作中对商品使用的名称，通常即《商标注册用商品和服务国际分类》中规定的商品名称。“名称不同但指同一事物的商品”是指在功能、用途、主要原料、消费对象、销售渠道等方面相同或者基本相同，相关公众一般认为是同一种事物的商品。

2. 关于“与他人注册商标相同的商标”的认定。根据《最高人民法院、最高人民检察院、公安部关于办理侵犯知识产权刑事案件适用法律若干问题的意见》第六条的规定，具有下列情形之一，可以认定为“与其注册商标相同的商标”：

（1）改变注册商标的字体、字母大小写或者文字横竖排列，与注册商标之间仅有细微差别的；

（2）改变注册商标的文字、字母、数字等之间的间距，不影响体现注册商标显著特征的；

（3）改变注册商标颜色的；

（4）其他与注册商标在视觉上基本无差别、足以对公众产生误导的商标。

3. 关于“使用”的认定。“使用”是指将注册商标或者假冒的注册商标用于商品、商品包装或者容器以及产品说明书、商品交易文书，或者将注册商标或者假冒的注册商标用于广告宣传、展览以及其他商业活动等行为。

4. 关于“未经注册商标所有人许可”的理解。根据《商标法》第四十三条的规定，商标注册人可以通过签订商标使用许可合同，许可他人使用其注册商标。也就是说，经过注册商标所有人许可后，在同一种商品上使用该注册商标是合法行为，不构成本罪。需要说明的是，许可他人使用其注册商标的，应当到商标局办理备案手续，并由商标局公告。未办理备案手续的，不得对抗善意第三人。

5. 关于“情节严重”的认定。根据《最高人民法院、最高人民检察院关于办理侵犯知识产权刑事案件具体应用法律若干问题的解释》第一条的规定，未经注册商标所有人许可，在同一种商品上使用与其注册商标相同的商标，具有下列情形之一的，属于《刑法》第二百一十三条规定的“情节严重”：

（1）非法经营数额在5万元以上或者违法所得数额在3万元以上的；

（2）假冒两种以上注册商标，非法经营数额在3万元以上或者违法所得数额在2万元以上的；

（3）其他情节严重的情形。

司法实践中，关于非法经营数额的认定，需要注意以下事项：

1. 直接按照被侵权产品的销售价格认定是否合理。笔者认为，直接按照被侵权产品的销售价格认定是不合理的，因为直接按照该种方法计算的货值金额会远远高于侵权产品的进货价或经营数额，行为人缺乏认同感。

2. 行为人供述的价格是否可以认定。行为人供述虽然是证据形式的一种，但由于人趋利避害的本性，一般情况下行为人供述的证明力较低。笔者认为，当行为人对其售价情况能够作出合理解释，能与查明的该假冒商品的购入价格相适应，且有证人证言、书证等其他证据印证的情况下，也可以根据行为人供述的价格认定。

综上所述，对于已销售的侵权产品的价值，首先应按照实际销售的价格计算。对于未销售的侵权产品的价值，首先应按标价或者已经查清的侵权产品的实际销售平均价格计算。若没有标价或缺失无法查清实际销售价格，当行为人对其售价情况能够作出合理解释，能与查明的该假冒商品的购入价格相适应的，且有证人证言等其他证据印证的情况下，也可以根据行为人供述的价格认定。只有在穷尽这些方法的情况下，才能按被侵权产品的市场中间价格计算。

（三）犯罪客体

本罪侵犯的客体是国家商标管理制度以及注册商标所有人所拥有的商标专用权。商标，是指生产经营者在生产、制造、加工、拣选或者经销的商品或者对其提供的服务项目上采用的，为了区别商品或服务来源、具有显著特征的标志，一般由文字、图形或者其组合构成。注册商标，是指在国家商标局进行注册申请并已经商标局审查通过的商标。我国对商标专用权的取得采用注册原则，即按申请注册的先后来确定商标权的归属，即谁先申请商标注册，商标权就授予谁。需要说明的是，只有注册商标才受《商标法》保护，没有注册的商标不在保护之列。

（四）犯罪主观方面

本罪的主观方面表现为故意，即明知是他人注册商标，却未经他人许可，在相同商品上另以使用，并希望或者放任他人注册商标权受损危害结果的发生。过失不构成本罪，即行为人确实不知道所使用商标是他人已注册的商标，则不构成本罪，可以按一般的商标侵权行为处理。需要说明的是，行为人假冒他人注册商标一般都具有获利的目的，但依《刑法》规定“以营利为目的”不是假冒注册商标罪的构成要件。

三、刑事立案追诉标准

根据《最高人民检察院、公安部关于公安机关管辖的刑事案件立案追诉标准的规定（二）》第六十九条的规定，未经注册商标所有人许可，在同一种商品上使用与其注册商标相同的商标，涉嫌下列情形之一的，应予立案追诉：

（一）非法经营数额在5万元以上或者违法所得数额在3万元以上的；

（二）假冒两种以上注册商标，非法经营数额在3万元以上或者违法所得数额在2万元以上的；

（三）其他情节严重的情形。

四、量刑标准

根据《刑法》第二百一十三条的规定，未经注册商标所有人许可，在同一种商品、服务上使用与其注册商标相同的商标，情节严重的，处三年以下有期徒刑，并处或者单处罚金；情节特别严重的，处三年以上十年以下有期徒刑，并处罚金。

根据《最高人民法院、最高人民检察院关于办理侵犯知识产权刑事案件具体应用法律若干问题的解释》第一条的规定，具有下列情形之一的，属于“情节严重”：

（一）非法经营数额在5万元以上或者违法所得数额在3万元以上的；

（二）假冒两种以上注册商标，非法经营数额在3万元以上或者违法所得数额在2万元以上的；

（三）其他情节严重的情形。

具有下列情形之一的，属于“情节特别严重”：

（一）非法经营数额在25万元以上或者违法所得数额在15万元以上的；

（二）假冒两种以上注册商标，非法经营数额在15万元以上或者违法所得数额在10万元以上的；

（三）其他情节特别严重的情形。

根据《最高人民法院、最高人民检察院、公安部关于办理侵犯知识产权刑事案件适用法律若干问题的意见》第十五条的规定，明知他人实施侵犯知识产权犯罪，而为其提供生产、制造侵权产品的主要原材料、辅助材料、半成品、包装材料、机械设备、标签标识、生产技术、配方等帮助，或者提供互联网接入、服务器托管、网络存储空间、通信传输通道、代收费、费用结算等服务的，以侵犯知识产权犯罪的共犯论处。

需要说明的是，多次实施侵犯知识产权行为，未经行政处理或者刑事处罚的，非法经营数额、违法所得数额或者销售金额累计计算。

第二节　典型案例精析

陈某某、林某某、江某某假冒注册商标案①

△基本案情

2010年1月，严某娟和陈某夫妇（均另案处理）投资成立长乐文×箱包有限公司，以长乐市文岭镇后董村内的文岭茶厂为工厂，雇用人员在未经注册商标所有人许可的情况下，批量生产假冒LV、COACH、MK、TB和GUESS等注册商标的手提包，后将这些假冒注册商标的手提包通过委托物流销往国外牟利。其间，严某娟提供LV、COACH等注册商标商品的样品，安排生产数量，并雇用刘某（另案处理）为经理兼出纳，陈某（另案处理）为会计，雇用陈某某负责采购生产假冒注册商标的手提包所需的原料和配件以及办理假冒注册商标的手提包的相关出口手续，并在2011年6月之后负责公司的出纳工作，雇用林某某负责假冒注册商标的手提包的临摹制图、仿制设计、生产及生产车间的全面管理，雇用江某某负责协助林某某进行假冒注册商标的手提包样包缝制、装饰配件等制造工序工作。

2012年7月25日，公安机关在该公司内抓获陈某某、林某某、江某某，并在车间内查获假冒LV品牌的手提包4957个、假冒COACH品牌的手提包379个、假冒MK品牌的手提包539个、假冒TB品牌的手提包548个、假冒GUESS品牌的手提包479个。经鉴定，上述假冒LV注册商标的手提包价值69716000元；假冒COACH、GUESS品牌的手提包价值1157764.11元；共计70867764.11元。经查，长乐文×箱包有限公司的法定代表人及股东并不是严某娟、陈某夫妇。

---

① 案号：(2013) 鼓刑初字645号。

△裁判结果

陈某某犯假冒注册商标罪，判处有期徒刑三年，并处罚金 15 万元；林某某犯假冒注册商标罪，判处有期徒刑三年，并处罚金 15 万元；江某某犯假冒注册商标罪，判处有期徒刑一年六个月，缓刑二年，并处罚金 5 万元；查扣的假冒注册商标的手提包，由扣押机关予以销毁。

△评析

本案主要涉及的是企业及其管理人员未经注册商标所有人许可，在同一种商品上使用与其注册商标相同的商标的行为，是否构成假冒注册商标罪的问题。

根据《刑法》第二百一十三条的规定，未经注册商标所有人许可，在同一种商品、服务上使用与其注册商标相同的商标，情节严重的，处三年以下有期徒刑，并处或者单处罚金；情节特别严重的，处三年以上十年以下有期徒刑，并处罚金。根据《最高人民法院、最高人民检察院关于办理侵犯知识产权刑事案件具体应用法律若干问题的解释》第一条第二款的规定，具有下列情形之一的，属于“情节特别严重”：非法经营数额在 25 万元以上或者违法所得数额在 15 万元以上的；假冒两种以上注册商标，非法经营数额在 15 万元以上或者违法所得数额在 10 万元以上的。

本案中，陈某某、林某某、江某某等人未经手提包 LV、COACH、MK、TB 和 GUESS 等注册商标所有权人的许可，在自己生产的手提包上使用 LV、COACH、MK、TB 和 GUESS 等注册商标，到被查获止共计生产了假冒注册商标手提包 6902 个，其中假冒 LV 品牌的手提包 4957 个、假冒 COACH 品牌的手提包 379 个、假冒 MK 品牌的手提包 539 个、假冒 TB 品牌的手提包 548 个、假冒 GUESS 品牌的手提包 479 个，其行为符合《刑法》第二百一十三条所规定的“未经注册商标所有人许可，在同一种商品、服务上使用与其注册商标相同的商标”，而且“假冒两种以上注册商标”，属于“情节特别严重的”犯罪行为。

从本案可知，假冒注册商标罪犯罪行为主体不仅包括企业及其投资人，还包括在一线实施假冒商标产品生产的直接责任人。对于企业及其管理人员来说，如何防范本罪呢？建议如下：

1. 对于加工型企业来说，要能够经受住利益的诱惑，在任何情况下都不承接假冒他人注册商标的订单；另外，接单时务必要求对方出示相应注册商标的使用授权书或者许可使用的法律文书。

2. 对于企业管理人员来说，当企业安排生产涉及其他企业的注册商标产品时，务必要查看相应注册商标的使用授权书或者许可使用的法律文书，如果没有相应注册商标的使用授权书或者许可使用的法律文书，应当依法拒绝。

3. 身为企业管理人员，服从企业工作安排，理所当然；但是，生产、销售假冒注册商标的产品不是“工作”，而是一种不仁不义、不折不扣的违法犯罪行为，所以，遇到这种情形，拒绝才是理所当然。

第三节　刑事法律风险防控措施

在商业活动中，同样的商品或服务由于宣传推广、质量等因素，市场上受欢迎的程度大不相同，销量与价格自然不同。于是有一些企业为走捷径、赚快钱，在未经商标权人许可的前提下，擅自在自己企业的商品上使用他人已注册的商标。据笔者所知，对于这种恶意使用他人商标的行为，有的企业经营者认为这是小事，被发现后最多是罚款或赔偿损失。实际上并非如此，非法经营数额在 5 万元以上或者违法所得数额在 3 万元以上的就构成犯罪，行为人将要受到刑事处罚。如何有效规避本罪呢？建议如下：

一、企业应当树立自己的品牌意识

商标作为我国企业宣传的主要标志，在企业的长远发展中起着重要的作用。

有知名度的品牌会给企业带来无穷的利益，企业应当尽可能树立自己的品牌，独立走自己的品牌之路。只有这样，企业才能长久发展；在我国知识产权法律法规越来越完善的背景下，企业想通过“傍名牌”“搭便车”发展壮大，基本不可能。

二、企业在选择商标前，应当核查该商标是否已注册

企业在选择商标前，应当查清拟使用的商标是否已被他人注册，如果拟使用的商品已被他人注册，则不能使用。如果企业经营者十分看好这个商标的市场价值，可想办法联系商标所有权人洽谈商标许可或转让事宜，一定要在获得商标许可或商标使用权后再使用，以免引起不必要的刑事风险。需要提醒的是，通过许可方式取得商标使用权的，应当到商标局办理备案手续，并由商标局公告。否则，未办理备案手续的，不得对抗善意第三人。

三、拒绝与假冒注册他人商标的企业合作

根据《最高人民法院、最高人民检察院、公安部关于办理侵犯知识产权刑事案件适用法律若干问题的意见》第十五条的规定，明知他人实施侵犯知识产权犯罪，而为其提供生产、制造侵权产品的主要原材料、辅助材料、半成品、包装材料、机械设备、标签标识、生产技术、配方等帮助，或者提供互联网接入、服务器托管、网络存储空间、通信传输通道、代收费、费用结算等服务的，以侵犯知识产权犯罪的共犯论处。因此，当企业经营者发现合作相对方可能存在商标侵权行为时，一定要做好尽职调查，如果情况属实的，一定要果断拒绝合作。

四、争取获得商标权人谅解

企业因确实不知情而发生侵犯他人商标的行为时，应当及时与商标权人联系，真诚表达歉意并弥补对方损失，以争取得到对方的谅解，以免引发本罪的刑事风险。

第十三章
销售假冒注册商标的商品罪

第一节 罪名概述

一、销售假冒注册商标的商品罪的概念

销售假冒注册商标的商品罪，是指销售明知是假冒注册商标的商品，销售金额在五万元以上，触犯《刑法》第二百一十四条的行为。

本罪是依据 1993 年 2 月 22 日《全国人民代表大会常务委员会关于惩治假冒注册商标犯罪的补充规定》[①] 而设立的一个新罪名。这次《刑法》修订确立的这一罪名，有一个重要变化是将“违法所得数额较大”改为“销售金额数额较大”，以销售额论罪而不再以违法所得论罪。实务中，企业管理者要注意区分本罪与假冒注册商标罪的区别，主要如下：

1. 犯罪对象不同。本罪的犯罪对象是假冒注册商标的商品，假冒注册商标罪的犯罪对象是他人注册的商标。

2. 犯罪客观方面不同。本罪在客观方面表现为行为人销售明知是假冒注册商标的商品，假冒注册商标罪表现为行为人未经注册商标所有人许可，在同种商品上使用与他人已注册商标相同的商标。司法实践中，有两种情况不好认定，一种情况是，行为人未经注册商标所有人许可，在同种商品上使用与他人

① 已失效，后文不再注明。

已注册商标相同的商标后，又将该种商品出售，获取非法利益，该如何定性？笔者认为，这属于我国刑法规定的吸收犯，前行为吸收后行为，最终按假冒注册商标罪一罪认定，而不实行并罚。另一种情况是，数个行为人出于假冒注册商标的共同故意，分工协作，有的制造假冒注册商标的商品，有的销售这类商品，该如何定性？笔者认为，在这种情况下，销售假冒注册商标的商品的行为是假冒注册商标共同犯罪的一个组成部分，只能以假冒注册商标罪一罪认定，销售这类商品的人实际上是假冒注册商标罪的共犯。

二、犯罪构成要件

（一）犯罪主体

本罪的犯罪主体为一般主体，即年满十六周岁且具有刑事责任能力的自然人或单位。单位犯本罪的，实行双罚制，对单位判处罚金，并对直接负责的主管人员和其他直接责任人员依照本条规定追究刑事责任。

（二）犯罪客观方面

本罪在客观方面表现为行为人销售明知是假冒注册商标的商品，销售金额数额较大的行为。

所谓销售，是指以采购、推销、出售或兜售等方法将商品出卖给他人的行为，包括批发和零售、请人代销、委托销售等多种形式。无论行为人采取哪一种形式，只要销售金额数额达到较大，即构成本罪。需要注意的是，这里所销售的商品不应是自己生产、制造或加工的商品。倘若销售的不是假冒他人注册商标的商品，如是没有商标的商品，或者虽有商标但不是注册商标的商品，或者虽有注册商标但不是他人而是自己的注册商标的商品，或者虽有他人注册商标但不是使用在与该商品相同的商品上的注册商标的商品等，则不构成本罪。如果行为人在自己的商品上假冒他人注册商标之后又加以出售，构成犯罪的，则分别触犯了本罪与假冒注册商标罪两个罪名，两者之间具有吸收关系，应择一重罪从重处罚。

（三）犯罪客体

本罪侵犯的客体是国家商标管理制度以及他人注册商标的专用权。

商标专用权是商标权人依法对自己已注册商标的专有使用权，我国《商标法》明确规定保护商标专用权。对商标专用权的侵害，不仅表现为生产或制造假冒注册商标产品，也表现为销售假冒注册商标产品。所谓假冒注册商标的商品，即必须是未经注册商标所有人许可，在同一种商品上使用与其注册商标相同的商标的商品。如果故意销售的商品是假冒非注册商标的商品，或者与注册商标的商品不属于同一种，就不能构成故意销售假冒注册商标的商品罪。

（四）犯罪主观方面

本罪的主观方面表现为故意，即明知是假冒注册商标的商品，而故意销售给他人。需要说明的是，过失不能构成本罪。

根据《最高人民法院、最高人民检察院关于办理侵犯知识产权刑事案件具体应用法律若干问题的解释》第九条第二款的规定，具有下列情形之一的，应当认定为属于刑法第二百一十四条规定的“明知”：

1. 知道自己销售的商品上的注册商标被涂改、调换或者覆盖的；

2. 因销售假冒注册商标的商品受到过行政处罚或者承担过民事责任，又销售同一种假冒注册商标的商品的；

3. 伪造、涂改商标注册人授权文件或者知道该文件被伪造、涂改的；

4. 其他知道或者应当知道是假冒注册商标的商品的情形。

三、刑事立案追诉标准

根据《最高人民检察院、公安部关于公安机关管辖的刑事案件立案追诉标准的规定（二）》第七十条的规定，销售明知是假冒注册商标的商品，涉嫌下列情形之一的，应予立案追诉：

（一）销售金额在 5 万元以上的；

（二）尚未销售，货值金额在 15 万元以上的；

（三）销售金额不满 5 万元，但已销售金额与尚未销售的货值金额合计在 15 万元以上的。

四、量刑标准

《刑法》第二百一十四条规定："销售明知是假冒注册商标的商品，违法所得数额较大或者有其他严重情节的，处三年以下有期徒刑，并处或者单处罚金；违法所得数额巨大或者有其他特别严重情节的，处三年以上十年以下有期徒刑，并处罚金。"

单位犯此罪的，对单位判处罚金，并对其直接负责的主管人员和其他直接责任人员，依照上述条文规定进行处罚。

根据《最高人民法院、最高人民检察院关于办理侵犯知识产权刑事案件具体应用法律若干问题的解释》第二条的规定，销售明知是假冒注册商标的商品，销售金额在 5 万元以上的，属于"数额较大"；销售金额在 25 万元以上的，属于"数额巨大"。

根据《最高人民法院、最高人民检察院、公安部印发关于办理侵犯知识产权刑事案件适用法律若干问题的意见》第八条的规定，销售明知是假冒注册商标的商品，具有下列情形之一的，以销售假冒注册商标的商品罪（未遂）定罪处罚：

（一）假冒注册商标的商品尚未销售，货值金额在 15 万元以上的；

（二）假冒注册商标的商品部分销售，已销售金额不满 5 万元，但与尚未销售的假冒注册商标的商品的货值金额合计在 15 万元以上的。

假冒注册商标的商品尚未销售，货值金额分别达到 15 万元以上不满 25 万元、25 万元以上的，分别依照刑法第二百一十四条规定的各法定刑幅度定罪处罚。

销售金额和未销售货值金额分别达到不同的法定刑幅度或者均达到同一法定刑幅度的，在处罚较重的法定刑或者同一法定刑幅度内酌情从重处罚。

第二节　典型案例精析

无锡山×电器科技有限公司、姚某宇等销售假冒注册商标的商品案①

△基本案情

2014年8月11日，姚某宇、吴某华、马某洁共同出资成立无锡山×电器科技有限公司（以下简称山×公司），由姚某宇担任法定代表人，吴某华担任销售主管，马某洁担任财务主管，经营范围包括电器研发、办公用品销售等项目。2015年10月1日，山×公司作为史某（上海）有限公司（以下简称史某公司）江苏地区的特约服务商，按照史某公司提供所需商品清单提供商品。2016年2月，姚某宇、马某洁与杭州元×办公设备有限公司（以下简称元×公司）王某见面，得知元×公司可向其出售假冒硒鼓。后姚某宇联系王某欲购买假冒硒鼓予以销售。姚某宇、马某洁为谋取公司利益、以销售为目的，分别于2016年3月20日从元×公司以人民币33060元购进假冒惠普牌硒鼓57个；于2016年3月先后4次从王某处以55010元购进假冒惠普牌CE278A型硒鼓100个、CC388A型硒鼓100个、CE505A型硒鼓100个、CF280A型硒鼓20个、Q2312AF型硒鼓与Q2312A型硒鼓150个、Q7516A型硒鼓30个，假冒注册商标佳能303型硒鼓30个。2016年4月至6月，姚某宇、吴某华、马某洁为谋取公司利益以山×公司名义，先后7次对外销售明知是假冒注册商标的商品，销售金额共计107967.5元。

2016年7月11日，公安机关在山×公司仓库内查获假冒“canon”CRG303型硒鼓30个、假冒“hp”硒鼓361个，其中假冒注册商标“hp”牌CE388A型硒鼓84个、CF280A型硒鼓6个、Q2612AF型硒鼓140个、CE505A型硒鼓6个、CE278A型硒鼓100个、Q7516A型硒鼓25个，货值金额共计143965元。

2016年7月11日，姚某宇、吴某华、马某洁在无锡市新吴区分别被公安

---

① 案号：（2017）苏0214刑初166号。

机关抓获；2016 年 7 月 14 日，王某在江苏省淮安市被公安机关抓获。后四人均如实供述了上述犯罪事实。

△**裁判结果**

山×公司犯销售假冒注册商标的商品罪，判处罚金 10 万元；姚某宇犯销售假冒注册商标的商品罪，判处有期徒刑一年六个月，缓刑二年，并处罚金 8.5 万元；马某洁犯销售假冒注册商标的商品罪，判处有期徒刑一年六个月，缓刑二年，并处罚金 8.5 万元；吴某华犯销售假冒注册商标的商品罪，判处有期徒刑一年六个月，缓刑二年，并处罚金 8.5 万元；王某犯销售假冒注册商标的商品罪，判处有期徒刑六个月，缓刑一年，并处罚金 3 万元；暂扣于公安机关的假冒惠普发展公司涉案注册商标的硒鼓 361 个、假冒佳能株式会社涉案注册商标的硒鼓 30 个，依法予以没收；禁止姚某宇、马某洁、吴某华、王某在缓刑考验期内从事硒鼓销售活动。

△**评析**

本案主要涉及的是企业未经商标权利人许可，销售明知是假冒注册商标的商品之行为，是否构成销售假冒注册商标的商品罪的问题。

根据《刑法》第二百一十四条的规定，销售明知是假冒注册商标的商品，违法所得数额较大或者有其他严重情节的，处三年以下有期徒刑，并处或者单处罚金；违法所得数额巨大或者有其他特别严重情节的，处三年以上十年以下有期徒刑，并处罚金。根据《最高人民法院、最高人民检察院关于办理侵犯知识产权刑事案件具体应用法律若干问题的解释》第二条的规定，销售明知是假冒注册商标的商品，销售金额在五万元以上的，属于“数额较大”。

本案中的山×公司、姚某宇、马某洁、吴某华、王某等，为谋取不正当利益、以销售为目的，数次对外销售明知是假冒注册商标的商品，销售金额共计 107967.5 元，达到了《刑法》第二百一十四条规定的“数额较大”标准，构成了销售假冒注册商标的商品罪。

需要提醒的是，假冒注册商标的商品尚未销售，但货值金额在 15 万元以上的；或者假冒注册商标的商品部分销售，已销售金额不满 5 万元，但与尚未销售的假冒注册商标的商品的货值金额合计在 15 万元以上的，也违反我国《刑法》的规定，可以按假冒注册商标的商品罪未遂定罪处罚。因此，当企业发现员工私自销售假冒注册商标的商品时，除要及时阻止其销售行为外，还要及时将仓库的假冒产品退回给供应商或销毁，以免触犯本罪。

第三节　刑事法律风险防控措施

本罪在犯罪构成的主观方面要求行为人主观明知，如果行为人主观不明知的，即使其实施了销售假冒注册商标的商品的行为也不构成该罪。对于行为人实施销售假冒注册商标的商品时是否明知的认定，要根据客观事实认定。司法实践中认定标准有：销售者销售假冒注册商标的商品时间的长短、销售数量、进货渠道、进货手续、进货价格、销售价格和销售者的年龄、学历、社会阅历等因素。如果销售者进货渠道没有商标权利人的授权，进货手续不齐全，应有的发票、收据、合格证、质量保证书等单据缺失，销售者的进货价格明显低于同种正品的市场正常进货价格，商品的外包装不完整、缺少正品应有的形式，则可以认定销售者明知该商品为假冒注册商标的商品。实务中，销售者如何规避本罪呢？

一、建立进货时的审查机制，以合理价格采购商品

对于专营销售的企业，应当严把进货渠道，严格审查所进货物是否属于供应商自己享有商标权的商品，拒绝商标权权属不清晰的商品进入企业的销售平台，不给假冒注册商标的商品进入企业的机会。另外，对于价格明显低于同种正品的市场正常进货价格，一定要求供应商给予合理解释，否则拒绝进货。

二、要求供应商提供商品合法来源的证明材料

根据《商标法》第六十四条第二款的规定，销售不知道是侵犯注册商标专用权的商品，能证明该商品是自己合法取得并说明提供者的，不承担赔偿责任。也就是说，销售者在不知情的情况下销售了侵犯注册商标专用权的商品，如果有合法来源的抗辩证据，销售者可以不承担赔偿责任。因此，企业在进货

时务必做好以下防范措施，保留合法来源的证明材料：

1. 要求供应商提供营业执照、商标注册证或授权证书；

2. 送货单上要注明进货的物品名称、型号等，单据要有供应商的盖章；

3. 进货时尽量和供应商签订正规合同，事先对于可能产生的知识产权争议进行约定；

4. 保管好进货合同、送货单、发票等证据原件。

第十四章
假冒专利罪

第一节　罪名概述

一、假冒专利罪的概念

假冒专利罪，是指以获取非法利益为目的，违反国家专利管理法律法规，在法律规定的专利有效期限内，未经专利权人许可，进行非法使用，侵犯他人或者单位的专利权益，情节严重，触犯《刑法》第二百一十六条的行为。

专利制度是一定历史阶段的产物，它是随着商品经济的发展而产生、发展起来的。17 世纪以后，现代化大生产出现，商品经济迅速发展，使先进的科学技术在社会生产中的作用日益重要，新技术成为一种最有效的竞争手段。一方面，新技术的拥有者要求以法律手段保护自己的新技术；另一方面，社会又需要新技术的拥有者尽快向社会公开其新技术，避免重复研究开发，促进科学技术的发展，使新技术更广泛地应用于社会生产，促进社会经济发展。在此历史条件下，专利制度在世界范围内广泛发展起来。专利制度的基本内容就是发明人将其完成的发明依法向社会公开，社会给予发明人对该项发明享有一定时期的独占权。由此可见，专利制度是在适应发明人和社会需求的条件下产生和发展起来的。实务中，专利制度的作用主要有以下四方面：

1. 有效地保护发明创造。发明人将其发明申请专利，专利局依法将发明创造向社会公开，授予专利权，给予发明人在一定期限内对其发明创造享有独占权，把发明创造作为一种财产权予以法律保护。

2. 鼓励公民、法人搞发明创造的积极性，充分发挥全民族的聪明才智，促进国家科学技术的迅速发展。

3. 有利于发明创造的推广应用，促进先进的科学技术尽快地转化为生产力，促进国民经济的发展。

4. 促进发明技术向全社会的公开与传播，避免对相同技术的重复研究开发，有利于促进科学技术的不断发展。

目前，专利制度是世界各国普遍采用的法律制度。对于我国来说，《专利法》的制定为保护发明创造专利权，鼓励、推广发明创造的应用，促进科学技术进步，加快社会主义经济建设提供了强有力的法律武器。但值得注意的是，在经济活动中，为获取非法利益假冒他人专利、侵犯专利所有权的行为时有发生。

二、犯罪构成要件

（一）犯罪主体

本罪的犯罪主体为一般主体，即年满十六周岁且具有刑事责任能力的自然人或单位。单位犯本罪的，实行双罚制，对单位判处罚金，对其直接负责的主管人员和其他直接责任人员依规追究刑事责任。

（二）犯罪客观方面

本罪在客观方面表现为违反国家专利管理法规，假冒他人专利，在专利有效期限内侵犯他人专利权益，情节严重的行为。

根据《最高人民法院、最高人民检察院关于办理侵犯知识产权刑事案件具体应用法律若干问题的解释》第十条的规定，实施下列行为之一的，属于“假冒他人专利”的行为：

1. 未经许可，在其制造或者销售的产品、产品的包装上标注他人专利号的；

2. 未经许可，在广告或者其他宣传材料中使用他人的专利号，使人们将所涉及的技术误认为是他人专利技术的；

3. 未经许可，在合同中使用他人的专利号，使人们将合同涉及的技术误认为是他人专利技术的；

4. 伪造或者变造他人的专利证书、专利文件或者专利申请文件的。

需要说明的是，根据《专利法》第四十二条规定："发明专利权的期限为二十年，实用新型专利权和外观设计专利权的期限为十年，均自申请日起计算。"专利期限届满后，该项发明创造不再作为专利给予保护，也不存在对该项发明创造假冒处理的问题。

（三）犯罪客体

本罪侵犯的客体是国家专利管理制度与专利权人对专利的专用权利。

专利法定分为三类：发明专利、实用新型专利和外观设计专利。专利这种知识产权，是一种无形的财产权，在国际上被列为工业产权中最重要的一种权利。国家对专利统一管理，形成专利制度，用以保护技术发明权利，鼓励发明创造，促使技术发明推广应用。假冒他人专利的行为，不仅侵害了国家的专利制度，也侵害了专利权人的利益。

（四）犯罪主观方面

本罪的主观方面表现为故意，即明知自己在假冒他人专利侵犯他人专利权而仍故意实施该行为。本罪犯罪动机多种多样，包括为了获利、损坏他人信誉等，但无论动机如何，都不影响本罪的成立。

三、刑事立案追诉标准

根据《最高人民检察院、公安部关于公安机关管辖的刑事案件立案追诉标准的规定（二）》第七十二条的规定，假冒他人专利，涉嫌下列情形之一的，应予立案追诉：

（一）非法经营数额在20万元以上或者违法所得数额在10万元以上的；

（二）给专利权人造成直接经济损失在50万元以上的；

（三）假冒两项以上他人专利，非法经营数额在10万元以上或者违法所得数额在5万元以上的；

（四）其他情节严重的情形。

四、量刑标准

根据《刑法》第二百一十六条的规定，假冒他人专利，情节严重的，处三年以下有期徒刑或者拘役，并处或者单处罚金。

单位犯此罪的，对单位判处罚金，并对其直接负责的主管人员和其他直接责任人员，依照上述条文规定进行处罚。

需要说明的是，明知他人实施假冒专利犯罪，而为其提供贷款、资金、账号、发票、证明、许可证件，或者提供生产、经营场所或者运输、储存、代理进出口等便利条件、帮助的，以假冒专利罪的共犯论处。另外，有以下情形之一的，本罪不适用缓刑：

1. 因侵犯知识产权被刑事处罚或者行政处罚后，再次侵犯知识产权犯罪的；
2. 不具有悔罪表现的；
3. 拒不交出违法所得的；
4. 其他不宜适用缓刑的情形。

第二节　典型案例精析

周某波假冒专利案[①]

△基本案情

1995年12月21日，山东阳×玻璃工艺制品厂（以下简称阳×工厂）职工卢某光就其“双层艺术玻璃容器”发明设计向中国专利局申请专利。1996年9月7日被授予实用新型专利，专利号为中国ZL－95229146.0，专利保护期限10年。1997年5月，卢某光与阳×工厂就该专利的实施达成书面实施许可合同，

① 案号：（2000）聊刑经终字第7号。

阳×工厂取得了该专利的实施权，并生产专利产品“诺亚”牌双层艺术玻璃口杯。

1999 年 3 月，周某波注册成立乐凯制品厂（个体工商户），同年 4 月，河北开×实业有限公司授权乐凯制品厂使用其拥有商标权的“乐凯”商标。即自滕州天×瓶盖厂购进杯体，生产双层艺术玻璃口杯。1999 年 5 月 13 日，周某波向中国专利局专利复审委员会请求宣告卢某光的“双层艺术玻璃容器”实用新型无效。周某波随后于同年 5 月至 9 月以每只 78 元至 182 元的价格在成都、南昌等地公开大量销售“乐凯”牌口杯，共销售 3168 只，经营额 282366.52 元，非法获利 76446.52 元。2000 年 3 月 20 日，专利复审委员会作出决定，维持卢某光所拥有的 ZL-95229146.0 号专利有效。

山东省专利管理局就周某波生产的“乐凯”口杯，与卢某光的 ZL-95229146.0 号专利的权利要求是否相同，是否属于侵犯专利权的行为，于 1999 年 10 月 11 日作出专利侵权咨询鉴定书，认为：“乐凯”口杯具备了 ZL-95229146.0 号专利的必要技术特征。在没有经过专利权人许可或者不符合《专利法》第六十二条等条款以及其他不属于侵犯专利权的规定的前提下，乐凯制品厂如果为生产经营目的制造、销售上述产品，其行为属于侵犯专利权人卢某光的 ZL-95229146.0 号实用新型专利权的行为。结合本案“未经过卢某光许可，为生产经营目的制造销售乐凯口杯，且不符合专利法规定的不属于侵犯专利权的情形”的事实，生产、销售乐凯口杯侵犯了卢某光的专利权。另查，周某波生产、销售的乐凯口杯，每只成本 65 元，非法获利 76446.52 元。

阳谷县人民检察院指控，1999 年 5—9 月，周某波未经中国 ZL-95229146.0 号实用新型专利权人卢某光许可，擅自组织生产侵犯该专利权的乐凯牌双层艺术玻璃口杯，并分别销至河北、江西、成都等地，共销售 3168 只，非法经营额 282366.52 元。公诉机关认为周某波的行为已构成假冒专利罪，请求依照《刑法》第二百一十六条之规定处罚。

△裁判结果

周某波犯假冒专利罪，判处有期徒刑二年，并处罚金 5 万元；周某波非法获利 76446.52 元予以追缴，赃物乐凯口杯 300 只予以没收；周某波赔偿附带民事诉讼原告人山东省阳×工厂经济损失 76446.52 元。

△评析

本案主要涉及的是企业及其管理人员未经专利权人许可，为生产经营目的制造、销售涉嫌侵犯他人专利权的商品，是否构成假冒专利罪的问题。

根据《刑法》第二百一十六条的规定，假冒他人专利，情节严重的，处三年以下有期徒刑或者拘役，并处或者单处罚金。单位犯此罪的，对单位判处罚金，并对其直接负责的主管人员和其他直接责任人员，依照上述规定进行处罚。根据《最高人民检察院、公安部关于公安机关管辖的刑事案件立案追诉标准的规定（二）》第七十二条的规定，非法经营数额在20万元以上或者违法所得数额在10万元以上的，应予立案追诉。根据《专利法》第六十三条的规定，假冒专利的，除依法承担民事责任外，由管理专利工作的部门责令改正并予公告，没收违法所得，可以并处违法所得四倍以下的罚款；没有违法所得的，可以处20万元以下的罚款；构成犯罪的，依法追究刑事责任。

本案中，周某波虽然自始至终没有供述其在“明知”的情形下实施了“假冒专利”的行为，但其在四川省专利管理局检索出阳×工厂生产的“诺亚”口杯系专利产品后，为规避法律制裁，向专利复审委员会申请宣告卢某光的ZL－95229146.0号专利无效。在正式决定作出前，即开始制造、销售“乐凯”口杯的行为，恰恰证明了周某波了解其行为的性质、内容及结果，足以证明其在主观上具备了“明知”。也就是说，周某波在生产、销售乐凯口杯前即“明知”卢某光具有ZL－95229146.0号专利权，具有假冒专利罪的主观要件。周某波依法注册成立乐凯制品厂，并与河北开×实业有限公司就“乐凯”商标的使用达成协议，以及从滕州定作结构及外形同“诺亚”口杯相一致的杯体等一系列行为，恰恰说明了周某波是采用典型的不正当竞争方法，在技术方案、技术指标、外形及结构上模仿“诺亚”专利产品，并在仿造的产品上标注自己的“乐凯”商标，以期达到以假乱真的效果，其行为的法律评价只能是一种假冒专利产品的行为；另外，周某波没有经过专利权人卢某光许可生产、销售乐凯口杯3168只，非法经营额282366.52元，属假冒专利情节严重，具有假冒专利罪的客观要件及加重要件。综上所述，周某波的行为严重违反我国专利管理法律法规、侵犯他人专利权，构成假冒专利罪。另外，周某波生产、销售乐凯口杯的行为，直接侵犯了阳×工厂对专利的实施权，损害了其生产经营，对其经济损失依法应予赔偿。

从本案可知，向专利复审委员会申请宣告他人专利无效，未必能够避免侵犯他人专利权的刑事法律风险。因此，当企业发现自己生产的产品与他人专利权相仿，甚至认为他人的专利权不应当被授予专利，就应当在专利复审委员会作出专利无效的书面决定并生效后，再进行生产、销售，否则就有可能触犯本罪。

第三节　刑事法律风险防控措施

随着我国社会主义市场经济的深入发展和科学技术的进步，专利在市场竞争中的价值、意义与作用愈显重要。实务中，有一些企业为提高产品竞争力，在未经专利权人许可的前提下，擅自盗用他人的专利技术牟取暴利，此行为是不可取的，有可能让企业经营者遭受牢狱之灾。据笔者所知，对于假冒专利的侵权行为，较多企业经营者认为只需要承担民事与行政责任，实际上并非如此，非法经营数额在 20 万元以上或者违法所得数额在 10 万元以上的就构成犯罪，行为人将要受到刑事处罚。如何有效规避本罪呢？

一、组织企业研发人员学习专利方面的法律法规

企业应当组织产品研发员工系统学习专利方面的法律法规，只有对法律法规有深入理解后，才能保证研发出来的产品不侵权。

二、合法经营，不要盲目模仿国内外同类产品

盲目模仿他人产品，很可能会引发专利侵权纠纷，情节严重的，可能涉嫌犯罪。因此，建议企业一定要合法经营，坚持原创或创新。企业不管是改进产品功能，还是完全独创地开发新产品，事先都应该进行周密的调查。实务中，企业应当仔细调查是否存在与将要研发的这款新产品相关的专利，如果存在，专利的类型是什么，专利权的保护范围有多大，是否与这款新产品有相同或相近的技术内容。如果企业不能独立地全面收集专利信息，可考虑委托专业人士

协助进行信息收集，以确保新产品研发方向没有错误。

企业在研发新产品的过程中，如果确实遇到了无法绕开的专利障碍，可以根据需要，向专利权人寻求专利技术的许可或者转让。需要提醒的是，在进行专利转让或许可谈判前，企业要了解对方的资质等重要条件，注意专利的法律效力状态，确定其仍是有效专利，以便判断与对方进行合作的可行性以及对方可能要求的专利许可使用费等。

企业如果是与他人合作进行新产品研发，应当审查合作开发人员开发的技术成果是否侵害他人技术成果。合作前双方要签订书面协议，约定好彼此的权利与义务。

三、拒绝与假冒他人专利的企业开展合作

根据《最高人民法院、最高人民检察院关于办理侵犯知识产权刑事案件具体应用法律若干问题的解释》第十六条的规定，明知他人实施假冒专利犯罪，而为其提供贷款、资金、账号、发票、证明、许可证件，或者提供生产、经营场所或者运输、储存、代理进出口等便利条件、帮助的，以假冒专利罪的共犯论处。因此，当企业经营者发现合作相对方可能存在假冒专利行为时，一定要做好尽职调查，如果情况属实，一定要果断拒绝合作。

第十五章
侵犯商业秘密罪

第一节　罪名概述

一、侵犯商业秘密罪的概念

侵犯商业秘密罪，是指以盗窃、利诱、胁迫或者其他不正当手段获取权利人的商业秘密，或者非法披露、使用或者允许他人使用其所掌握的或获取的商业秘密，给商业秘密的权利人造成重大损失，触犯《刑法》第二百一十九条的行为。

商业秘密，是指不为公众所知悉，能为权利人带来经济利益，具有实用性并经权利人采取保密措施的技术信息和经营信息。与专利不同，商业秘密具有不为公众所知悉的非公开性，以及非排他性。也就是说，如果其他人以合法的途径取得同一内容的商业秘密，也是受我国法律保护的。权利人，是指商业秘密的所有人和经商业秘密所有人许可的商业秘密使用人，包括公民、法人或者其他组织。

实务中，本罪多发生在高新科技产业公司和产品技术含量较高的公司，因为这类公司主要依靠技术研发与创新来打造企业的核心竞争力。当这类公司的竞争对手无法通过自身努力达到技术进步时，就会通过各种不正当手段获取、使用其他公司的商业秘密；甚至有的公司为打击竞争对手，会通过不正当手段泄露、使用或允许他人使用其他企业的商业秘密。

二、犯罪构成要件

（一）犯罪主体

本罪的犯罪主体为一般主体，即年满十六周岁且具有刑事责任能力的自然人或单位。单位犯本罪的，实行双罚制，对单位判处罚金，对其直接责任的主管人员和其他直接责任人员依相关条款规定追究刑事责任。

（二）犯罪客观方面

本罪在客观方面表现为行为人违反商业秘密保护法律法规，采取不正当手段侵犯他人的商业秘密，并且给权利人造成了重大损失。

行为人通过不正当手段侵犯他人商业秘密的行为，包括以下几种情况：

1. 以盗窃、利诱、胁迫或者其他不正当手段获取权利人的商业秘密的。

2. 披露、使用或者允许他人使用以前项手段获取的权利人的商业秘密的。

3. 违反约定或者违反权利人有关保守商业秘密的要求，披露、使用或者允许他人使用其所掌握的商业秘密的。

需要说明的是，行为人在明知或应知该商业秘密为非法取得的情形下，还通过支付许可费用、购买等正常手段从直接侵犯商业秘密的行为人手中获取商业秘密，这也间接构成侵犯商业秘密的行为。另外，如果行为人虽然有上述侵权行为，但没有给权利人造成重大损失，不能以犯罪论处，只能按一般侵权行为处理。

（三）犯罪客体

本罪侵犯的客体既包括国家对商业秘密的管理制度，又包括商业秘密的权利人享有的合法权利。

本罪的行为对象是权利人的商业秘密。根据我国相关法律规定，商业秘密具有以下特点：

1. 商业秘密必须是不为公众所知悉的事项，即必须是仅限于一定范围内的人知悉的事项。

2. 商业秘密能为权利人带来经济利益。

3. 商业秘密具有实用性，能够用于解决生产、经营中的现实问题。

4. 权利人对商业秘密采取了保密措施。这里的保密措施必须达到使一般人难以接触或发现。如果权利人对其商业秘密不采取任何保密措施，让任何人都比较容易知悉，成为在公众中广为传播的技术信息和经营信息，那么这个商业秘密就不是法律意义上的商业秘密，不受我国法律保护。

5. 商业秘密是一种技术信息与经营信息。如管理方法、产销策略、客户名单、货源情报等经营信息；生产配方、工艺流程、技术诀窍、设计图纸等技术信息。

（四）犯罪主观方面

本罪的主观方面表现为故意，即行为人明知自己的行为侵犯了他人的商业秘密，会给权利人造成重大损失，仍希望或者放任这种结果发生。过失不构成本罪。实务中，本罪的犯罪动机主要表现为：

1. 为击败同业竞争对手而以盗窃、利诱、胁迫或者其他不正当手段获取商业秘密。

2. 为自己从事不正当竞争而使用商业秘密。

3. 为了交换利益而披露商业秘密。

4. 为报复或泄愤而披露商业秘密。

需要说明的是，行为人出于何种动机或目的而实施犯罪，不影响本罪的成立。

三、刑事立案追诉标准

根据《最高人民检察院、公安部关于公安机关管辖的刑事案件立案追诉标准的规定（二）》第七十三条的规定，侵犯商业秘密，涉嫌下列情形之一的，应予立案追诉：

（一）给商业秘密权利人造成损失数额在50万元以上的；

（二）因侵犯商业秘密违法所得数额在50万元以上的；

（三）致使商业秘密权利人破产的；

（四）其他给商业秘密权利人造成重大损失的情形。

四、量刑标准

《刑法》第二百一十九条规定："有下列侵犯商业秘密行为之一，情节严重的，处三年以下有期徒刑，并处或者单处罚金；情节特别严重的，处三年以上十年以下有期徒刑，并处罚金：（一）以盗窃、贿赂、欺诈、胁迫、电子侵入或者其他不正当手段获取权利人的商业秘密的；（二）披露、使用或者允许他人使用以前项手段获取的权利人的商业秘密的；（三）违反保密义务或者违反权利人有关保守商业秘密的要求，披露、使用或者允许他人使用其所掌握的商业秘密的。明知前款所列行为，获取、披露、使用或者允许他人使用该商业秘密的，以侵犯商业秘密论。本条所称权利人，是指商业秘密的所有人和经商业秘密所有人许可的商业秘密使用人。"

《刑法》第二百一十九条之一规定："为境外的机构、组织、人员窃取、刺探、收买、非法提供商业秘密的，处五年以下有期徒刑，并处或者单处罚金；情节严重的，处五年以上有期徒刑，并处罚金。"

根据《最高人民法院、最高人民检察院关于办理侵犯知识产权刑事案件具体应用法律若干问题的解释》第七条的规定，给商业秘密的权利人造成损失数额在50万元以上的，属于"给权利人造成重大损失"；给商业秘密的权利人造成损失数额在250万元以上的，属于"给权利人造成特别严重后果"。第十五条规定，单位犯本罪的，按照本解释规定的相应个人犯罪的定罪量刑标准的三倍定罪量刑。第十六条规定，明知他人实施侵犯知识产权犯罪，而为其提供贷款、资金、账号、发票、证明、许可证件，或者提供生产、经营场所或运输、储存、代理进出口等便利条件、帮助的，以侵犯知识产权犯罪的共犯论处。

需要说明的是，我国《刑法》关于本罪规定的"其他不正当手段"包括以高薪挖人获悉商业秘密或以重金收买知悉商业秘密的人等。因此，企业应当加强商业秘密的保护意识，防范因人才流动而泄露企业的商业秘密，要加强企业保密措施，对新入职人员的履历、经济状况、应聘目的进行风险评估，并签订尽量周详的保密协议及竞业禁止合同等，以更好地保护企业的商业秘密，增强企业的核心竞争力。

第二节 典型案例精析

江西亿×电子科技有限公司、余某宏等侵犯商业秘密案①

△基本案情

2010年6月，余某宏在担任珠海赛×打印科技股份有限公司（以下简称珠海赛×公司）副总经理期间，与公司另一员工罗某和密谋成立公司，生产与珠海赛×公司相同的产品。2011年1月至3月，余某宏以余某荣的名义与江西商人黄某志成立江西亿×电子科技有限公司（以下简称江西亿×公司）与中山沃×打印机设备有限公司（以下简称中山沃×公司）。余某宏负责两家公司的日常管理，罗某和担任中山沃×公司的销售总监。2011年3月7日至17日，余某宏、罗某和、李某红、肖某娟等人从珠海赛×公司离职，并违反与公司签订的保密协议，将各自在工作中掌握的公司价格体系、客户名单等资料带到江西亿×公司、中山沃×公司继续使用。上述两个公司利用珠海赛×公司的客户信息，抢夺珠海赛×公司的客户，截至2012年4月，共给珠海赛×公司造成经济损失人民币23200264.31元。

广东省珠海市香洲区人民检察院认为，江西亿×公司、中山沃×公司、余某宏、罗某和、李某红、肖某娟犯侵犯商业秘密罪，提请依法判处。针对公诉机关的指控，江西亿×公司、中山沃×公司、余某宏、罗某和、李某红、肖某娟均辩称不构成犯罪，理由是：1. 珠海赛×公司的价格体系、客户名单不属于商业秘密，其也未将上述信息用于江西亿×公司、中山沃×公司的生产、经营；2. 公诉机关采用的“江西亿×公司销售产品的数量×珠海赛×公司相应型号产品的平均毛利润率=珠海赛×公司的经济损失”的计算方法不能作为计算本案经济损失的方法。

---

① 案号：(2013) 珠中法刑终字第87号。

△**裁判结果**

江西亿×公司犯侵犯商业秘密罪，判处罚金人民币2140万元；中山沃×公司犯侵犯商业秘密罪，判处罚金人民币1420万元；余某宏犯侵犯商业秘密罪，判处有期徒刑六年，并处罚金人民币100万元；罗某和犯侵犯商业秘密罪，判处有期徒刑三年，并处罚金人民币20万元；李某红犯侵犯商业秘密罪，判处有期徒刑二年，缓刑三年，并处罚金人民币10万元；肖某娟犯侵犯商业秘密罪，判处有期徒刑二年，缓刑三年，并处罚金人民币10万元。

△**评析**

本案主要涉及的是企业管理人员离职后违反约定，披露、使用、允许他人使用其原工作中所掌握的原企业的商业秘密的行为，是否构成侵犯商业秘密罪的问题。

根据《刑法》第二百一十九条的规定，违反保密义务或者违反权利人有关保守商业秘密的要求，披露、使用或者允许他人使用其所掌握的商业秘密，情节严重的，处三年以下有期徒刑或者拘役，并处或者单处罚金；情节特别严重的，处三年以上十年以下有期徒刑，并处罚金。根据《刑法》第二百二十条的规定，单位犯此罪的，对单位判处罚金，并对其直接负责的主管人员和其他直接责任人员，依照上述规定进行处罚。根据《最高人民法院、最高人民检察院关于办理侵犯知识产权刑事案件具体应用法律若干问题的解释》第七条的规定，给商业秘密的权利人造成损失数额在250万元以上的，属于“给权利人造成特别严重后果”；第十五条规定，单位犯本罪的，按照本解释规定的相应个人犯罪的定罪量刑标准的三倍定罪量刑。

本案中，余某宏、罗某和、李某红、肖某娟等恶意从珠海赛×公司离职，并违反与公司签订的保密协议，将各自在工作中掌握的公司价格体系、客户名单等资料带到江西亿×公司、中山沃×公司继续使用，给珠海赛×公司造成经济损失达人民币23200264.31元之巨，其行为构成了侵犯商业秘密罪。

需要说明的是，本案系至今全国最大一宗侵犯经营信息类商业秘密刑事犯罪案件，人民法院判处的罚金总额高达3700万元，创商业秘密犯罪案件罚金数额全国之最。这是广东省法院系统实行知识产权审判“三合一”模式审理知识产权刑事案件的成功范例，突出了司法保护知识产权的整体性和有效性，充分体现了司法保护知识产权的主导作用。

本案裁判无论是在罚金数额的计算还是自然人刑事责任的承担方面，都体现了我国严厉制裁侵犯知识产权犯罪行为的导向。另外，关于企业客户名单、价格体系表是否属于刑法所规定的商业秘密，在司法实践中，本案对该问题的处理具有指导与示范意义。

社会生活实践中，商业竞争实乃自然而然、不得不然的客观情势与商业逻辑，但是万万不能疏忽了相关法律规范的指引，尤其是刑事法律规范的禁令特性，任何人的商业行为均只能在“法律框架之内”发挥其想象力和创造力。不得不特别提醒的是，刻意侵犯其他企业的商业秘密，后果真的很严重，轻则遭遇侵权之诉，重则被刑事追诉，乃至如同该案中的当事人（行为人）那样人财两伤。

第三节　刑事法律风险防控措施

在侵犯商业秘密刑事案件中，企业管理人员利用不正当手段获取，或向他人披露，或违反保密要求对外公开，是侵犯企业商业秘密最为常见的情形。可以说，侵犯商业秘密罪是企业管理人员在履职过程中面临的刑事风险里一大较高发案率刑事犯罪。因为日常工作需要，企业管理人员往往会接触诸如源代码、工程图纸等技术秘密，或者是客户名单、招投标书等经营秘密，在利益诱惑下，一旦没有把握好自己的底线，稍有不慎就可能涉及商业秘密民事侵权，情节严重的，就会触及刑事犯罪。如何有效规避本罪呢？建议如下：

一、严于律己，避免侵犯他人商业秘密

企业管理人员应认真学习商业秘密法律知识与企业有关商业秘密的管理规定，要认识到哪些行为会被认定为构成侵犯他人商业秘密。比如说，在商务合作中知悉他人商业秘密的，应当意识到自己负有保密义务，做到不使用、不披

露；不能为了交换利益、报复或泄愤而泄露原工作单位的商业秘密；不得利用本单位的研究成果、技术信息和客户信息资源在其他单位兼职。实务中，很多商业秘密案件的争议焦点是犯罪行为侵犯的信息是否为商业秘密。因此，企业应当明确企业的商业秘密范围，将那些自己拥有的、能带来经济利益，具有实用性且不为竞争对手所掌握的技术或信息列入保密范围。需要强调的是，企业在确定商业秘密的范围后还要确定密级和保护期限，并在企业相关制度中明示。

需要提醒的是，由于工作特点的原因，技术总监、营销总监离公司的商业秘密最近，也对行业内各个公司的商业秘密之重要性更为熟悉，如果其不能严于律己，不能在巨额利益的诱惑面前保持清醒，极有可能会触犯本罪。

二、依靠合法的方式正常获取相关技术

取得相关技术是企业发展的关键，为获得某种必要技术，企业可以通过自主研发、合法购买或者与他人合作成立公司的模式获取，不能为击败同业竞争对手而以盗窃、利诱、胁迫或者其他不正当手段获取。需要提醒的是，企业管理人员在明知或应知某技术为非法取得的情形下，还通过支付许可费用、购买等正常手段获取，这也间接构成侵犯商业秘密的行为，给权利人造成重大损失的，也以本罪论处。实务中，高薪挖人本不是违法行为，但要谨防由此招致触犯本罪的刑事风险，如对新招聘人员带来原工作单位的商业秘密，要防止明知仍使用而获刑。

三、要严格遵守竞业禁止协议的约定

企业的高级管理人员、技术人才往往掌握着一个企业的核心，若是此类人员离职或者泄露企业的经营信息、商业秘密等，将会对企业造成很大的冲击。实务中，为避免此类现象的发生，企业往往会与离职的企业管理人员签订竞业限制协议。在竞业限制期限内，企业管理人员务必按约定保守商业秘密，否则除承担民事违约责任外，还有可能会触犯本罪。

四、不得以“原单位的商业秘密”为创业资本

企业管理人员辞职后，利用所知悉原单位的商业秘密开办企业，或以此为入股资本，这种另起炉灶与原单位竞争的行为，有极大可能触犯本罪。

第十六章 虚假广告罪

第一节 罪名概述

一、虚假广告罪的概念

虚假广告罪，是指广告主、广告经营者、广告发布者违反国家规定，利用广告对商品或服务作虚假宣传，情节严重，触犯《刑法》第二百二十二条的行为。

我国 1997 年《刑法》规定了本罪。在激励市场竞争中，广告作为传播信息、指导消费和促进销售的营销手段，作为商品生产者与销售者联系消费者的纽带，在现代经济生活中发挥着不可低估的作用。但随着我国经济的发展，虚假广告宣传却越来越多，严重干扰了国家对广告的管理秩序，侵犯了其他商品生产者和消费者的利益。为保障公平竞争，保护生产者和消费者的合法权益，《刑法》规定了本罪对虚假广告行为进行规制和打击。

二、犯罪构成要件

（一）犯罪主体

本罪的犯罪主体为特殊主体，只包含广告主、广告经营者和广告发布者三种行为人。需要说明的是，本罪主体既可以是年满十六周岁且具有刑事责任能力的自然人，也可以是单位。单位犯本罪的实行双罚制，对单位判处罚金，对其直接负责的主管人员和其他直接责任人员，依相关条款规定追究刑事责任。

广告主，是指为推销商品或者提供服务，自行或者委托他人设计、制作、发布广告的自然人、法人或者其他组织。广告经营者，是指受委托提供广告设计、制作、代理服务的自然人、法人或者其他组织。广告发布者，是指为广告主或者广告主委托的广告经营者发布广告的自然人、法人或者其他组织。

（二）犯罪客观方面

本罪在客观方面表现为广告主、广告经营者、广告发布者违反国家规定，利用广告对商品或者服务作虚假宣传，情节严重的行为。

根据《刑法》第九十六条的规定，违反国家规定，是指违反全国人民代表大会及其常务委员会制定的法律和决定，国务院制定的行政法规、规定的行政措施、发布的决定和命令。具体到本罪，主要是指违反《广告法》《广告管理条例》等法律、法规的规定。

虚假宣传主要包括以下两种情况：

1. 对商品或服务作夸大失实的宣传。即对生产、销售的产品质量、制作成分、性能、用途、生产者、有效期限、产地、来源等情况，或者对所提供的服务的质量规格、技术标准、价格等交易资料进行夸大、无中生有的与实际情况不符的宣传。

2. 对商品或服务作语义含糊、令人误解的宣传，即通过措辞的技巧、明示或暗示、省略或者含糊的手段，使消费者对商品或者服务产生误解。

需要强调的是，必须要达到情节严重的程度才能构成本罪。情节严重，一般是指利用广告对商品或服务所作的虚假宣传，违法所得数额较大，给消费者造成了重大损失，在社会上产生恶劣的影响等。

（三）犯罪客体

本罪侵犯的客体是国家对广告的正常管理活动。

利用广告对商品信誉和服务质量进行虚假的宣传，不仅直接破坏了国家对广告的正常管理活动，扰乱了市场秩序，而且还会误导消费者选购商品和选择服务，严重损害消费者的合法权益。为了保障公平竞争，保护商品经营者和消费者的合法权益，必须运用刑罚制裁虚假广告的行为。根据《广告法》第五十五条的规定，违反本法规定，发布虚假广告的，由工商行政管理部门责令停止发布广告，责令广告主在相应范围内消除影响，处广告费用三倍以上五倍以下的罚款，广告费用无法计算或者明显偏低的，处20万元以上100万元以下的罚款；两年内有三次以上违法行为或者有其他严重情节的，处广告费用五倍以上十倍以下的罚款，广告费用无法计算或者明显偏低的，处100万元以上200万元以下的罚款，可以吊销营业执照，并由广告审查机关撤销广告审查批准文件、一年内不受理其广告审查申请。

医疗机构有前款规定违法行为，情节严重的，除由工商行政管理部门依照本法处罚外，卫生行政部门可以吊销诊疗科目或者吊销医疗机构执业许可证。

广告经营者、广告发布者明知或者应知广告虚假仍设计、制作、代理、发布的，由工商行政管理部门没收广告费用，并处广告费用三倍以上五倍以下的罚款，广告费用无法计算或者明显偏低的，处20万元以上100万元以下的罚款；两年内有三次以上违法行为或者有其他严重情节的，处广告费用五倍以上十倍以下的罚款，广告费用无法计算或者明显偏低的，处100万元以上200万元以下的罚款，并可以由有关部门暂停广告发布业务、吊销营业执照、吊销广告发布登记证件。

广告主、广告经营者、广告发布者有本条第一款、第三款规定行为，构成犯罪的，依法追究刑事责任。

（四）犯罪主观方面

本罪在主观方面表现为故意，即行为人明知自己所作的是虚假的宣传，仍希望或者放任危害社会结果的发生。过失不构成本罪。

从广告主方面看，应当属于直接故意，即广告主明知自己的虚假广告行为违反了《广告管理条例》规定的广告内容的真实性，仍积极实施了这种行为，作引人误解的虚假宣传，欺骗用户和消费者，以达到谋取巨额非法利益的目的。但从广告经营者与广告发布者方面看，不仅直接故意可构成本罪，间接故意也可构成本罪。实务中，如果广告经营者与广告发布者不“依据法律、行政法规查验有关证明文件，核对广告内容”，发布虚假广告的，为间接故意。

三、刑事立案追诉标准

根据《最高人民检察院、公安部关于公安机关管辖的刑事案件立案追诉标准的规定（二）》第七十五条的规定，广告主、广告经营者、广告发布者违反国家规定，利用广告对商品或者服务作虚假宣传，涉嫌下列情形之一的，应予立案追诉：

（一）违法所得数额在 10 万元以上的；

（二）给单个消费者造成直接经济损失数额在 5 万元以上的，或者给多个消费者造成直接经济损失数额累计在 20 万元以上的；

（三）假借预防、控制突发事件的名义，利用广告作虚假宣传，致使多人上当受骗，违法所得数额在 3 万元以上的；

（四）虽未达到上述数额标准，但两年内因利用广告作虚假宣传，受过行政处罚二次以上，又利用广告作虚假宣传的；

（五）造成人身伤残的；

（六）其他情节严重的情形。

四、量刑标准

根据《刑法》第二百二十二条的规定，广告主、广告经营者、广告发布者违反国家规定，利用广告对商品或者服务作虚假宣传，情节严重的，处二年以下有期徒刑或者拘役，并处或者单处罚金。

实务中，以下两种情况也按虚假广告罪处罚：

（一）根据《最高人民法院关于审理非法集资刑事案件具体应用法律若干问题的解释》第八条的规定，广告经营者、广告发布者违反国家规定，利用广告为非法集资活动相关的商品或者服务作虚假宣传，具有下列情形之一的，依照《刑法》第二百二十二条的规定，以虚假广告罪定罪处罚：

1. 违法所得数额在 10 万元以上的；
2. 造成严重危害后果或者恶劣社会影响的；
3. 二年内利用广告作虚假宣传，受过行政处罚二次以上的；

4. 其他情节严重的情形。

明知他人从事欺诈发行股票、债券，非法吸收公众存款，擅自发行股票、债券，集资诈骗或者组织、领导传销活动等集资犯罪活动，为其提供广告等宣传的，以相关犯罪的共犯论处。

（二）根据《最高人民法院、最高人民检察院关于办理妨害预防、控制突发传染病疫情等灾害的刑事案件具体应用法律若干问题的解释》第五条的规定，广告主、广告经营者、广告发布者违反国家规定，假借预防、控制突发传染病疫情等灾害的名义，利用广告对所推销的商品或者服务作虚假宣传，致使多人上当受骗，违法所得数额较大或者有其他严重情节的，依照《刑法》第二百二十二条的规定，以虚假广告罪定罪处罚。

第二节　典型案例精析

广元市新×实业有限公司、毛某某、梁某某、杨某某虚假广告案[①]

△基本案情

2011年4月8日，广元市新×实业有限公司（以下简称新×公司）总经理毛某某与四川省亚×建设有限公司江南星城A栋项目部（以下简称亚×公司）经理梁某某共同委托绵阳市晶×房地产营销策划有限公司（以下简称晶×公司）杨某某，对由新×公司开发、亚×公司承建的江南星城A栋1—3层营业房进行全程营销。

杨某某向毛某某、梁某某提出赛博数码公司在全国有名气，要对外宣传说赛博数码公司要强势进入广元，要在江南星城A栋1—3层设立赛博数码广场，因此三方商议制定了以冒用赛博数码广场名义进行宣传，由梁某某与杨某某成立的广元市赛博信息技术有限公司与购房户，要求售后包租12年和承诺满5年可回购的不以房产销售为主要目的的强制性签订委托经营协议的销售方案后，于2011年5月，在未取得商品房预售许可证的情况下，由新×公司提供销

① 案号：（2014）广利州刑初字第372号。

售场地和售房手续，亚×公司提供收款人员，晶×公司负责市场宣传和组织销售人员，晶×公司的营销人员向前来购房的客户宣称，赛博数码公司是全国的连锁企业，江南星城A栋1—3层营业房要建立赛博数码广场，以吸引客户购买该营业房。后来，江南星城A栋1—3层营业房开始以内部申购协议收取诚意金的方式，通过报纸、传单等形式对社会公众进行宣传和销售。至2012年7月，江南星城A栋1—3层营业房全部销售完成，实现销售额69844184元。后该项目资金断链，导致工程停工，无法按照承诺于2012年12月30日向购房者交房，购房户利用网络舆论平台大量发帖，并多次到政府有关部门上访，该项目至今没有向购房者交房，造成恶劣社会影响。

△裁判结果

新×公司犯虚假广告罪，判处罚金100万元；毛某某犯虚假广告罪，判处有期徒刑一年，缓刑二年，并处罚金40万元；梁某某犯虚假广告罪，判处有期徒刑一年，缓刑二年，并处罚金40万元；杨某某犯虚假广告罪，判处有期徒刑一年四个月，缓刑二年，并处罚金50万元。

△评析

本案主要涉及的是企业向消费者进行虚假宣传，诱使购房者购房并造成消费者重大经济损失的行为，是否构成虚假广告罪的问题。

根据《刑法》第二百二十二条的规定，广告主、广告经营者、广告发布者违反国家规定，利用广告对商品或者服务作虚假宣传，情节严重的，处二年以下有期徒刑或者拘役，并处或者单处罚金。根据《最高人民检察院、公安部关于公安机关管辖的刑事案件立案追诉标准的规定（二）》第七十五条的规定，广告主、广告经营者、广告发布者违反国家规定，利用广告对商品或者服务作虚假宣传，违法所得数额在10万元以上的；或者给单个消费者造成直接经济损失数额在5万元以上的，或者给多个消费者造成直接经济损失数额累计在20万元以上的，应予立案追诉。

本案中，新×公司、毛某某、梁某某、杨某某等违反《广告法》等法律法规规定，编造江南星城A栋1—3层营业房要建立赛博数码广场等虚假广告信息，通过报纸、传单等形式对社会公众进行尽可能广泛的传播，误导了这个地区的民众，给诸多购房者造成了巨大经济损失，社会影响颇为恶劣，其行为符合《刑法》第二百二十二条规定的犯罪构成要件，构成了虚假广告罪。

需要提醒的是，本案确实已经构成虚假广告罪，可这还不是最严厉的处罚，就本案的实际情况来看，当事人的行为在执行中如果处理不当，将会触犯非法吸收公众存款罪甚至集资诈骗罪，届时将面临更重的刑事处罚。其内在逻辑是，虚假广告罪的内核是“欺骗”消费者、商品（房）买受者，而非法吸收公众存款罪、集资诈骗罪是更加严重的违法和“欺骗”相对人。

广告，作为一项“抓眼球”的工作，难免存在某种程度的“夸张”。但是，绝不应当是实实在在的“无中生有”。这是商业伦理要求，更是刑事法律风险防控的客观规律。

第三节　刑事法律风险防控措施

当前在社会主义市场经济条件下，广告作为传播信息、指导消费、促进销售的工具，作为商品生产者与销售者联系消费者的纽带，在现代经济生活中发挥着不可低估的作用。然而，随着广告业突飞猛进的发展，虚假广告却纷纷粉墨登场，严重干扰了国家对广告的管理秩序，侵犯了其他商品生产者、经营者和消费者的利益。目前，有的企业经营者心浮气躁、急功近利，为追求商业利益，不惜在广告中虚假宣传，欺骗受众，这不仅给国家的广告经营管理秩序和社会主义市场竞争体系造成严重影响，而且还有可能给自己带来牢狱之灾。如何规避本罪呢?

一、加强广告法律的学习

企业管理人员应当认真学习《广告法》《广告管理条例》《广告管理条例实施细则》等法律法规，树立守法意识，依法进行广告宣传。上述法律法规对广告的制作和传播规则有详细的规定，通过认真学习可掌握广告的法律尺度。

实务中，企业为取得好的宣传结果，广告内容中经常不可避免地存在一定夸大、夸张的成分，目的是更加吸引公众的眼球。但如果把握不好其中的尺度，夸大的宣传就可能会被认定为虚假广告，从而承担相应的责任。“夸大宣传”的界限如何把握呢？一般情况下是以一般公众的普遍认知为标准。如果广告宣传内容与产品实际功效相去甚远，致使消费者产生错误认识而进行消费的，可能会被认定为触犯本罪；如果广告宣传虽然有些夸张，但未根本违背被宣传产品的实际功效，不至于让消费者产生错误认识的，为可接受的广告宣传。

二、选择管理规范、信誉良好的企业合作

对于广告主而言，企业进行广告宣传，不可避免地要与广告公司合作，选择管理规范、信誉良好、“没有犯罪前科”的广告公司，是控制风险的关键。实务中，要严格审查其资质，进行风险评估，签订规范的广告服务合同并留存备查，做好相关单据的备案管理。当发生侵权时，如果广告主有证据能证明其主观上没有过错，就可以免除责任。需要强调的是，当广告公司提出的广告创意存在夸大失实宣传的时候，就一定要做好严格的法律风险把关，必要时可听取专业律师的意见。

对于广告公司而言，也要选择管理规范、信誉良好的广告主合作，不可为了利益而进行无底线合作承诺或保证。如果广告主提出虚假宣传的要求，要果断拒绝，否则有可能为自己带来不利的法律后果，轻者使自己遭受经济损失，重者有可能触犯本罪的风险。本罪犯罪主体包括单位，单位犯本罪的实行双罚制，对单位判处罚金，对其直接负责的主管人员和其他直接责任人员，依相关条款规定追究刑事责任。也就是说，如果广告公司遭受刑事处罚，对企业起关键作用的管理人员也会受到刑事追究，此时，企业正常运营一般会受到沉重打击。

对于广告发布者而言，对虚假宣传，有欺骗、误导消费者的广告，一定要拒绝发布，否则也有触犯本罪的风险。

三、对广告内容进行严格的合法性审查

企业在广告发布中，适当的渲染可以有助于企业的营销，但绝不能进行虚假宣传，欺骗消费者或社会大众，否则需承担本罪可能带来的法律后果。因

此，企业在进行广告宣传时，应当严格注意在书面形式的广告材料中，极力避免肯定式的、承诺式的语言，把好广告审查关。如房地产企业在广告中载明某品牌连锁超市已经入驻，而事实上该超市只是有入驻的意向，则房地产企业构成虚假广告，不仅要对业主承担违约责任，还有可能触犯本罪的刑事风险。但是，如房地产企业在广告中载明某品牌连锁超市有意向入驻，但事实上后来未入驻，则不构成虚假广告。

第十七章
串通投标罪

第一节　罪名概述

一、串通投标罪的概念

串通投标罪，是指投标人相互串通投标报价，损害招标人或者其他投标人利益，或者投标人与招标人串通投标，损害国家、集体、公民的合法权益，情节严重，触犯《刑法》第二百二十三条的行为。

招投标是一种高度竞争的商品交易行为，其优势在于优胜劣汰，择优成交，从而以较低的价格获得最优的货物、工程和服务。我国《招标投标法》明确规定："招标投标活动应当遵循公开、公平、公正和诚实信用的原则。"如果当事人通过串通投标的不正当手段破坏公平竞争的秩序，就会使招投标工作丧失原有的功能和意义，流于形式，进而损害国家、社会的公共利益以及其他招投标当事人的合法权益。因此，我国《刑法》对于恶意串通投标的行为予以规制和严厉打击。

二、犯罪构成要件

（一）犯罪主体

本罪的犯罪主体是特殊主体，包括招标人与投标人。单位也能成为本罪的犯罪主体，单位犯本罪的，实行双罚制，即对单位判处罚金，对其直接负责的主管人员和其他直接责任人员追究相应的刑事责任。

（二）犯罪客观方面

本罪在客观方面表现为投标人相互串通投标报价，损害招标人或者其他投标人利益，情节严重的行为。本罪的具体行为方式表现如下：

1. 投标人相互串通，故意哄抬标价，迫使招标人不得不在过高的标价上选择，增加成本，从而给招标人造成重大的经济损失。主要表现如下：

（1）投标人之间约定，一致抬高投标报价；

（2）投标人之间约定，一致压低投标报价；

（3）投标人之间约定，在类似项目中轮流以高价位或低价位中标。

2. 投标者与招标者串通投标。这里的串通投标，是指招标者与特定投标者在招标投标活动中，以不正当手段从事私下交易，使公开招标投标流于形式，共同损害国家、集体、其他投标者的利益的行为。主要表现如下：

（1）招标者故意泄露标底。即招标人有意向某一特定投标人透露其标底的行为。

（2）招标者私下启标泄露。即招标人在公开开标之前，私下开启投标人标书，并通告给尚未报送标书的投标人。

（3）招标者故意引导促使某人中标。即招标人在要求投标人就其标书作澄清事实时，故意做引导性提问，以促成该投标人中标。

（4）招标实行差别对待。即招标人在审查、评选标书时，对同样的标书实行差别对待，或者对不同的投标者实施差别对待。

（5）招标者故意让不合格投标者中标。即招标者允许不符合投标资格的投标者参加投标，并让其中标。

（6）投标者贿赂获密。即投标者通过贿赂手段，在公开开标之前，从招标者处获取投标者报价或其他投标条件的行为。

（7）投标者给招标者标外补偿。即投标人有意与招标人商定，在公开投标时压低标价，中标后再给招标人以额外补偿。

（8）招标者给投标者标外补偿金。即招标者与某投标者商定，在公开投标时，故意抬高标价，使标价高于通常价，而致其他投标者上当吃亏。高价定标后，招标者按约定给故意抬高标价的投标者一定的补偿金。

需要说明的是，本罪只有情节严重才构成犯罪，情节不属严重，即使实施了串通投标，损害招标人或者其他投标人利益的行为，也不能以本罪论处。情节严重，主要是指采用卑劣手段串通投标的；多次实施串通投标行为的；给招标人或者其他投标人造成严重经济损失的；造成恶劣的影响的；等等。

（三）犯罪客体

本罪侵犯的是复杂客体，既侵犯其他投标人或国家、集体的合法权益，又侵犯社会主义市场经济的公平竞争秩序。招标、投标是一种竞争性很强的市场交易方式，其优越性在于优胜劣汰，使整个社会的人力资源、物力资源、财力资源得到更好的配置，其本身应当遵循公开、公平、公正和诚实信用的原则。如果当事人通过串通投标的不正当手段排斥他人的正当竞争，就会使招标投标活动丧失其原有功能，进而损害国家利益、社会公共利益和其他投标当事人的合法权益。实务中，招投标一般为大宗商品买卖或建设大型建筑工程时常常采用的一种交易方法。根据《招标投标法》第三条的规定，在中华人民共和国境内进行下列工程建设项目包括项目的勘察、设计、施工、监理以及与工程建设有关的重要设备、材料等的采购，必须进行招标：

1. 大型基础设施、公用事业等关系社会公共利益、公众安全的项目；
2. 全部或者部分使用国有资金投资或者国家融资的项目；
3. 使用国际组织或者外国政府贷款、援助资金的项目。

前款所列项目的具体范围和规模标准，由国务院发展计划部门会同国务院有关部门制订，报国务院批准。

法律或者国务院对必须进行招标的其他项目的范围有规定的，依照其规定。

（四）犯罪主观方面

本罪的主观方面表现为故意，而且本罪一般表现为直接故意，即行为人明知自己串通投标的行为会损害招标人或其他投标人的利益，但仍决意为之，并且希望或放任该危害结果的发生。实务中，串通投标的动机多种多样，如有的为了获取不法利益；有的为了排挤、陷害其他投标人；有的碍于情面而相互串标；等等。需要说明的是，无论行为人动机如何，都不影响本罪成立。

三、刑事立案追诉标准

根据《最高人民检察院、公安部关于公安机关管辖的刑事案件立案追诉标准的规定（二）》第七十六条的规定，投标人相互串通投标报价，或者投标人与招标人串通投标，涉嫌下列情形之一的，应予立案追诉：

（一）损害招标人、投标人或者国家、集体、公民的合法利益，造成直接经济损失数额在50万元以上的；

（二）违法所得数额在10万元以上的；

（三）中标项目金额在200万元以上的；

（四）采取威胁、欺骗或者贿赂等非法手段的；

（五）虽未达到上述数额标准，但两年内因串通投标，受过行政处罚二次以上，又串通投标的；

（六）其他情节严重的情形。

四、量刑标准

根据《刑法》第二百二十三条的规定，投标人相互串通投标报价，损害招标人或者其他投标人利益，情节严重的，处三年以下有期徒刑或者拘役，并处或者单处罚金。

投标人与招标人串通投标，损害国家、集体、公民的合法利益的，依照前款的规定处罚。

需要说明的是，对于“串通”的理解，并非仅指投标人和招标人之间的勾结行为，也包括在招标人不知情的情况下，投标人之间私下串联，或者招标人与多名投标人共同串联的情况，不管是哪种具体情形，只要违反公平竞争和诚实信用原则，让招投标工作失去原有的意义，就可能被认定为“串通投标”。

第二节　典型案例精析

江苏祥×建设有限公司等串通投标案[①]

△基本案情

2015年10月22日，江苏省建湖县农业资源开发局、财政局、庆丰镇人民政府委托江苏全×工程造价事务所有限公司发布建湖县2015年国家农业综合开发第二批土地治理项目（庆丰镇）招标公告，分七个标段进行招标，并规定可兼投不可兼中。彭某某为谋求提高中标率，以承担保证金、费用以及中标公司提取管理费为条件，先后联系亨×公司行政部副经理潘某某，广×公司盐城办事处负责人朱某某，让其所在公司参加投标。潘某某还通过沈某甲帮助彭某某联系祥×公司经营科科长孙某某，朱某某帮助彭某某联系正×公司总经理刘某和办公室主任李某某，让这两家公司一起参加投标。上述四家公司除祥×公司由彭某某找他人代为编制标书外，均按照彭某某的要求确定投标报价，编制了标书，并报名参加了投标。

在此期间，潘某某为谋求单独中标，除为彭某某联系投标单位外，以承担保证金、费用以及中标公司提取管理费为条件，还单独联系水×公司分管副总沈某乙和经营科科员沈某乙、三×公司经营科科长李某、水利工程总队办公室主任朱某、隆×公司经营科科长王某一起参与该项目投标。上述四家公司按照潘某某的要求确定了投标报价，编制了标书，并报名参加投标。

2015年11月18日开标，共70余家单位参加投标报价，祥×公司以5102508.1元报价中标二标段，正×公司以3837871.93元报价中标五标段。彭某某在中标两个标段后，和朱某某一起到正×公司签订了工程施工合同，并由潘某某和祥×公司签订了项目管理责任书，后将中标的两个标段转包给穆某。

案发后，彭某某、潘某某、朱某某经电话通知主动到案，到案后如实供述了犯罪事实；孙某某、沈某如实供述了犯罪事实。

---

① 案号：（2017）苏0925刑初229号。

△**裁判结果**

祥×公司犯串通投标罪，判处罚金1万元；广×公司犯串通投标罪，判处罚金1万元；正×公司犯串通投标罪，判处罚金1万元；彭某某犯串通投标罪，判处拘役五个月，缓刑八个月，并处罚金2万元；潘某某犯串通投标罪，判处拘役三个月，缓刑五个月，并处罚金1万元；朱某某犯串通投标罪，判处罚金5000元；沈某犯串通投标罪，判处罚金5000元；孙某某犯串通投标罪，判处罚金3000元；李某某犯串通投标罪，判处罚金3000元；扣押在案的违法所得2400元，予以没收，上缴国库。

△**评析**

本案主要涉及的是企业及其管理人员相互串通投标报价，损害招标人或者其他投标人利益的行为，是否构成串通投标罪的问题。

根据《刑法》第二百二十三条第一款的规定，投标人相互串通投标报价，损害招标人或者其他投标人利益，情节严重的，处三年以下有期徒刑或者拘役，并处或者单处罚金。根据《最高人民检察院、公安部关于公安机关管辖的刑事案件立案追诉标准的规定（二）》第七十六条第三项的规定，投标人相互串通投标报价，或者投标人与招标人串通投标，中标项目金额在200万元以上的，应予立案追诉。

本案中，作为投标实际控制人的彭某某为谋求提高中标率，以承担保证金、费用以及中标公司提取管理费为条件，先后联系亨×公司行政部副经理潘某某，广×公司盐城办事处负责人朱某某，让其所在公司参加投标。潘某某还通过沈某帮助彭某某联系祥×公司经营科科长孙某某，朱某某帮助彭某某联系正×公司总经理刘某和办公室主任李某某，让这两家公司一起参加投标。上述四家公司除祥×公司由彭某某找他人代为编制标书外，均按照彭某某的要求确定投标报价，编制了标书，并报名参加了投标。在此期间，潘某某为谋求单独中标，除为彭某某联系投标单位外，以承担保证金、费用以及中标公司提取管理费为条件，还单独联系水×公司分管副总沈某和经营科科员沈某、三×公司经营科科长李某、水利工程总队办公室主任朱某、隆×公司经营科科长王某一起参与该项目投标。上述四家公司按照潘某某的要求确定了投标报价，编制了标书，并报名参加投标。结果，祥×公司以5102508.1元报价中标二标段，正×

公司以 3837871.93 元报价中标五标段。其行为系属《招标投标法实施条例》第三十九条、第四十条规定的串通投标行为，且达到了《刑法》第二百二十三条规定的“投标人相互串通投标报价，损害招标人或者其他投标人利益，情节严重的”情形，构成了串通投标罪。

现实生活中，“人为财死鸟为食亡”者，为了实现意欲之中的“中标”目的，往往会挖空心思、绞尽脑汁，慌不择路，为达目的不择手段，譬如该案之中的“利诱”——利益输送：“提取管理费”等，从法律人视角看，实质上就是一种“分赃”的犯罪行为。

不得不提醒一句的是，有些串通投标行为确实做得“天衣无缝”“巧夺天工”，但是多行不义必自毙，法网恢恢疏而不漏，如若不及时收手，必将受到法律的严惩。

第三节　刑事法律风险防控措施

市场经济运行制度强调竞争关系，竞争实力在市场竞争中往往起到较为重要的作用。正因如此，很多实力不如他人的企业为了获得订单，往往在招投标过程中使用不正当手段，损害他人的合法权益。1997 年新刑法修订实施以前，串标行为只作为一般违法行为，仅给予一定的行政处罚；修订后的刑法则将串标行为作为犯罪进行处罚，这就给投标人、招标人的违规操作带来刑事责任风险。也就是说，企业的串标行为一旦案发，企业及相关责任人员就有可能面临刑事处罚。如何规避本罪呢？建议如下：

一、加强招投标法律的学习

负责招投标的企业管理人员，在参与招投标活动前，应当认真学习《民法典》《招标投标法》《招标投标法实施条例》《工程建设项目勘察设计招标投标办法》《政府采购法》等法律法规，深入了解掌握其程序、标准，这样在参与的过程中才不会逾越法律，从而降低触犯本罪的风险。实务中，以下是常见触犯招标投标法的三种行为。

1. 投标人通过挂靠方式串通投标。具体表现为：投标人为提高中标率，通过挂靠多家有资质的企业进行投标，甚至进行围标。此种情况属于典型的串通投标行为，情节严重的，投标人触犯本罪。被挂靠单位如果明知挂靠人通过挂靠串通投标而对外挂靠的，也可能构成本罪的共犯。

2. 招标人未招标先开工，事后补办招标程序，可能涉嫌串通投标。在部分工程建设中，工程已经开工建设或已经完工，工程承包商已经确定，但招标人为了“完善”招标程序，要求承包商配合其履行招标投标程序进行投标。在此过程中，为了确保承包商中标，招标人往往要求承包商寻找陪标单位进行陪标，甚至招标人直接为承包商安排陪标单位。对于依法应当招标的项目，未进行招标便选定承包商开工建设，已属于严重的违法行为，一旦被查处，相关责任人将承担行政责任；而招标人为了“完善”所谓招标程序，补办招标手续，虚假招标，属于更加严重的违法行为，有可能触犯本罪，承担刑事法律责任。

3. 招标人为投标人提供帮助串通投标。具体表现为：招标人违反法律规定，为特定投标人提供便利，量身定制投标人资格条件，以明显不合理的要求排除其他潜在投标人，向特定投标人透露招标底价以帮助投标人串通投标。此种情况下，招标人与投标人构成串通投标罪的共犯，投标人应当根据其在串通投标行为中所起的作用，承担相应的刑事法律责任。

需要提醒的是，在串通投标过程中，往往伴随着行贿、受贿的利益输送行为，这样就可能同时涉嫌本罪和行贿受贿犯罪，司法实务中，由于两者属于牵连犯关系，法院会根据案件实际情况择一重罪处罚。

二、在投标过程中拒绝参与“陪标”

实践中，有的企业经营者会出于情面或利益的驱使，接受他人的邀请，参与陪标。在陪标过程中，陪标人往往不实际参与投标活动，投标文件全部由实际投标人编制，陪标人的投标目的并非中标，而是为实际投标人串通投标提供帮助，陪标人的此种行为不仅是普通的违法行为，还可能构成串通投标罪，承担刑事法律责任。因此，当有人邀请参与陪标时，应当果断拒绝，否则就有可能在利益的诱惑下触犯本罪。

三、选择管理规范、信誉良好的招标代理机构合作

企业在招标投标活动中如需要委托第三方机构进行招标投标活动的，应当选择管理规范、信誉良好的招标代理机构合作。实务中，有的招标代理机构为获得佣金，往往会与招标人或投标人互相串通，搞虚假招投标，充当腐败中介的角色。

因此，为规避本罪，当招标代理机构提出违反法律规定的建议时，应当果断拒绝。

第十八章 合同诈骗罪

第一节 罪名概述

一、合同诈骗罪的概念

合同诈骗罪，是指以非法占有为目的，在签订、履行合同过程中，采取虚构事实或者隐瞒真相等欺诈手段，骗取对方当事人财物，数额较大，触犯《刑法》第二百二十四条的行为。

我国1979年《刑法》没有规定合同诈骗罪，1997年《刑法》将合同诈骗罪从诈骗罪中分离出来，单独成罪。随着市场经济的不断发展，市场主体之间的经济契约行为越来越频繁，利用签订、履行合同诈骗对方当事人财物的案件也时有发生，不仅侵犯他人的财产权利，也严重扰乱了市场经济秩序。因此，刑法对于合同诈骗行为予以了严厉的规制和打击。

二、犯罪构成要件

（一）犯罪主体

本罪的犯罪主体为一般主体，即年满十六周岁且具有刑事责任能力的自然人均能构成本罪。单位亦能成为本罪主体。单位犯本罪时，实行双罚制，既对单位判处罚金，对其直接负责的主管人员和其他直接责任人员也按相关条款规定判处刑罚。

（二）犯罪客观方面

本罪在客观方面表现为行为人在签订、履行合同过程中，以虚构事实或者隐瞒真相的方法，骗取对方当事人财物，数额较大的行为。

本罪的骗取他人财物行为表现如下：

1. 以虚构的单位或者冒用他人名义签订合同的；
2. 以伪造、变造、作废的票据或者其他虚假的产权证明作担保的；
3. 没有实际履行能力，以先履行小额合同或者部分履行合同的方法，诱骗对方当事人继续签订和履行合同的；
4. 收受对方当事人给付的货物、货款、预付款或者担保财产后逃匿的；
5. 以其他方法骗取对方当事人财物的。

通常来说，合同诈骗都是以合同为幌子，在签订、履行合同中虚构事实或者隐瞒真相使对方陷入认识错误，从而让对方自愿交付财物。实务中，“其他方法骗取对方财物”主要有以下几种类型：隐匿合同货物、货款、预付款或者定金，拒不返还；使用合同货物、货款、预付款或者定金从事违法犯罪活动，无法返还的；挥霍对方当事人提供的货款、预付款或者定金，无法返还的；虚构合同的标的物，签订空头合同骗取对方当事人的财物。

需要注意的是，不能把本罪要件中的“对方当事人”理解为“合同一方当事人”，把“合同一方当事人”理解为在书面合同上签字的人，这种理解是错误的。

本罪是从普通诈骗罪中分离出来的，其实质就是利用合同骗取他人财物，只要利用合同骗取了他人财物，不论受害人是否为合同的一方当事人，都触犯本罪。

（三）犯罪客体

本罪侵犯的客体是双重客体，不仅扰乱了市场秩序，侵犯国家的合同管理制度，而且还侵犯了公私财产权利。

（四）犯罪主观方面

本罪在主观方面表现为故意，即行为人明知而故犯，并且具有非法占有的目的。

非法占有的故意可以产生在合同签订前，也可以产生在合同签订后。也就是说，行为人在合同签订后本来打算正常履行合同，但后来改变了想法，产生了希望通过合同将他人财物据为己有的非法意图，继续欺骗受害人向其履行合同交付财产等，属于事后的故意，也应按本罪论处。但是，产生非法占有目的后并未实施诈骗行为的，不能成立本罪。

三、刑事立案追诉标准

根据《最高人民检察院、公安部关于公安机关管辖的刑事案件立案追诉标准的规定（二）》第七十七条的规定，以非法占有为目的，在签订、履行合同过程中，骗取对方当事人财物，数额在二万元以上的，应予立案追诉。

四、量刑标准

根据《刑法》第二百二十四条的规定，以非法占有为目的，在签订、履行合同过程中，骗取对方当事人财物，数额较大的，处三年以下有期徒刑或者拘役，并处或者单处罚金；数额巨大或者有其他严重情节的，处三年以上十年以下有期徒刑，并处罚金；数额特别巨大或者有其他特别严重情节的，处十年以上有期徒刑或者无期徒刑，并处罚金或者没收财产。

单位触犯本罪的，对单位判处罚金，并对其直接负责的主管人员和其他直接责任人员，依照上述规定处罚。

对于何谓数额较大、数额巨大、数额特别巨大，目前尚无明确的规定，导致各地在执行中做法不一。有的省市出台了单独规定，如，根据《广东省高级人民法院关于办理破坏社会主义市场经济秩序犯罪案件若干具体问题的指导意见》第二十一条的规定，个人进行合同诈骗犯罪的定罪量刑的数额标准规定如下：（1）广州、深圳、珠海、汕头、佛山、中山、东莞、江门市及其所辖市、县、区以5万元以下为“数额较大”，5万元以上不满50万元为“数额巨大”，50万元以上为“数额特别巨大”；（2）湛江、茂名、惠州、潮州、揭阳、汕尾、梅州、河源、肇庆、韶关、清远、阳江、云浮及其所辖市、县、区以4万元以下为“数额较大”，4万元以上不满40万元为“数额巨大”，40万元以上为“数额特别巨大”。

关于单位进行合同诈骗犯罪定罪量刑的数额标准，《广东省高级人民法院关于办理破坏社会主义市场经济秩序犯罪案件若干具体问题的指导意见》第二十二条的规定如下：单位实施合同诈骗行为，数额在50万元以下为“数额较大”，50万元以上不满300万元为“数额巨大”，300万元以上为“数额特别巨大”。再如，在《上海市关于本市办理部分诈骗类犯罪案件具体数额标准的意见》中规定：合同诈骗财物价值2万元以上不满20万元，属于“数额较大”；合同诈骗财物价值20万元以上不满100万元，属于“数额巨大”；合同诈骗财物价值100万元以上，属于“数额特别巨大”。

对于合同诈骗罪中何谓具有“其他严重情节”或“其他特别严重情节”，同样没有明确规定，也需要进一步明确。参照司法解释关于诈骗罪的相关规定，合同诈骗导致出现下列情形的，可以认定为具有“其他严重情节”：

1. 导致被骗公司、企业严重亏损；
2. 诈骗所得用于违法犯罪活动；
3. 诈骗救灾、抢险、防汛、优抚、扶贫、移民、救济、医疗款物的；
4. 以赈灾募捐名义实施诈骗的；
5. 诈骗残疾人、老年人或者丧失劳动能力人的财物的。

合同诈骗导致出现下列情形的，可以认定为具有“其他特别严重情节”：

1. 造成被害人自杀、精神失常或者其他严重后果的；
2. 导致公司、企业破产或者濒临破产；
3. 诈骗救灾、防汛、优抚、扶贫、救济款物、军用物资等，造成严重后果；
4. 诈骗数额巨大并且用于违法犯罪活动。

需要说明的是，诈骗未遂，以数额巨大的财物为诈骗目标的，或者具有其他严重情节的，应当定罪处罚。诈骗行为既有既遂，又有未遂，分别达到不同量刑幅度的，依照处罚较重的规定处罚；达到同一量刑幅度的，以诈骗罪既遂处罚。

第二节　典型案例精析

高某浜合同诈骗案[①]

△基本案情

高某浜自2009年起在河南省郑州市经营电动工具生意。至2013年5月，高某浜因经营不善及市场因素，欠下大量债务。2013年5月2日至12月10日期间，高某浜隐瞒其准备低于进货价销售电动工具及无实际履行合同能力的真相，以支付部分货款的方法，取得电动工具厂商和供货商的信任，先后骗取被害人张某、施某愉等人货值共计人民币2659509元的电动工具，在河南郑州、洛阳等地低于进货价销售套现。其间，高某浜先后支付了部分货款及退货共计人民币1389994元，实际骗得电动工具货值共计人民币1269515元。具体犯罪事实分述如下：

1. 2013年5月2日至11月29日期间，高某浜向启东市吕四港镇喜×电动工具厂的经营者郁某隐瞒其准备低于进货价销售电动工具的真相，以支付部分之前所欠货款的方法，取得郁某的信任，先后13次骗得价值共计人民币476536元的速时达系列电动工具。高某浜每次收到郁某的电动工具后，立即以低于进货价的价格向河南郑州的零售商销售套现。其间，先后8次支付部分货款及退货共计人民币329550元，实际骗得电动工具货值共计人民币146986元。

2. 2013年5月6日至12月6日期间，高某浜向启东市吕四港镇林×电动工具厂的经营者杜某菊隐瞒其准备低于进货价销售电动工具的真相，以支付部分之前所欠货款的方法，取得杜某菊的信任，先后18次骗得货值共计人民币594265元的杜邦龙系列电动工具。高某浜每次收到杜某菊的电动工具后，立即以低于进货价的价格向河南郑州的零售商销售套现。其间，先后10次支付部分货款及退货共计人民币256421元，实际骗得电动工具货值共计人

① 案号：(2014) 启刑二初字第0212号。

民币 337844 元。

3. 2013 年 6 月 14 日至 11 月 21 日期间，高某浜向湖南省长沙市电动工具批发商施某愉隐瞒其准备低于进货价销售电动工具的真相，以支付部分之前所欠货款的方法，取得施某愉的信任，先后 24 次骗得货值共计人民币 800634 元的圣田系列、灵锐系列电动工具。高某浜每次收到施某愉的电动工具后，立即以低于进货价的价格向河南郑州、洛阳等地的零售商销售套现。其间，先后 12 次支付部分货款及退货共计人民币 493599 元，实际骗得电动工具货值共计人民币 307035 元。

4. 2013 年 7 月 18 日至 9 月 13 日期间，高某浜向启东市吕四港镇锐×电动工具厂的经营者潘某华隐瞒其准备低于进货价销售电动工具的真相，以支付部分之前所欠货款的方法，取得潘某华的信任，先后 7 次骗得价值 168980 元的小田原系列电动工具。高某浜每次收到潘某华的电动工具后，立即以低于进货价的价格向河南郑州、洛阳等地的零售商销售套现。其间，先后 3 次支付部分货款及退货共计人民币 103243 元，实际骗得电动工具货值共计人民币 65737 元。

5. 2013 年 7 月 22 日，高某浜向启东市吕四港镇博×电动工具厂的经营者张某隐瞒其准备低于进货价销售电动工具的真相，骗得货值人民币 23499 元的东之系列电动工具。高某浜收到张某的电动工具后，立即以低于进货价的价格向河南郑州的零售商销售套现。扣除退还的货值人民币 4011 元的电动工具，实际骗得电动工具货值共计人民币 19488 元。

6. 2013 年 9 月 13 日至 11 月 29 日期间，高某浜向启东市吕四港镇中×电动工具厂的经营者潘某隐瞒其准备低于进货价销售电动工具的真相，以支付部分之前所欠货款的方法，取得潘某的信任，先后 17 次骗得货值人民币 595595 元的恒宇系列电动工具。高某浜每次收到潘某的电动工具后，立即以低于进货价的价格向河南郑州、洛阳等地的零售商销售套现。其间，先后 9 次支付部分货款及退货共计人民币 203170 元，实际骗得电动工具货值共计人民币 392425 元。

2013 年 12 月 10 日，高某浜逃离郑州并更换联系方式。2014 年 6 月 18 日，高某浜在广东深圳被民警抓获，归案后如实供述犯罪事实。

△**裁判结果**

高某浜犯合同诈骗罪，判处有期徒刑十年，并处罚金人民币 20 万元；追缴高某浜未退赃物折价款人民币 1269515 元，发还被害人张某 19488 元、潘某 392425 元、郁某 146986 元、杜某菊 337844 元、潘某华 65737 元、施某愉 307035 元。

△**评析**

本案主要涉及的是行为人以非法占有为目的，采用“高买低卖”的方式骗取上游供应商财物的行为，是否构成合同诈骗罪的问题。

根据《刑法》第二百二十四条的规定，以非法占有为目的，在签订、履行合同过程中，骗取对方当事人财物，数额特别巨大或者有其他特别严重情节的，处十年以上有期徒刑或者无期徒刑，并处罚金或者没收财产。单位触犯本罪的，对单位判处罚金，并对其直接负责的主管人员和其他直接责任人员，依照上述规定处罚。根据《河南省高级人民法院关于我省诈骗犯罪数额认定标准的规定》，诈骗公私财物价值 5000 元、5 万元、50 万元的，应当分别认定为《刑法》第二百六十六条规定的“数额较大”“数额巨大”“数额特别巨大”的起点。

本案中，高某浜在 2013 年 5 月 2 日至 12 月 10 日期间，隐瞒其准备低于进货价销售电动工具及无实际履行合同能力的真相，以支付部分货款的方法，取得电动工具厂商和供货商的信任，先后骗取被害人张某、施某愉等人货值共计人民币 2659509 元的电动工具，在河南郑州、洛阳等地低于进货价销售套现。其间，高某浜先后支付了部分货款及退货共计人民币 1389994 元，实际骗得电动工具货值共计人民币 1269515 元。本案属于典型的滥用他人信任，用合同关系方式骗取他人财物的犯罪行为，且诈骗数额超过 50 万元，属于数额特别巨大，构成合同诈骗罪。

“高买低卖”是一种空手套白狼的骗术。实务中，犯罪分子往往不会在第一次合作时就实施诈骗，而是先与对方企业签订小额合同，并如约履行，诱骗对方上钩，并逐渐产生信任感，以至于放松警惕。之后，再与对方签订标的额较大的合同，利用对方信任和疏于防范实施诈骗。“金蝉脱壳”后，犯罪分子往往换一个地方或换一个身份行骗。企业经营者如何防止此种诈骗行为呢？建议如下：

1. 由于我国市场经济环境不成熟，诚信体系尚未建立，市场经济主体鱼龙混杂，在对外经济交往的过程中，企业要特别注意审核对方的经营资质、商业信誉、经济实力等内容。尤其是与初次合作或来历不明的陌生客户做生意时，要多一个心眼，对于拿捏不准的合同，多请教专业人士，在签订合同前深入了解对方的资信、能力，合同履行过程中，多一份谨慎。

2. 对于资信不高的客户，其获取大批货物时，尽量要求交易方式是一手交货一手交钱。实在不行，建议客户支付的预付款等于货物成本价，以免遭受损失。

3. 由于商业交易风险普遍存在，且较多风险是事先难以预料和预防的，因此在进行重大商业交易决策时，尽量多方征集意见，依照法律法规和公司章程应当由董事会、股东会机构集体研究决定，一定要依法依规进行民主决策，并且做好记录，同时让相关人员签字盖章。这样做不仅是为了降低决策风险，而且也是为了保护决策者，一旦出现因决策失误而被骗时，不致出现由决策者个人承担全部责任的情形。

4. 身为企业管理人员一定要“慎独”，万万不可“居心不良”，滥用他人对自己的信任，谋取不义之财。

第三节　刑事法律风险防控措施

随着我国市场经济体系的建立和完善，合同已成为市场交易的一种基本法律关系。人们对合同的概念理解及利用合同进行商品交易或者处理合同问题的能力也不断增强。但合同法律关系错综复杂，合同的签订、履行中会出现千变万化的新情况，企业经营者如果不注意合同实务操作中的一些细节，稍有不慎，就有可能触犯本罪。本罪的设立，一方面，是为了打击以采用签订合同方式进行诈骗的犯罪；另一方面，是为了警示企业在经营过程中要遵循诚实守信、合法合规的原则。对于企业而言，本罪是较为高发的罪名，如何规避触犯本罪呢？建议如下：

一、加强法律知识的学习

从现有合同诈骗罪发生的原因分析，大多是法律知识的欠缺或者法律观念的淡薄。企业经营者在签订合同时往往不关心是否合规，而是不择手段以追求经济效益为目标，如给合同相对方虚假承诺、虚假担保等，此种不讲诚信的行为很有可能会触犯本罪，企业与相关责任人都要承担刑事责任。因此，企业经营者应当认真学习《民法典》合同编和物权编，以及《刑法》等有关法律法规，树立守法经营意识。

二、坚持诚实守信原则

企业经营者在签订和履行合同过程中，要诚实守信，不得提供虚假证明文件和虚假产权作担保。同时，也不能以虚构的单位或者冒用他人名义签订合同，否则也可能触犯本罪。

三、避免主观上被推定为“非法占有目的”入罪

非法占有目的是本罪的构成要件，是区分本罪与普通民事合同纠纷的关键。但非法占有目的是主观方面的内容，法院无法直接体会与判定，只能根据行为人外部行为和表现，来推定其是否具有非法占有的目的。

认定非法占有目的的文件主要是最高人民法院颁布的《全国法院审理金融犯罪案件工作座谈会纪要》，该文件提出认定是否具有非法占有的目的，应当坚持主客观相一致的原则，既要避免单纯根据损失结果客观归罪，也不能仅凭被告人自己的供述，而应当根据案件具体情况具体分析。根据司法实践，对于行为人通过诈骗的方法非法获取资金，造成数额较大资金不能归还，并具有下列情形之一的，可以认定为具有非法占有的目的：（1）明知没有归还能力而大量骗取资金的；（2）非法获取资金后逃跑的；（3）肆意挥霍骗取资金的；（4）使用骗取的资金进行违法犯罪活动的；（5）抽逃、转移资金、隐匿财产，以逃避返还资金的；（6）隐匿、销毁账目，或者搞假破产、假倒闭，以逃避返

还资金的；（7）其他非法占有资金、拒不返还的行为。但是，在处理具体案件的时候，对于有证据证明行为人不具有非法占有目的的，不能单纯以财产不能归还就按金融诈骗罪处罚。因此，企业及其管理人员应当避免上述情形的发生，否则会面临触犯本罪的风险。

四、要严格按约定履行合同

合同履行过程中，一定要严格按约定履行合同义务，切忌收到款后没有实际的履行行为，更不得在合同签订后人间消失，让合同相对方无处可觅。企业因客观情况变化导致合同无法履行的，不能提供虚假的证明欺骗对方，应当明确告知对方，共同商讨解决方案。

五、安排法律专业人士进行合同管理

企业应当设立专门的法务部门或者聘请专业的法律顾问团队，对于日常经营的各种合同事务，交由法律专业人士进行风险评估。由法律专业人士参与合同的拟定、签订、变更、履行，可以有效防控相关刑事法律风险。实务中，下列行为会被认定为合同诈骗行为，要注意做好防范：

1. 以向银行贷款的方式骗取担保人财产的，表面上是骗取银行贷款，实际上是诈骗担保人的财产，侵犯了担保人的财产权益，应以本罪论处。

2. 以签订兼并协议方式控制被兼并企业财产，并进行恶意处分的行为，以本罪论处。

第十九章
组织、领导传销活动罪

第一节　罪名概述

一、组织、领导传销活动罪的概念

组织、领导传销活动罪，是指以推销商品或提供服务等经营活动为名，要求参加者以缴纳费用或者购买商品、服务等方式获得加入资格，并按照一定顺序组成层级，直接或者间接以发展人员的数量作为计酬或者返利依据，引诱、胁迫参加者继续发展他人参加，骗取财物，扰乱经济社会秩序的传销活动，触犯《刑法》第二百二十四条之一的行为。早在 1998 年 4 月 18 日，国务院就下发了禁止传销经营活动的通知，从国家层面上将传销规定为违法，并依法予以取缔。

二、犯罪构成要件

（一）犯罪主体

本罪的犯罪主体为一般主体，凡达到法定刑事责任年龄、具有刑事责任能力的自然人或单位均能构成本罪。按照现行司法解释的规定，本罪仅对传销活动的组织者、领导者进行处罚。对于一般参加者，刑法并未规定对其进行处罚。根据《最高人民法院、最高人民检察院、公安部关于办理组织领导传销活动刑事案件适用法律若干问题的意见》第二条的规定，下列人员可以认定为传销活动的组织者、领导者：

1. 在传销活动中起发起、策划、操纵作用的人员；

2. 在传销活动中承担管理、协调等职责的人员；

3. 在传销活动中承担宣传、培训等职责的人员；

4. 曾因组织、领导传销活动受过刑事处罚，或者一年以内因组织、领导传销活动受过行政处罚，又直接或者间接发展参与传销活动人员在15人以上且层级在三级以上的人员；

5. 其他对传销活动的实施，传销组织的建立、扩大等起关键作用的人员。

以单位名义实施组织、领导传销活动犯罪的，对于受单位指派，仅从事劳务性工作的人员，一般不予追究刑事责任。

《最高人民法院关于审理单位犯罪案件具体应用法律有关问题的解释》第二条规定："个人为进行违法犯罪活动而设立的公司、企业、事业单位实施犯罪的，或者公司、企业、事业单位设立后，以实施犯罪为主要活动的，不以单位犯罪论处。"依照该司法解释的规定，对专门从事传销行为的公司，不以单位犯罪论处，而对其组织者和主要参与人以自然人犯罪定罪处罚。

除组织者、领导者和一般参加者外，在传销组织中，还有处于中间层级的人员。对于中层人员，应否定罪处罚，存在分歧意见。有观点认为，《刑法修正案（七）》的组织、领导传销活动罪，其打击范围仅限于组织、领导传销活动的极少数人，是传销组织金字塔结构的顶层人物，中层人员不属于刑法打击对象。也有观点认为，中层人员是传销组织的骨干分子，直接推动传销组织膨胀发展和传销违法活动的开展，应该追究其刑事责任。

笔者认为，司法实践中，对于传销组织的中层人员，应根据其主观心理态度、客观行为表现和在传销组织、传销活动中所起的实质性作用，予以区别对待。对那些不仅加入传销组织的态度是积极主动的，而且实施传销活动的态度也是积极主动的，其主观心理态度通过其加入传销组织和实施传销活动的行为表现出来，且实施传销活动具有策划、决策、指挥、协调等行为特征的中层人员，应视为传销活动的领导者，以领导传销活动罪定罪处罚。对那些被诱骗、被胁迫而加入传销组织，且在传销活动中消极应付，虽然处于中间层级，但其敛取财物数额不大，个人实际累计计酬相当于自身缴纳入门费的；所发展传销参与人员为数不多，且未造成其所发展人员倾家荡产、生活无着后果；在传销活动中起次要作用的中层人员，应视为一般参加者，可不以犯罪论处，予以行政处罚和教育即可。

（二）犯罪客观方面

本罪在客观方面表现为违反国家规定，组织、从事传销活动，扰乱市场秩序，情节严重的行为。但不是所有的传销行为都构成犯罪，情节一般的，属于一般违法行为，由工商行政管理部门予以行政处罚；只有行为人实施传销行为情节严重才构成犯罪，依法追究刑事责任。另外，要区分传销罪与直销活动中的违规行为。若在直销行为中出现夸大直销人员收入、产品功效等欺骗、误导行为，应由直销监管部门处以行政处罚，而不应视为组织、领导传销活动罪。

情节严重的认定，应结合传销涉案金额、传销发展人员数量、传销中使用的手段、传销造成的影响等多方面因素综合权衡、裁量。

（三）犯罪客体

本罪侵犯的客体为复杂客体，既侵犯了公民的财产所有权，又侵犯了市场经济秩序和社会管理秩序。本罪的犯罪对象是公民个人财产。

（四）犯罪主观方面

本罪的主观方面表现为直接故意，即行为人明知自己的行为是组织、领导传销活动行为，为达到非法牟利的目的，仍然予以实施，且对危害结果的发生持希望和积极追求的态度。

三、刑事立案追诉标准

根据《最高人民检察院、公安部关于公安机关管辖的刑事案件立案追诉标准的规定（二）》第七十八条的规定，组织、领导以推销商品、提供服务等经营活动为名，要求参加者以缴纳费用或者购买商品、服务等方式获得加入资格，并按照一定顺序组成层级，直接或者间接以发展人员的数量作为计酬或者返利依据，引诱、胁迫参加者继续发展他人参加，骗取财物，扰乱经济社会秩序的传销活动，涉嫌组织、领导的传销活动人员在30人以上且层级在三级以上的，对组织者、领导者，应予立案追诉。

本条所指的传销活动的组织者、领导者，是指在传销活动中起组织、领导作用的发起人、决策人、操纵人，以及在传销活动中担负策划、指挥、布置、协调等重要职责，或者在传销活动实施中起到关键作用的人员。

现实社会生活中，人际互动方式越来越多样化，人机关系与人际关系的交互作用更加提升了人际互动的频率和效能，这为原本就是人类社会最为活跃的商业领域注入了更多更大的创造力——商业模式创新，从传统、古典文明之中的“各领风骚数百年”变成了“各领风骚数月”甚至“各领风骚数日”，真可谓不折不扣的日新月异，这日新月异的商业模式创新之中最受人青睐的莫过于“传销模式”。

“传销模式”之所以受人青睐，根本原因主要有二。一是传播迅捷。二是能赚“快钱”。与人人本有的“马无夜草不肥，人无横财不富”的“不劳而获”“少劳多获”社会心理机制息息相关。

更加直接的是法律原因，我国法律给予了与传销模式相关的商业模式创新以一定的空间——2013年颁行的《最高人民法院、最高人民检察院、公安部关于办理组织领导传销活动刑事案件适用法律若干问题的意见》第五条规定：“关于‘团队计酬’行为的处理问题。传销活动的组织者或者领导者通过发展人员，要求传销活动的被发展人员发展其他人员加入，形成上下线关系，并以下线的销售业绩为依据计算和给付上线报酬，牟取非法利益的，是‘团队计酬’式传销活动。以销售商品为目的、以销售业绩为计酬依据的单纯的‘团队计酬’式传销活动，不作为犯罪处理。形式上采取‘团队计酬’方式，但实质上属于‘以发展人员的数量作为计酬或者返利依据’的传销活动，应当依照刑法第二百二十四条之一的规定，以组织、领导传销活动罪定罪处罚。”该规定即作为新型销售模式的“团队计酬”式传销活动与构成刑事犯罪的“团队计酬”式传销活动的法律属性完全不同；以销售商品为目的、以销售业绩为计酬依据的单纯的“团队计酬”式传销活动，不作为犯罪处理。

而且两者之间的边界是比较清晰的，其司法认定并不难。概括来说，如果公司及其成员的收入均源自其所销售产品的利润，即系属新型销售模式的“团队计酬”式传销活动，国家对此应当加强监管，而不是施以刑事追诉和刑罚处罚；只对那些形式上采取“团队计酬”方式，但实质上属于“以发展人员的数量作为计酬或者返利依据”的传销活动，才应当依照刑法第二百二十四条之一规定，以组织、领导传销活动罪定罪处罚。

关于罪与非罪、被刑事追诉之刑事风险的防控提示。

以销售商品为目的、以销售业绩为计酬依据的单纯的“团队计酬”式传销活动，与形式上采取“团队计酬”方式，但实质上属于“以发展人员的数量作为计酬或者返利依据”的传销活动，两者之间的实质性差异就在于其设计模式的理念与计算方法等方面的差异——一个以销售商品为目的，一个以赚“快钱”、一夜暴富为目的；一个以销售业绩为计酬依据，一个以发展人员的数量为计酬或者返利依据。前者系属法律许可抑或默许的作为新型销售模式的“团队计酬”式传销活动；后者则是刑法打击的对象，亦即刑法第二百二十四条之一规定的组织、领导传销活动罪规定的违法犯罪行为。

四、量刑标准

根据《刑法》第二百二十四条之一的规定，组织、领导以推销商品、提供服务等经营活动为名，要求参加者以缴纳费用或者购买商品、服务等方式获得加入资格，并按照一定顺序组成层级，直接或者间接以发展人员的数量作为计酬或者返利依据，引诱、胁迫参加者继续发展他人参加，骗取财物，扰乱经济社会秩序的传销活动的，处五年以下有期徒刑或者拘役，并处罚金；情节严重的，处五年以上有期徒刑，并处罚金。

根据《最高人民法院、最高人民检察院、公安部关于办理组织领导传销活动刑事案件适用法律若干问题的意见》第四条的规定，具有下列情形之一的，应当认定为刑法第二百二十四条之一规定的“情节严重”：

1. 组织、领导的参与传销活动人员累计达 120 人以上的；

2. 直接或者间接收取参与传销活动人员缴纳的传销资金数额累计达 250 万元以上的；

3. 曾因组织、领导传销活动受过刑事处罚，或者一年以内因组织、领导传销活动受过行政处罚，又直接或者间接发展参与传销活动人员累计达60人以上的；

4. 造成参与传销活动人员精神失常、自杀等严重后果的；

5. 造成其他严重后果或者恶劣社会影响的。

需要说明的是，以非法占有为目的，组织、领导传销活动，同时构成组织、领导传销活动罪和集资诈骗罪的，依照处罚较重的规定定罪处罚。犯组织、领导传销活动罪，并实施故意伤害、非法拘禁、敲诈勒索、妨害公务、聚众扰乱社会秩序、聚众冲击国家机关、聚众扰乱公共场所秩序和交通秩序等行为，构成犯罪的，依照数罪并罚的规定处罚。

第二节　典型案例精析

林某耀、王某萍等16人组织、领导传销活动案[①]

△基本案情

2008年6月13日，林某耀、王某萍共同出资成立了江西新×泽生物科技有限公司，林某耀为法定代表人、总经理，王某萍为副总经理。2008年8月1日，林某耀将公司更名为江西新×兴生物科技有限公司（以下简称新×兴公司）。2008年和2009年2月，新×兴公司与福清市新×泽螺旋藻有限公司（以下简称新×泽公司）签订合同，成为新×泽牌螺旋藻片剂全国唯一总经销。

林某耀在新×兴公司设立市场部、教育培训部、财务部、客服部、行政部等部门，先后招募陈某荣、胡某建、董某、袁某、杨某平、熊某红等人加入新×兴公司，担任公司高层管理人员。陈某荣、胡某建、董某、袁某、杨某平注册成为公司会员，直接或间接发展下线会员。王某萍作为新×兴公司的副总经理，具体负责公司的行政、财务管理，与林某耀共同管理公司事务。

在上述人员的协助下，林某耀以销售新×泽螺旋藻等产品为名，引诱参与者购买螺旋藻等产品，注册成为不同等级的公司会员，取得发展下线会员的资

① 案号：（2014）常刑二终字第18号。

格。新×兴公司建立DS2010系统和各种奖励制度，将公司会员按安置关系和推荐关系进行管理，形成顶小底大的金字塔结构；公司会员按不同级别享受不同比例的返利，而会员的返利则来源于会员的新增业绩；会员的新增业绩系依据安置关系中自己小区下线会员的新增注册报单金额、新增重复消费报单金额来计算。2012年3月4日，林某耀建立消费增值平台，在DS2010系统注册成为会员后，才能在消费增值平台注册成为学员。学员通过自己投入资金和推荐新人加入等方式确定进场资金，先进入学员的收入来源于后加入学员的资金投入。林某耀等人依托DS2010系统和消费增值平台诱使会员不断发展新会员，达到非法获利的目的。其中司某霞、张某灵、肖某农、李某明、熊某红、万某军、帅某国、刘某喜通过购买螺旋藻产品，注册成为会员，并在山东省、贵州省、湖南省等地积极地直接或间接发展下线会员至少三层30人以上。

新×兴公司以收取的会员交款、培训费作为公司收入的主要来源。至案发时止，该公司共发展会员73042人，收取会员交款、培训费共计278130424.75元。陈某荣获返利595500.41元；董某获返利101941.71元；袁某获返利7394元；新×兴公司杨某平获返利113031.27元；胡某建获返利864091.61元；司某霞获返利1385676.25元；张某灵获返利592996.96元；李某明获返利724481.41元；熊某红获返利393746.61元；肖某农获返利763004.95元；万某军获返利130210.09元；帅某国获返利43750.86元；刘某喜获返利28866.91元。

△裁判结果

一、林某耀犯组织、领导传销活动罪，判处有期徒刑十一年，并处罚金人民币500万元；

二、王某萍犯组织、领导传销活动罪，判处有期徒刑八年，并处罚金人民币150万元；

三、陈某荣犯组织、领导传销活动罪，判处有期徒刑六年，并处罚金人民币60万元；

四、董某犯组织、领导传销活动罪，判处有期徒刑三年，并处罚金人民币40万元；

五、胡某建犯组织、领导传销活动罪，判处有期徒刑三年，缓刑五年，并处罚金人民币40万元；

六、司某霞犯组织、领导传销活动罪，判处有期徒刑三年，缓刑五年，并处罚金人民币 40 万元；

七、张某灵犯组织、领导传销活动罪，判处有期徒刑二年十个月，缓刑三年，并处罚金人民币 35 万元；

八、李某明犯组织、领导传销活动罪，判处有期徒刑二年十个月，缓刑三年，并处罚金人民币 35 万元；

九、肖某农犯组织、领导传销活动罪，判处有期徒刑二年六个月，缓刑三年，并处罚金人民币 30 万元；

十、袁某犯组织、领导传销活动罪，判处有期徒刑二年四个月，缓刑三年，并处罚金人民币 25 万元；

十一、熊某红犯组织、领导传销活动罪，判处有期徒刑二年，缓刑二年六个月，并处罚金人民币 25 万元；

十二、杨某平犯组织、领导传销活动罪，判处有期徒刑二年，缓刑二年，并处罚金人民币 15 万元；

十三、万某军犯组织、领导传销活动罪，判处有期徒刑一年十个月，缓刑二年，并处罚金人民币 10 万元；

十四、帅某国犯组织、领导传销活动罪，判处有期徒刑一年八个月，缓刑二年，并处罚金人民币 6 万元；

十五、刘某喜犯组织、领导传销活动罪，判处有期徒刑一年六个月，缓刑二年，并处罚金人民币 5 万元；

十六、熊某红犯组织、领导传销活动罪，免予刑事处罚；

十七、违法所得人民币 51055922.5 元及孳息依法予以没收，上缴国库；江西新×兴公司所有的江铃全顺牌汽车、电脑等，司某霞所有的笔记本电脑、U 盘，万某军所有的电脑，刘某喜所有的电脑主机等犯罪工具（详见清单）依法予以没收，上缴国库；犯罪所用财物人民币 3078172.3 元及孳息予以没收，上缴国库；冻结、扣押在案的林某耀、王某萍等的个人财产（详见清单）执行罚金后剩余部分与清单以外的其余扣押财产返还给各受害人；

十八、对林某耀、王某萍、陈某荣、董某、袁某、杨某平、胡某建、司某霞、张某灵、肖某农、李某明、熊某红、万某军、帅某国、刘某喜的违法所得及未冻结的新×兴公司预付给新×泽公司货款人民币 791477.25 元，继续予以追缴。

△评析

本案涉及的是企业“借用”传销模式进行产品销售的行为，是否构成组织、领导传销活动罪等问题。

根据《刑法》第二百二十四条之一的规定，组织、领导以推销商品、提供服务等经营活动为名，要求参加者以缴纳费用或者购买商品、服务等方式获得加入资格，并按照一定顺序组成层级，直接或者间接以发展人员的数量作为计酬或者返利依据，引诱、胁迫参加者继续发展他人参加，骗取财物，扰乱经济社会秩序的传销活动的，处五年以下有期徒刑或者拘役，并处罚金；情节严重的，处五年以上有期徒刑，并处罚金。根据《最高人民法院、最高人民检察院、公安部关于办理组织领导传销活动刑事案件适用法律若干问题的意见》第四条的规定，组织、领导的参与传销活动人员累计达120人以上或收取参与传销活动人员缴纳的传销资金数额累计达250万元以上的，应当认定为《刑法》第二百二十四条之一规定的“情节严重”。根据《最高人民检察院、公安部关于公安机关管辖的刑事案件立案追诉标准的规定（二）》第七十八条的规定，涉嫌组织、领导的传销活动人员在30人以上且层级在三级以上的，对组织者、领导者，应予立案追诉。本条所指的传销活动的组织者、领导者，是指在传销活动中起组织、领导作用的发起人、决策人、操纵人，以及在传销活动中担负策划、指挥、布置、协调等重要职责，或者在传销活动实施中起到关键作用的人员。

本案中，林某耀为“快速”销售新×泽牌螺旋藻等产品，组织了以王某萍、陈某荣、董某、袁某、杨某平、胡某建、司某霞、张某灵、肖某农、李某明、熊某红、万某军、帅某国、刘某喜等为“骨干”的“销售”团队，紧密团结在林某耀身边，以收取会员交款、培训费作为“公司”主要收入来源；为了有效、快速运营，林某耀先后建立了不同技术级别的消费增值平台，所有人员均需在DS2010系统注册成为会员后，才能在消费增值平台注册成为学员。学员通过自己投入资金和推荐新人加入等方式获取报酬并确定管理级别，且“公司”据此形成有序的金字塔结构；公司会员则按不同级别享受不同比例的返利，而会员的返利则来源于会员的新增业绩；会员的新增业绩系依据安置关系中自己小区下线会员的新增注册报单金额、新增重复消费报单金额来计算。

林某耀、王某萍、陈某荣、董某、袁某、杨某平、胡某建、司某霞、张某灵、肖某农、李某明、熊某红、万某军、帅某国、刘某喜等的行为是否构成组织、领导传销活动罪，关键在于正确解释、解读2013年颁行的《最高人民法院、最高人民检察院、公安部关于办理组织领导传销活动刑事案件适用法律若干问题的意见》第五条："关于'团队计酬'行为的处理问题 。传销活动的组织者或者领导者通过发展人员，要求传销活动的被发展人员发展其他人员加入，形成上下线关系，并以下线的销售业绩为依据计算和给付上线报酬，牟取非法利益的，是'团队计酬'式传销活动。以销售商品为目的、以销售业绩为计酬依据的单纯的'团队计酬'式传销活动，不作为犯罪处理。形式上采取'团队计酬'方式，但实质上属于'以发展人员的数量作为计酬或者返利依据'的传销活动，应当依照刑法第二百二十四条之一的规定，以组织、领导传销活动罪定罪处罚。"

本案中，林某耀以"快速"销售新×泽牌螺旋藻等产品为名，组织以王某萍、陈某荣、董某、袁某、杨某平、胡某建、司某霞、张某灵、肖某农、李某明、熊某红、万某军、帅某国、刘某喜等为"骨干"的"销售"团队，组成以林某耀为塔尖的金字塔结构，以收取会员交款、培训费作为"公司"主要收入来源，符合《刑法》第二百二十四条之一规定及其犯罪构成要件要素，足以认定其业已构成组织、领导传销活动罪。

第三节 刑事法律风险防控措施

传销活动在我国一度活动猖獗，对群众人身权益和财产权益造成了巨大侵害，本罪的设立正是为了打击传销活动。按近几年案发和全国各地公安机关侦破的案件来看，本罪多由产品销售型和网络概念型两种组成，也有两者兼具之类型，这是市场经济商业模式不断创新之结果。一般而言，正常的企业只要做到守法经营，并不会触犯本罪。但是，不意味着本罪对于企业而言不会发生，尤其是以"直销模式"经营的企业，稍有不慎，就有可能触犯本罪。如何规避相关刑事风险呢？

一、加强直销法律知识的学习

企业经营者应当认真学习《刑法》《直销管理条例》《禁止传销条例》等法律法规，明白传销组织的存在形式和运作模式与法律许可的企业经营管理模式之间的边界，以保证企业的经营管理活动在法律框架之内展开。

二、对企业将启动的商业模式进行刑事合规审查

企业在探索商业模式时，应当在法律的框架内进行，如果商业模式存在以下情况的，一定要提高警惕，并请专业刑事律师进行风险把关：

1. 经营的项目不创造任何财富，但许诺只要参加者交钱入会，发展人员就能获取“回报”；
2. 由一定顺序组成层级；
3. 以直接或者间接发展人员的数量作为计酬或者返利依据；
4. 存在利诱、胁迫参加者继续发展他人参加的。

需要特别提醒的是，如果他人给企业推荐的商业模式中带有“资本运作、一夜暴富、加盟连锁、人际网络、电子商务、网络直购、消费返利、爱心慈善、微商金字塔、共享经济、新销售”等夺目字眼，并存在拉人头或发展下线返佣金表现形式的，都涉嫌网络传销，一定要慎重进行刑事合规审查，切忌为了扩大经营规模、加速产品销售而盲目采用相关建议。

三、对外投资时，要警惕新型网络传销

网络传销犯罪是以网络为载体的一种新型传销模式。网络传销组织通过宣传、发展成员、收取费用、利益分配等环节实现传销组织的运作。与传统传销组织相比，网络传销的手段更具隐蔽性，受害群体人数更多，范围更广。网络传销的虚拟性，使其犯罪成本更加低廉，也显示出高智能性的特征。因此，企业经营者对外投资时，遇到“通过网络平台层层发展会员聚敛财富”的项目，一定要多加提防。

第二十章 非法经营罪

第一节　罪名概述

一、非法经营罪的概念

非法经营罪，是指未经许可经营法律、行政法规规定的专营、专卖物品或其他限制买卖的物品，买卖进出口许可证、进出口原产地证明以及其他法律、行政法规规定的经营许可证或者批准文件，以及从事其他非法经营活动，扰乱市场秩序，情节严重，触犯《刑法》第二百二十五条的行为。

本罪所规范的是非法经营行为，我国刑法对非法经营行为的规定相当笼统、概括，但本罪所包含的多种非法经营行为在本质上都体现了国家以《刑法》介入的方式对我国市场经济进行科学管理。实务中，凡是违反国家法律规定，未取得相关国家机关许可的经营行为都有可能触犯本罪。

二、犯罪构成要件

（一）犯罪主体

本罪的犯罪主体为一般主体，即年满十六周岁且具有刑事责任能力的自然人或单位。单位犯本罪的，实行双罚制，既对单位判处罚金，也对其直接负责的主管人员和其他直接责任人员按相关条款规定判处刑罚。

（二）犯罪客观方面

本罪在客观方面表现为未经许可经营法律、行政法规规定的专营、专卖物品或者其他限制买卖的物品，买卖进出口许可证、进出口原产地证明以及其他法律、行政法规规定的经营许可证或者批准文件，以及从事其他非法经营活动，扰乱市场秩序，情节严重的行为。具体有以下几种行为方式：

1. 未经许可经营法律、行政法规规定的专营、专卖物品或者其他限制买卖的物品。

为保证市场正常秩序，我国对一些有关国计民生、人们生命健康安全以及公共利益的物资实行限制经营买卖。只有经过批准，获取经营许可证后才能对之从事相关经营活动。没有经过批准而擅自经营的，就属非法经营。限制买卖物品，是指依规定不允许在市场上自由买卖的物品，如烟草专卖品、外汇、金银及其制品、珠宝及贵重药材，等等。具体哪些物品限制买卖，由国家法律、行政法规规定。

2. 买卖进出口许可证、进出口原产地证明以及其他法律、法规规定的经营许可证或者批准证件。

经营许可证或者有关批准文件，是持有人进行该项经济活动合法性的有效凭证。无之则属于非法经营。一些不法分子本来没有经营国家限制买卖物品的资格，无法获取有关经营许可证件或者批准文件，便从他人处购买甚或伪造经营许可证或批准文件，企图逃避检查、制裁。由此，买卖许可经营证件及批准文件的不法行为也应运而生。此种行为，直接促使了情节严重的非法经营国家限制买卖物品的活动泛滥，具有相当大的危害性，因此，亦应以刑罚予以惩治。进出口许可证，由国务院对外经济贸易管理部门及其授权机构签发，不仅是对外贸易经营者合法进行对外贸易活动的证明，也是国家对进出口货物、技术进行管理的一种重要凭证，如海关对进出口货物、技术查验放行时必须以此为依据。进出口原产地证明，是指用来证明进出口货物、技术原产地属于某国或某地区的有效凭证。其为进口国和地区视原产地不同征收差别关税和实施其他进口区别待遇的一种证明。

所谓其他法律、行政法规规定的经营许可证或者批准文件，一般是指对限制买卖物品的经营许可证件或批准文件。如烟草专卖许可证就是烟草专卖局颁发给企业单位和个人准许其经营烟草专卖品的证书，它包括烟草专卖生产许可证、烟草专卖经营许可证。所谓准运证，是由省级烟草公司根据烟草总公司的调拨计划、文件或合同而签发的办理烟草托运手续的证书。前者是领证单位或个人从事烟草专卖业务的资料证明文件，是区分烟草行业合法经营和非法经营的重要凭证。后者是领取单位或个人从事烟草运输合法与否的重要凭证，国家主管部门经审查批准后将上述证件发给单位和个人，以加强对烟草专卖品的生产、经营和运输的监督和统一管理。

3. 未经国家有关主管部门批准非法经营证券、期货、保险业务的，或者非法从事资金支付结算业务的。

4. 其他严重扰乱市场经济秩序的非法经营行为。主要包括以下行为方式：

①非法经营彩票；

②非法经营电信业务；

③非法经营出版物；

④在生产、销售的饲料中添加盐酸克伦特罗等禁止在饲料和动物饮用水中使用的物品；

⑤擅自设立互联网上网服务营业场所（即网吧）或者擅自从事互联网上网服务经营活动；

⑥非法买卖外汇。

（三）犯罪客体

本罪侵犯的客体是国家限制买卖物品和经营许可证的市场管理制度。

为保护买卖物品和进出口物品市场，国家实行上述物品的经营许可制度。其中进出口许可制度是经营许可制度的重要内容，买卖进出口许可证和进出口原产地证明的行为除侵犯了市场秩序外，还侵犯了对外贸易管理制度。根据《对外贸易法》的规定，国家实行统一的对外贸易制度，根据平等互利的原则，促进和发展同其他国家和地区的贸易关系。我国在对外贸易方面根据所缔结或者参加的国际条约、协定，给予其他缔约方、参加方或者根据互惠、对等原则给予对方最惠国待遇、国民待遇。任何国家或者地区在贸易方面对中华人民共和国采取歧视性的禁止、限制或者其他类似措施的，中华人民共和国可以根据实际情况对该国家或者该地区采取相应的措施，为了保证按照上述规定发展对外贸易，国家要求进出口货物必须提供原产地证明，对除法律规定的可以免领许可证的特殊情况以外，还须申请进出口许可证。因此，进出口原产地证明、进出口许可证必须是真实有效的，不允许进行伪造、变造。同时，进出口原产地证明、进出口许可证是针对特定进出口人的特定进出口贸易而使用的，不允许进行买卖。买卖进出口原产地证明、进出口许可证，会扰乱国家的对外贸易秩序，因此必须予以惩治。

（四）犯罪主观方面

本罪的主观方面表现为故意，并且具有谋取非法利益的目的。如果行为人没有以谋取非法利益为目的，而是由于不懂法律、法规，买卖经营许可证的，不应当以本罪论处，应当由主管部门对其追究行政责任。需要说明的是，虽然非法经营一般都是以牟利为目的，但行为人最终是否牟利并不影响本罪的构成。

三、刑事立案追诉标准

根据《最高人民检察院、公安部关于公安机关管辖的刑事案件立案追诉标准的规定（二）》第七十九条的规定，非法经营罪的立案追诉标准（达到情节严重的标准）如下：

（一）违反国家有关盐业管理规定，非法生产、储运、销售食盐，扰乱市场秩序，具有下列情形之一的：

1. 非法经营食盐数量在 20 吨以上的；

2. 曾因非法经营食盐行为受过二次以上行政处罚又非法经营食盐，数量在 10 吨以上的。

（二）违反国家烟草专卖管理法律法规，未经烟草专卖行政主管部门许可，无烟草专卖生产企业许可证、烟草专卖批发企业许可证、特种烟草专卖经营企业许可证、烟草专卖零售许可证等许可证明，非法经营烟草专卖品，具有下列情形之一的：

1. 非法经营数额在 5 万元以上，或者违法所得数额在 2 万元以上的；

2. 非法经营卷烟 20 万支以上的；

3. 曾因非法经营烟草专卖品三年内受过二次以上行政处罚，又非法经营烟草专卖品且数额在 3 万元以上的。

（三）未经国家有关主管部门批准，非法经营证券、期货、保险业务，或者非法从事资金支付结算业务，具有下列情形之一的：

1. 非法经营证券、期货、保险业务，数额在30万元以上的；

2. 非法从事资金支付结算业务，数额在200万元以上的；

3. 违反国家规定，使用销售点终端机具（POS机）等方法，以虚构交易、虚开价格、现金退货等方式向信用卡持卡人直接支付现金，数额在100万元以上的，或者造成金融机构资金20万元以上逾期未还的，或者造成金融机构经济损失10万元以上的；

4. 违法所得数额在5万元以上的。

（四）非法经营外汇，具有下列情形之一的：

1. 在外汇指定银行和中国外汇交易中心及其分中心以外买卖外汇，数额在20万美元以上的，或者违法所得数额在5万元以上的；

2. 公司、企业或者其他单位违反有关外贸代理业务的规定，采用非法手段，或者明知是伪造、变造的凭证、商业单据，为他人向外汇指定银行骗购外汇，数额在500万美元以上或者违法所得数额在50万元以上的；

3. 居间介绍骗购外汇，数额在100万美元以上或者违法所得数额在10万元以上的。

（五）出版、印刷、复制、发行严重危害社会秩序和扰乱市场秩序的非法出版物，具有下列情形之一的：

1. 个人非法经营数额在5万元以上的，单位非法经营数额在15万元以上的；

2. 个人违法所得数额在2万元以上的，单位违法所得数额在5万元以上的；

3. 个人非法经营报纸5000份或者期刊5000本或者图书2000册或者音像制品、电子出版物500张（盒）以上的，单位非法经营报纸15000份或者期刊15000本或者图书5000册或者音像制品、电子出版物1500张（盒）以上的；

4. 虽未达到上述数额标准，但具有下列情形之一的：

（1）两年内因出版、印刷、复制、发行非法出版物受过行政处罚二次以上的，又出版、印刷、复制、发行非法出版物的；

（2）因出版、印刷、复制、发行非法出版物造成恶劣社会影响或者其他严重后果的。

（六）非法从事出版物的出版、印刷、复制、发行业务，严重扰乱市场秩序，具有下列情形之一的：

1. 个人非法经营数额在15万元以上的，单位非法经营数额在50万元以上的；

2. 个人违法所得数额在5万元以上的，单位违法所得数额在15万元以上的；

3. 个人非法经营报纸15000份或者期刊15000本或者图书5000册或者音像制品、电子出版物1500张（盒）以上的，单位非法经营报纸5万份或者期刊5万本或者图书15000册或者音像制品、电子出版物5000张（盒）以上的；

4. 虽未达到上述数额标准，但两年内因非法从事出版物的出版、印刷、复制、发行业务受过行政处罚二次以上的，又非法从事出版物的出版、印刷、复制、发行业务的。

（七）采取租用国际专线、私设转接设备或者其他方法，擅自经营国际电信业务或者涉港澳台电信业务进行营利活动，扰乱电信市场管理秩序，具有下列情形之一的：

1. 经营去话业务数额在100万元以上的；

2. 经营来话业务造成电信资费损失数额在100万元以上的；

3. 虽未达到上述数额标准，但具有下列情形之一的：

（1）两年内因非法经营国际电信业务或者涉港澳台电信业务行为受过行政处罚二次以上，又非法经营国际电信业务或者涉港澳台电信业务的；

（2）因非法经营国际电信业务或者涉港澳台电信业务行为造成其他严重后果的。

（八）从事其他非法经营活动，具有下列情形之一的：

1. 个人非法经营数额在5万元以上，或者违法所得数额在1万元以上的；

2. 单位非法经营数额在50万元以上，或者违法所得数额在10万元以上的；

3. 虽未达到上述数额标准，但两年内因同种非法经营行为受过二次以上行政处罚，又进行同种非法经营行为的；

4. 其他情节严重的情形。

为依法惩治非法放贷犯罪活动，切实维护国家金融市场秩序与社会和谐稳定，有效防范因非法放贷诱发涉黑涉恶以及其他违法犯罪活动，保护公民、法人和其他组织合法权益，2019年10月21日实施的《最高人民法院、最高人民检察院、公安部、司法部关于办理非法放贷刑事案件若干问题的意见》，对非法放贷行为以非法经营罪定罪处罚。因此，企业之间资金拆借时，应关注相关行为，不要因出借资金陷入非法经营。

我国《刑法》之所以设立“非法经营罪”这个罪名，确实是从实际出发的，是国情使之然也。其奥妙即在《刑法》第二百二十五条规定：“违反国家规定，有下列非法经营行为……”据此，“违反国家规定”是构成本罪的前置要件，因为所谓的“非法经营”实质上是违反“国家规定”；但是对该“国家规定”的范围，无论是理论界还是实务界，至今没能达成完全一致的意见。主要有两种观点：限制解释论者认为，犯罪与刑罚只能由“法”来规定，而这里的“法”应当是指刑事基本法即全国人大及其常委会依法制定的法律，不应包括行政法规更不能囊括行政措施、行政命令。扩张解释论者则认为，“国家规定”的制作主体不限于全国人大及其常委会和国务院，国务院所属部门制定的规范性文件也应当属于该规定之中“国家规定”的范围。

笔者认为，现行《刑法》第九十六条已经对这一问题作出了明确规定：“本法所称违反国家规定，是指违反全国人民代表大会及其常务委员会制定的法律和决定，国务院制定的行政法规、规定的行政措施、发布的决定和命令。”因此，在追究被告人非法经营罪刑事责任时，必须明确被告人所违反的具体的国家规定的制作主体限于上述三个机关。除此之外，任何机关所发布的规范性文件均不能作为追究被告人非法经营罪刑事责任的依据，这有助于防止部门保护主义和地方保护主义对刑事司法的恣意侵袭。换言之，在裁判文书尤其是判决书的释法说理中，应当明确指出行为人所违反的“国家规定”系属现行《刑法》第九十六条之中的“国家规定”。

更直白一点解释，因为某种需要某些流通领域实行“专营”制度，或者限制性经营或曰“特许经营”，最为常见的是烟酒专营，食盐生产、销售许可，银行、证券等实行特许经营。专营、特许经营等特别经营活动，开业之前应当依法取得经营特许，未取得经营特许擅自经营，即涉嫌违法；情节严重的，则可能涉嫌刑事犯罪。

四、量刑标准

根据《刑法》第二百二十五条的规定，违反国家规定，有下列非法经营行为之一，扰乱市场秩序，情节严重的，处五年以下有期徒刑或者拘役，并处或者单处违法所得一倍以上五倍以下罚金；情节特别严重的，处五年以上有期徒刑，并处违法所得一倍以上五倍以下罚金或者没收财产：

（一）未经许可经营法律、行政法规规定的专营、专卖物品或者其他限制买卖的物品的；

（二）买卖进出口许可证、进出口原产地证明以及其他法律、行政法规规定的经营许可证或者批准文件的；

（三）未经国家有关主管部门批准非法经营证券、期货、保险业务的，或者非法从事资金支付结算业务的；

（四）其他严重扰乱市场秩序的非法经营行为。

单位犯本罪的，对单位判处罚金，并对其直接负责的主管人员和其他直接责任人员，依照上述规定处罚。

需要提醒的是，关于“情节特别严重的”，我国法律并未规定统一的标准，主要散见于相关司法解释或规定中。

第二节 典型案例精析

连某伦等人非法经营案[①]

△基本案情

2013年3月至10月，连某伦为谋取非法利益，在未取得食盐生产、销售许可证的情况下，购进4000余吨工业盐灌装生产成假冒加碘食盐予以销售；王某华、连某雄、曹某、高某某、曹某华、羿某某、阮某某、左某某、王某、

① 案号：（2015）益法刑二终字第5号。

向某祥、乔某菊、程某琼、罗某�明知连某伦用工业盐灌装生产假冒加碘食盐，仍受雇为连某伦管理仓库、运输货物、装卸搬运、灌装封口等；黄某、申某华、王某兴以明显低于市场的价格从连某伦处购进假冒“雪天牌”加碘食盐予以销售；陈某明、林某国为谋取利益，伪造“雪天牌”注册商标的包装袋。具体犯罪事实如下：

2013年3月至10月，连某伦多次从江西省樟树市徐某发（另案处理）处以280元/吨到305元/吨的价格购进工业盐，将购盐款汇至徐某发在江西樟树农村信用社开户的卡上，共计汇款61笔，金额达1224970元，涉案工业盐4000余吨。连某伦分别在长沙市雨花区圭塘社区、黎托街道川河村和长沙县黄兴镇开元东路、金凤村租赁四个仓库，并自购封口机、打包机、流水作业机等设备，从胡某全（已死亡）处购进假冒“雪天牌”注册商标的外包装箱和编织袋，雇用工人秘密灌装生产假冒“雪天牌”加碘精制食盐，销售给陈某乐、龚某、聂某军（均已判刑）及黄某、申某华、王某兴等人。

2013年9月开始，王某华以6000元/月的薪资帮助连某伦管理金凤村仓库，主要负责聘请工人、清点从江西运来的工业盐数量等工作。

2013年3月开始，连某雄以3000元/月的薪资帮助连某伦管理圭塘仓库，接送搬运工到仓库卸盐，负责清点数量，送包装袋、包装盒等到仓库供工人包装使用等工作。

2013年3月开始，曹某以连某伦与客户联系，他负责送货的方式，分别以80元/车和130元/车的价格，驾驶货车从川河仓库和开元路仓库为连某伦运送灌装好的假冒“雪天牌”食盐到长沙高桥市场和马王堆市场等地。

2013年7月、8月开始，高某某、曹某华和谢某明（另案处理）在川河仓库、圭塘仓库、开元路仓库装卸工业盐600余吨，以12元/吨计酬；2013年9月开始，在川河仓库改包、灌装、封口成约50千克/件的假冒“雪天牌”食盐约700件，以1.4元/件计酬。

2013年8月开始，阮某某、羿某某、左某某在圭塘仓库把工业盐灌装成350克/袋的假冒“雪天牌”加碘精制食盐，再装成49千克/件，每天可生产约100件，以4元/件计酬。

2013年9月开始，王某、向某祥、乔某菊、程某琼、罗某筠在开元路仓库把工业盐灌装成350克/袋或400克/袋的假冒“雪天牌”加碘精制食盐，再装入24.5千克的编织袋或20千克的纸箱，共计约224吨，以80元/吨计酬。

2013年7月，黄某两次将70件（约1.75吨）假冒“雪天牌”加碘精制食盐以60元/件的价格销售给黄某，得款4200元；2013年8月至9月，黄某分两次将50件（约0.8吨）假冒“雪天牌”加碘精制食盐以65元/件的价格销售给张某如（绰号“棚子”），得款3250元。

2013年11月15日，申某华将5件（约0.125吨）假冒“雪天牌”加碘精制食盐以480元的价格销售给湖南农业大学食堂。

2013年8月至9月，王某兴分别将2件（约50千克）和1件（约25千克）假冒“雪天牌”加碘精制食盐以85元/件的价格销售给何某智和魏某红，得款255元。另公安机关依法扣押王某兴11袋（350克/袋）成品盐。

2013年8月，林某国未经授权，生产印有“雪天牌”商标标识的编织袋，以1.15元/个的价格销售30000多个给陈某明，陈某明继而将以上编织袋以1.35元/个的价格销售给胡某全，胡某全再将编织袋全部销售给连某伦。

2013年10月31日，益阳市公安局赫山分局民警在连某伦处依法扣押包装纸箱、小包装袋、打包机、封口机、灌装机、电子秤，扣押工业盐4871件（50千克/件）、成品纸箱盐366箱（20千克/箱）、成品袋装盐559件（24.5千克/件）、非加碘食盐311件（50千克/件）。经鉴定，被扣押的包装纸箱和包装袋标注的“雪天牌”商标与第538055号雪天注册商标构成相同。经检验，被扣押的盐均未检出碘成分，不符合食盐标准，符合工业盐标准。经湖南省疾病预防控制中心证实，缺碘盐足以引起多种严重食源性疾病。

另查明，林某国已赔偿湖南盐业股份有限公司36万余元，该公司不再追究林某国的商标侵权赔偿责任。

△裁判结果

连某伦犯非法经营罪，判处有期徒刑十年，并处罚金50万元；王某华、连某雄犯非法经营罪，判处有期徒刑五年，并处罚金10万元；曹某犯非法经营罪，判处有期徒刑三年，缓刑四年，并处罚金5万元；高某某、曹某华犯非法经营罪，判处有期徒刑二年，缓刑二年六个月，并处罚金3万元；羿某某、阮某某、左某某犯非法经营罪，判处有期徒刑一年六个月，缓刑二年，并处罚金2万元；王某、向某祥、乔某菊、程某琼犯非法经营罪，判处有期徒刑一年三个月，缓刑一年六个月，并处罚金2万元；罗某筠犯非法经营罪，判处有期徒刑一年，缓刑一年三个月，并处罚金2万元；黄某犯销售不符合安全标准的食品罪，判处有期徒刑一年三个月，缓刑一年六个月，并处罚金3万元；申某华犯销售不符合安全标准的食品罪，判处有期徒刑九个月，缓刑一年，并处罚金2万元；王某兴犯销售不符合安全标准的食品罪，判处有期徒刑七个月，缓刑一年，并处罚金2万元；陈某明犯销售非法制造的注册商标标识罪，判处有期徒刑九个月，缓刑一年，并处罚金2万元；林某国犯非法制造、销售非法制造的注册商标标识罪，判处罚金3万元；对本案所扣押假冒注册商标包装箱和包装袋、工业盐、不符合安全标准的食盐等物品依法予以没收，上缴国库。

△评析

本案涉及的是行为人在未取得食盐生产、销售许可证的情况下，购进工业盐灌装生产假冒加碘食盐，予以销售，是否构成非法经营罪的问题。

根据《刑法》第二百二十五条的规定，违反国家规定，未经许可经营法律、行政法规规定的专营、专卖物品或者其他限制买卖的物品，扰乱市场秩序，情节严重的，处五年以下有期徒刑或者拘役，并处或者单处违法所得一倍以上五倍以下罚金；情节特别严重的，处五年以上有期徒刑，并处违法所得一倍以上五倍以下罚金或者没收财产。根据《最高人民检察院、公安部关于公安机关管辖的刑事案件立案追诉标准的规定（二）》第七十九条第一项的规定，违反国家有关盐业管理规定，非法生产、储运、销售食盐，扰乱市场秩序，及非法经营食盐数量在20吨以上的，应予立案追诉。

本案中，连某伦、王某华、连某雄、曹某、高某某、曹某华、羿某某、阮某某、左某某、王某、向某祥、乔某菊、程某琼、罗某筠勾结成一个以连某伦为首的非法制售假冒加碘食盐的团伙，2013年3月至10月，为谋取非法利益，在未取得食盐生产、销售许可证的情况下，购进4000余吨工业盐灌装生产成包装纸箱和包装袋标注的“雪天牌”商标的假冒加碘食盐，予以销售。其行为不仅触犯《刑法》第二百二十五条的规定，构成非法经营罪；而且还触犯第一百四十三条的规定，构成销售不符合安全标准的食品罪；同时还触犯第二百一十五条的规定，构成销售非法制造的注册商标标识罪。在普通人看来，该犯罪行为应当数罪并罚，但是，按照刑法中的禁止重复评价原则，遵从“法条竞合”处理模式之中“重罪吸收轻罪”的处理方式，裁判者以连某伦犯非法经营罪为由，判处有期徒刑十年，并处罚金50万元，应当是考虑到了其犯罪行为的特殊性。对其他跟随者、合作者，依法据实分别判处非法经营罪、销售不符合安全标准的食品罪、销售非法制造的注册商标标识罪，大抵“认定事实清楚，适用法律正确”。

从本案中可知，本罪犯罪主体不一定是生产者，还包括受雇者、储运者与销售者。相关行为人、责任人如何防范“连带犯罪”呢？建议如下：

1. 究明合作者、雇主所为何事，经营活动是否在法律许可的范围。如果合作者、雇主经营活动不在法律许可的范围，则应当立即“悬崖勒马”，断然拒绝。现实生活中，很多人确实是稀里糊涂地被带到了“沟里”，感觉到不对劲时，却又不知如何是好，缺乏相应的识别能力、判断能力和沟通能力与知错即改的道德自律勇气，如此这般迷迷糊糊地走在了违法犯罪的道路之上，而不自知；直到东窗事发，才捶胸顿足，却悔之晚矣！

2. 至于究明的路径，其实并不困难。现在已经是信息社会，将合作者、雇主所经营的商品、服务输入搜索，将搜索结果即相关官方信息与合作者、雇主所经营的商品、服务之相关信息进行比对，即可查明合作者、雇主所经营的商品、服务之真与假、合法与不合法。

3. 如果与网上官方信息比对，无从查明合作者、雇主所经营的商品、服务之真与假、合法与不合法，则须与合作者、雇主进行面对面的核实与查询，要求合作者、雇主出示相关证照、文件等资质证明、资格证明，等等。

4. 本书推崇日本近代工商业之父涩泽荣一先生的“经营哲学”“商业哲学”，尤其喜欢传播、推广其代表作《论语与算盘》。其核心理念与中华传统文化基本理念之一“君子爱财，取之有道”有异曲同工之妙。

第三节　刑事法律风险防控措施

本罪是从计划经济时代的投机倒把罪转变而来的，立法本意应限于保护国家的特许经营制度，但因立法上存在“其他非法经营行为”兜底性条款的设置以及“违反国家规定”条件的设定，使得本罪在实务中常沦为打击企业家的

“口袋罪”。就指向的明确性而言，本罪确实不如其他罪名明确。但是，在现行刑法的框架下，本罪确实是企业易发、高发的罪名之一，稍有不慎，就可能触犯本罪。如何有效防控本罪之刑事法律风险呢？建议如下：

一、需一定资质才能经营的业务，应当熟悉相关法律、法规

对于烟、酒、盐等专营品或者需要一定资格才能经营的业务，预防本罪的关键是在开展此项业务前，先对这一领域的法律法规进行深入了解、学习，明确准入资格以及经营要求。如果是国家禁止经营的业务，那么企业不宜继续从事该类业务的经营；如果是国家限制经营的业务，那么就要及时按照设定这一限制的相关规范的要求，到规定的部门办理审批手续。近几年，随着中央简政放权的实施，有部分许可事项由原来的前置审批变成了后置审批，也有部分许可事项被依法取消或者被下放。这就要求企业在合法性审查过程中，对法律及相关政策的动向应当予以高度关注，对于已经取消的许可事项，可以不必再办理审批手续；对于下放或者前置改后置的许可事项，要根据具体情况及时到规定的部门依法办理相关审批手续。

实务中，大部分被查处的非法经营行为都是因为企业经营者法律知识欠缺，不了解最新法律规定而导致的，很多人在被公安机关抓获后还不明白自己的行为触犯刑法。因此，企业经营者只有重视相关法律知识学习，提高风险防范意识，才能防患于未然。

二、不要擅自扩大或改变经营范围

对于从事专卖、特许经营的企业，应当在法律授权的范围内进行经营，不要擅自扩大或改变经营范围。因业务发展，确实需要变更经营范围时，要多向有关部门咨询，必要时可考虑聘请专业律师进行把关。

三、注意“大家都在做”不能成为阻却本罪的理由

实务中，如个别购物刷单平台、删除负面评价、POS 机套现融资等新兴业

务模式触犯本罪的案件频发。案发后，较多人都以“大家都在做”为由提出无罪抗辩，但“法不责众”并不能成为阻却本罪认定的理由。需要提醒的是，本罪是“口袋罪”，具有不可预测性，对于新兴业务模式是否触犯本罪，司法实务中争议较大。因此，当企业经营者决定开展新的业务领域时，建议聘请专业刑事律师进行合规把关，以避免涉刑风险。

另外，企业经营者要关注与本企业业务相关的最新法律动态，对与法律法规不符的制度或行为要及时进行修正。

四、知错就改，避免刑事风险的发生

本罪为结果犯，需要达到一定的危害结果，且情节严重才构成犯罪，如非法经营烟草专卖品，非法经营数额在五万元以上或者违法所得数额在二万元以上才达到本罪的追诉标准。因此，当企业发现当下经营业务有可能触犯本罪时，应立即暂停经营并进行合法性审查，以降低触犯本罪的刑事风险。经营行为难以把握的，可聘请专业律师在尽职调查的基础上出具书面的法律意见。

总之，企业经营者经营行为如果太过大胆，那刑事风险可能就会随之而来；但如果企业的经营太过保守，又可能会失去很多商机。因此，建议企业经营者平时要多研究与本企业相关的最新法律、政策，在各个规定之间寻求最适合本公司的生存之道。

第二十一章 职务侵占罪

第一节 罪名概述

一、职务侵占罪的概念

职务侵占罪，是指公司、企业或者其他单位的人员利用职务上的便利，将本单位财物非法占为己有，数额较大，触犯《刑法》第二百七十一条的行为。

本罪是传统型职务犯罪之一，也是实务中较为常见的一种涉财型职务犯罪。本罪在客观表现形式上与众所周知的贪污罪极为相似，都是利用职务便利中饱私囊的行为，只是犯罪主体有所区别。从立法过程上看，本罪是由贪污罪分化而来的。从犯罪构成上看，两者的相同点是：主观方面均由故意构成；客观方面都表现为利用职务上的便利；在行为上都表现为以盗窃、骗取、侵吞或其他非法手段占有公共财物的行为。

但是，本罪与贪污罪又有明显不同，具体表现在以下几方面：

1. 主体要件不同，这是职务侵占罪和贪污罪最主要、最本质的区别。本罪的主体是公司、企业或者其他单位的人员。无论是股份有限公司、有限责任公司，还是国有公司、企业、私营企业等中不具有国家工作人员身份的一切职工都可成为本罪的主体，贪污罪的主体则只限于国家工作人员。

2. 情节要件的要求不同。本罪的构成必须是侵占公司、企业财物数额较大的行为，数额较小的不构成犯罪；但法律对贪污罪没有规定数额的限制。当然如果犯罪数额较小，情节显著轻微危害不大的贪污行为不应认为是犯罪。

3. 犯罪对象不同。本罪的对象必须是自己职权范围内或者是工作范围内经营的本单位的财物，它既可能是公共财物，也可能是私有财物。而贪污罪则只能是公共财物。

4. 犯罪行为不同。本罪是利用职务的便利，侵占本单位财物的行为。而贪污罪是利用职务上的便利侵吞、盗窃、骗取公共财物的行为。

5. 法定刑上有所不同。本罪的最高法定刑只有15年有期徒刑，而贪污罪的最高法定刑为死刑，根据《刑法》第三百八十三条的规定，贪污罪一般以5000元作为追究刑事责任的数额起点，对不满5000元、情节较重的，也可以追究刑事责任。

二、犯罪构成要件

（一）犯罪主体

本罪犯罪主体为特殊主体，包括公司、企业或者其他单位的非国家工作人员。

公司是指有限责任公司和股份有限公司。企业是指除上述公司以外的其他依法设立的以获取经济利益为目的的具有法人资格的组织，如集体所有制企业、私营企业、中外合资企业、中外合作企业、外资企业等。“其他单位”是指除上述公司、企业以外的社会团体或经济组织。

具有国家工作人员身份的人员，不能成为本罪的主体。凡具有国家工作人员身份的人员，利用职务或者工作上的便利，侵占本单位的财物的，应依照贪污罪的规定处罚。这里所说的“国家工作人员”是指在国有公司、企业或者其他公司、企业中行使管理职权，包括受国有公司、国有企业委派或者聘请，作为国有公司、国有企业代表，在中外合资、合作、股份制公司、企业等非国有公司企业中，行使管理职权，并具有国家工作人员身份的人员。

（二）犯罪客观方面

本罪在客观方面表现为行为人利用职务上的便利，将本单位财物非法据为己有，数额较大的行为。具体而言，包括以下三个方面：

1. 利用自己职务上的便利

利用职务上的便利，是指利用职权及与职务有关的便利条件。行为人之所以能够顺利实施该行为，是由于其职务上具有便利条件。职权，是指本人职务、岗位范围内的权力。与职务有关的便利条件，是指虽然不是直接利用职务或岗位上的权限，但却利用了本人的职权或地位所形成的便利条件，或通过其他人员利用职务或地位上的便利条件。

2. 有将本单位财物非法占为己有的行为

实务中，“侵占行为”主要表现为采用侵吞、窃取、骗取等各种手段将本单位财物“化”为私有、己有。如公司董事长将自己所占有的单位房屋、汽车等财产谎称自有，标价出售；公司经理以其具有审批使用公司财物的权力侵占公司财物；营销总监利用签订业务合同与对方相互串通，故意抬高合同标的价格，然后将钱款占为己有或私分；公司采购人员以少买多报占有购货款等，这些都是本罪的客观表现形式。需要提醒的是，非法占有的财物若不是本单位的，不构成本罪。如行为人利用职务上的便利，将本单位其他员工持有的本单位财物盗走而据为己有的，不能按本罪处罚。

3. 非法占有的财物需达到数额较大的程度

“数额较大”，是指行为人侵占本单位财物行为的社会危害性已经达到应追究刑事责任的数额标准。如果仅有非法侵占公司、企业及其他单位财物的行为，但没有达到数额较大的标准，则也不能构成本罪。

（三）犯罪客体

本罪侵犯的客体是公司、企业或者其他单位的财产所有权。

本单位财物，包括动产和不动产，不仅指已在公司、企业、其他单位占有、管理之下的钱财，而且也包括本单位有权占有而未占有的财物，如公司、企业或其他单位拥有的债权。就财物的形态而言，犯罪对象包括有形物和无形物，如货币、厂房、设备、汽车、电力、煤气、天然气、库存商品、工业产权、非专利技术以及土地使用权，等等。

（四）犯罪主观方面

本罪的主观方面表现为直接故意，且具有非法占有的目的。即行为人明知自己的行为会发生侵害单位财产的危害后果，仍希望这种危害后果的发生。如果行为人实际上虽然具有占有行为，但仅是非法出借或者短时间的暂时挪用，则不构成本罪。

需要说明的是，间接故意与过失不构成本罪。

三、刑事立案追诉标准

根据《最高人民检察院、公安部关于公安机关管辖的刑事案件立案追诉标准的规定（二）》第八十四条的规定，公司、企业或者其他单位的人员，利用职务上的便利，将本单位财物非法占为己有，数额在五千元至一万元以上的，应予立案追诉。

但是，根据2016年颁布的《最高人民法院、最高人民检察院关于办理贪污贿赂刑事案件适用法律若干问题的解释》第十一条第一款的规定，《刑法》第一百六十三条规定的非国家工作人员受贿罪、第二百七十一条规定的职务侵占罪中的“数额较大”“数额巨大”的数额起点，按照本解释关于受贿罪、贪污罪相对应的数额标准规定的二倍、五倍执行。根据该司法解释第一条第一款规定，贪污或者受贿数额在3万元以上不满20万元的，应当认定为《刑法》第三百八十三条第一款规定的“数额较大”。因此，构成职务侵占罪数额较大的标准已经提高到6万元以上。根据该司法解释第二条第一款规定，贪污或者受贿数额在20万元以上不满300万元的，应当认定为《刑法》第三百八十三条第一款规定的“数额巨大”。因此，构成职务侵占罪数额巨大的标准为100万元以上。

四、量刑标准

根据《刑法》第二百七十一条第一款的规定，公司、企业或者其他单位的工作人员，利用职务上的便利，将本单位财物非法占为己有，数额较大的，处三年以下有期徒刑或者拘役，并处罚金；数额巨大的，处三年以上十年以下有期徒刑，并处罚金；数额特别巨大的，处十年以上有期徒刑或者无期徒刑，并处罚金。

根据《最高人民法院、最高人民检察院关于办理贪污贿赂刑事案件适用法律若干问题的解释》第十一条第一款的规定，数额较大是指6万元以上不满100万元；数额巨大是指100万元以上。

第二节 典型案例精析

刘某某职务侵占案①

△基本案情

一、2009年刘某某、陈某某（另案处理）成立某水泥有限责任公司（以下简称水泥公司）后，某县政府为了扶持该项目，拨专款为其配套建设110kV输变电工程。2010年8月31日，水泥公司与某高新电业股份有限公司（以下简称高新电业）签订《某县某公司110kV输变电工程总承包合同》，该工程造价1969万元（其中某县政府承担90%的费用）。2011年5月16日，某集团公司对水泥公司进行控股，收购其51%的原始股。

某县财政局将于2011年6月22日向水泥公司拨付《某县某公司110kV输变电工程总承包合同》中建设的第三笔专款532万元。刘某某、陈某某乘某集团公司派驻财务人员暂未全面接手工作之机，利用二人分别担任水泥公司总经理、副总经理的职务便利，先期于6月17日安排会计易某某（另案处理）在农业银行某分理处开设水泥公司某账户。然后向某县财政局申请将专款532万元打至该账户，继而将532万元据为己有。之后，刘某某、陈某某再分13笔将532万元全部用于支付个人消费及偿还个人债务，并将需要支付给高新电业的工程款转嫁到某集团公司控股后的水泥公司承担。

二、某县政府为支持水泥公司建设，决定拨专款用于其收购矿山作为生产

① 案号：（2016）湘02刑终81号。

原材料保障。为此，某县财政局于2011年向水泥公司拨款1495万元用于收购矿山，并配套给水泥公司。刘某某、陈某某、文某在收购矿山的过程中，利用刘某某、陈某某分别担任某公司副董事长、副总经理的职务便利，安排文某（另案处理）具体负责矿山收购事宜。刘某某、陈某某、文某三人利用职务便利，刻意隐瞒矿山收购清单。将矿山收购过程中，马某石料矿、磊某石料矿、某兴石料矿、毛某石料矿四个矿上收购的四台铲车，予以私自变卖处理。其中：马某石料矿上一台30型铲车以4万元价格卖给刘某，磊某石料矿上一台30型铲车以3.6万元价格卖到某镇上，某兴石料矿和毛某石料矿各有一台50型铲车，通过龙某某以18.8万元的价格卖给他人。四台铲车变卖后，所得赃款26.4万元，被刘某某、陈某某、文某三人私分，每人非法获利8.8万元。

在法院审理过程中，刘某某认为其占有第一笔款项532万元不构成职务侵占罪，理由是如果其要侵占这532万元，就不会将该账户移交给某集团公司派驻水泥公司的财务人员，而是应当及时注销账户；若要侵占这532万元，就不会为水泥公司支付18万元应付账款；若要侵占这532万元，刘某某、陈某某在经济困难时就应要求水泥公司偿还其占用的510万元，或者发现该510万元被计入个人资本公积金后也不会提出核减。

△裁判结果

刘某某占有第一笔款项532万元不构成职务侵占罪；刘某某占有第二笔款项26.4万元构成职务侵占罪，判处其有期徒刑五年。①

△评析

本案主要涉及的是刘某某占有上述两笔共558.4万元款项，是否构成职务侵占罪的问题。

根据《刑法》第二百七十一条第一款的规定，公司、企业或者其他单位的工作人员，利用职务上的便利，将本单位财物非法占为己有，数额较大的，处三年以下有期徒刑或者拘役，并处罚金；数额巨大的，处三年以上十年以下有期徒刑，并处罚金；数额特别巨大的，处十年以上有期徒刑或者无期徒刑，并处罚金。根据《最高人民法院、最高人民检察院关于办理贪污贿赂刑事案件适

---

① 本案发生在《中华人民共和国刑法修正案（十一）》颁布前，当时本罪名数额较大的法定最高刑为五年。

用法律若干问题的解释》第十一条规定，职务侵占案件数额较大的起点是人民币六万元。

本案中，刘某某占有第一笔款项532万元不构成职务侵占罪，理由如下：

1. 水泥公司占用了某集团公司付给刘某某和陈某某的510万元股权转让款，故水泥公司应当支付510万元本息给刘某某和陈某某。

2. 刘某某让陈某某安排水泥公司财务人员在农业银行某分理处开设账户，是为了帮该分理处主任唐某某的忙，并非为了侵占该532万元而特设账户。其后该账户移交给某集团公司派驻水泥公司的财务人员，直到2013年9月21日案发时仍在使用当中。

3. 刘某某、陈某某从水泥公司拿走了532万元中的514万元（另18万元用于支付水泥公司的应付账款）用于还债，拿走其应得股权转让款510万元的本息，其中36天的利息4万元（月利率0.65%）。

4. 刘某某让陈某某安排财务人员将这532万元中归还其和陈某某个人借款的付款凭证计入个人流水账。陈某某出于误解，安排财务人员将这532万元的所有收款、付账凭证均放在矿业公司财务保存。直到2013年6月水泥公司审计时，刘某某才发现财务人员的这种错误做法。

5. 510万元股权转让款被水泥公司财务计入刘某某、陈某某个人资本公积金，也是直到2013年水泥公司审计时刘某某才发现的。其后，刘某某立即书面报告会计师事务所，要求其从刘某某和陈某某个人资本公积金中核减这510万元。

综上所述，刘某某始终没有非法占有这532万元的故意。诚如刘某某所言，若要侵占这532万元，就不会将该账户移交给某集团公司派驻水泥公司的财务人员，而是应当及时注销账户；若要侵占这532万元，就不会为水泥公司支付18万元应付账款；若要侵占这532万元，刘某某、陈某某在经济困难时就应要求水泥公司偿还其占用的510万元，或者发现该510万元被计入个人资本公积金后也不会提出核减。一审法院的判决书也认定上述532万元不构成职务侵占罪。

刘某某占有第二笔款项26.4万元，构成职务侵占罪，理由如下：

1. 矿山被水泥公司收购后，原属于矿山的四台铲车已经成为水泥公司的财物。

2. 刘某某等三人故意隐瞒四台铲车属于水泥公司的事实，私自将铲车变卖，并私分了26.4万元变卖款，各分得8.8万元，用于个人开支。

故刘某某等三人既具有非法占有的故意，又具有非法占有的行为，完全符合《刑法》第二百七十一条“公司、企业或者其他单位的人员，利用职务上的便利，将本单位财物非法占为己有”的规定，构成职务侵占罪。

从本案中可知，作为公司高级管理人员，一定要坚守法律的底线。不义之财，取之有害。刘某某伙同他人私分26.4万元，其个人只得了8.8万元。为了8.8万元，被判处五年有期徒刑，其教训不可谓不惨。

第三节　刑事法律风险防控措施

职务侵占罪是民营企业中较为高发的罪名，对于本罪的发生，笔者认为，原因主要有以下两点：一是我国民营企业没有完整的内部合规制度，很容易让员工利用可乘之机侵占公司的财产；二是民营企业家往往将企业财产视为个人私产，导致公私不分，易发生职务侵占。如何防范本罪呢？笔者建议如下：

一、加强刑事法律知识的学习

企业大股东或者实际控制人应当认真学习《刑法》关于职务侵占罪的规定，树立守法意识，依法进行生产经营。根据《公司法》的规定，公司的财产与资金属于公司所有，只有公司才能处置自己的财产。而公司处置财产与资金，依法要经过股东会或董事会的决议形成公司意志，任何人都不能仅凭个人意志处分公司财产成为自己的财产，否则就有犯罪之嫌。实务中，管理不规范的企业大股东或者实际控制人比较容易触犯本罪，因为其依职权可任意处置公司的财产，如用公司的钱给自己购买房产、车辆等。需要特别提醒的是，一人公司的股东也不能将公司财产与个人财产混同。如果出现财产混同的情况，轻则股东要以个人财产对公司债务承担连带责任，重则有可能触犯本罪。尤其是当公司经营状况恶化时，一人公司股东将公司财产转为个人财产的，体现非法侵占意图，情节严重的，一般可认定构成本罪。

二、严格遵守公司规章制度，不做“损公肥私”的事情

实务中，中小企业因为没有完整的规章制度，员工很容易利用公司的制度漏洞侵占公司的财产。作为企业管理人员，一定要以身作则，带头遵守公司的规章制度。否则，天天琢磨如何利用职权将公司财产变成自己的财富，在“拿了也没事”的错误认识下，企业管理人员将由“小贪”变成“大贪”，不知不觉地走上犯罪的歧途，一旦东窗事发，将面临牢狱之灾。

三、避免因管理财物不当或账目不清而入罪

实务中，有的企业管理人员主观上没有犯罪故意，但面临刑事指控时往往想不起当初是如何操作的，无法举证反驳指控。如有的对自己管理的公司票据不及时收集或填写不规范，导致票据有涂改、虚报价格等，从而被认定为骗取公司财产；有的将自己依法管理的公司财物擅自赠与他人，从而被认定为侵吞公司财产。因此，企业管理人员在日常经营过程中，对管理财物与账目一定要规范，确保所有财物、资金的进出都有书面凭据。

四、保留原始证据

实务中，职务侵占的事情之所以被公安机关知晓，一般均源于股东或企业管理人员的内部矛盾，彼此相互举报，存在较大的人为报复因素。俗话说：“害人之心不可有，防人之心不可无。”如果企业管理人员在工作中得罪人被恶意举报，如果没有证据证明自己的清白，将会很被动。因此，企业管理人员在平时工作中，对于涉及重大财物事务的处理，应尽量采取书面方式进行，并保留好相关原始证据。例如，财务总监因资金紧张向公司借钱，要给公司出具借条，明确还款期限等。

第二十二章
拒不执行判决、裁定罪

第一节　罪名概述

一、拒不执行判决、裁定罪的概念

拒不执行判决、裁定罪，是指对人民法院的判决、裁定有能力执行而拒不执行，情节严重，触犯《刑法》第三百一十三条的行为。

我国《刑法》对本罪的设立，主要是为解决人民法院执行难问题。司法实务中，较多已胜诉的案件执行十分困难，如被执行人难找、执行财产难寻、协助执行人难求、应执行财产难动等。究其原因，很大程度上是由于很多被执行人法制观念淡薄，较多人以为逃债或拒不履行法院生效判决确定的债务只是普通的民事案件，不会触犯刑法，这个错误认识导致众多被执行人拒不配合，甚至胆敢公然拒不执行判决、裁定。

二、犯罪构成

（一）犯罪主体

本罪的犯罪主体为特殊主体，主要是指有义务执行判决、裁定的自然人和单位。对判决、裁定负有协助执行义务的某些特定个人，也可以成为本罪的主体。

负有执行人民法院判决、裁定义务的单位直接负责的主管人员和其他直接责任人员，为了本单位的利益实施拒不执行判决、裁定的行为，造成特别严重后果的，对该主管人员和其他直接责任人员按相关条款规定判处刑罚。

（二）犯罪客观方面

本罪在客观方面表现为有能力执行而拒不执行人民法院的生效判决和裁定，情节严重的行为。

有能力执行，是指根据人民法院查实的证据证明，负有执行人民法院判决、裁定义务的人有可供执行的财产或者具有履行特定行为义务的能力。行为人在人民法院的判决、裁定生效后，为逃避义务，采取隐藏、转移、变卖、赠送、毁损自己财物而造成无法履行的，仍应属于有能力执行，构成犯罪的，应以本罪论处。

拒绝执行，是指对人民法院生效裁判所确定的义务采取各种手段而拒绝履行。行为人既可以采取积极的作为方式，如殴打、捆绑、拘禁、围攻执行人员，抢走执行标的、砸毁执行工具、车辆，以暴力伤害、毁坏财物、加害亲属、揭露隐私、破坏名誉等威胁、恫吓执行人员，转移、隐藏可供执行的财产，命令停止侵害仍不停止侵害而故意为之等；也可以采取消极的不作为方式，如对人民法院的执行通知置之不理或者躲藏、逃避等。

需要强调的是，必须达到情节严重，才能构成本罪。情节尚不严重，即使具有拒不执行的行为，也不能以本罪论处。

（三）犯罪客体

本罪侵犯的客体是人民法院的正常活动、司法秩序。人民法院是代表国家行使审判权的唯一机关，它对各类案件制作的判决和裁定，是代表国家行使审判权的具体形式。判决和裁定一经生效，就具有法律强制力，当事人必须依法执行。当事人对判决或裁定结果有不同意见，也只能按照法律的有关规定进行申诉，而不允许抗拒执行。

根据《民事诉讼法》的规定，经人民法院主持达成的调解协议书送达当事人后，即具有与生效判决、裁定同等的效力，由人民法院负责执行。

拒不执行刑事自诉案件、民事案件、经济案件等诉讼中由法院主持达成并已生效的调解书的，也以本罪论处。

（四）犯罪主观方面

本罪的主观方面表现为故意，即行为人明知人民法院的判决、裁定已经生效，有能力执行但拒不执行的主观心理状态。如果确因不知判决、裁定已生效而未执行，或者因某种不能预见或无法抗拒的实际困难而无法执行，不构成本罪。

三、刑事立案追诉标准

根据《最高人民法院、最高人民检察院、公安部关于依法严肃查处拒不执行判决裁定和暴力抗拒法院执行犯罪行为有关问题的通知》第一条的规定，对下列拒不执行判决、裁定的行为，依照《刑法》第三百一十三条的规定，以拒不执行判决、裁定罪论处：

（一）被执行人隐藏、转移、故意毁损财产或者无偿转让财产、以明显不合理的低价转让财产，致使判决、裁定无法执行的；

（二）担保人或者被执行人隐藏、转移、故意毁损或者转让已向人民法院提供担保的财产，致使判决、裁定无法执行的；

（三）协助执行义务人接到人民法院协助执行通知书后，拒不协助执行，致使判决、裁定无法执行的；

（四）被执行人、担保人、协助执行义务人与国家机关工作人员通谋，利用国家机关工作人员的职权妨害执行，致使判决、裁定无法执行的；

（五）其他有能力执行而拒不执行，情节严重的情形。

四、量刑标准

根据《刑法》第三百一十三条的规定，对人民法院的判决、裁定有能力执行而拒不执行，情节严重的，处三年以下有期徒刑、拘役或者罚金；情节特别严重的，处三年以上七年以下有期徒刑，并处罚金。

单位犯前款罪的，对单位判处罚金，并对其直接负责的主管人员和其他直接责任人员，依照前款的规定处罚。

根据《最高人民法院关于审理拒不执行判决、裁定刑事案件适用法律若干问题的解释》第二条的规定，负有执行义务的人有能力执行而实施下列行为之一的，应当认定为全国人民代表大会常务委员会关于《刑法》第三百一十三条的解释中规定的“其他有能力执行而拒不执行，情节严重的情形”：

（一）具有拒绝报告或者虚假报告财产情况、违反人民法院限制高消费及有关消费令等拒不执行行为，经采取罚款或者拘留等强制措施后仍拒不执行的；

（二）伪造、毁灭有关被执行人履行能力的重要证据，以暴力、威胁、贿买方法阻止他人作证或者指使、贿买、胁迫他人作伪证，妨碍人民法院查明被执行人财产情况，致使判决、裁定无法执行的；

（三）拒不交付法律文书指定交付的财物、票证或者拒不迁出房屋、退出土地，致使判决、裁定无法执行的；

（四）与他人串通，通过虚假诉讼、虚假仲裁、虚假和解等方式妨害执行，致使判决、裁定无法执行的；

（五）以暴力、威胁方法阻碍执行人员进入执行现场或者聚众哄闹、冲击执行现场，致使执行工作无法进行的；

（六）对执行人员进行侮辱、围攻、扣押、殴打，致使执行工作无法进行的；

（七）毁损、抢夺执行案件材料、执行公务车辆和其他执行器械、执行人员服装以及执行公务证件，致使执行工作无法进行的；

（八）拒不执行法院判决、裁定，致使债权人遭受重大损失的。

需要说明的是，拒不执行判决、裁定的在一审宣告判决前，履行全部或部分执行义务的，可以酌情从宽处罚。拒不执行支付赡养费、扶养费、抚育费、抚恤金、医疗费用、劳动报酬等判决、裁定的，可以酌情从重处罚。

第二节 典型案例精析

王某拒不执行判决、裁定案[①]

△基本案情

王某系东方数码公司的法定代表人、股东，拥有公司70%的股份。自2007年以来，东方数码公司因拖欠货款，被浙江省金×电子有限公司（以下简称浙江金×公司）、深圳市国×电子有限公司（以下简称国×公司）、东莞科×印刷制品有限公司（以下简称东莞科×公司）、深圳市金×利电子科技有限公司（以下简称金×利公司）、深圳市百×隆精密塑胶有限公司（以下简称百×公司）、深圳市利×印刷有限公司（以下简称利×公司）和覃某某起诉至法院。法院审理后，分别以民事判决书或民事调解书的形式确认东方数码公司对上述公司的债务共计3169841元。2008年4月，上述法律文书生效后，东方数码公司并未履行义务，上述案件进入强制执行程序。在执行阶段，浙江金×公司、东莞科×公司与东方数码公司达成执行和解协议，但东方数码公司仍未按协议约定履行义务，上述两案恢复强制执行。

2008年6月27日，法院依法裁定，查封东方数码公司的所有机器设备等资产。2008年8月12日，王某指使公司的工作人员，将法院查封的一台视频信号发射器和一台U×－300能量荧光光谱仪擅自转移。同时，王某又于2008年5月至7月，将东方数码公司账户上的270余万元非法转入华×新公司的账户（该公司的法定代表人沈某涓为王某的妻子，其中一名股东戴某章系东方数码公司的另一股东），转入其司机王某峰账户130余万元，因王某擅自转移法院查封的财产，并非法转移大量资金，造成法院生效的法律文书无法履行，故法院于2008年8月21日对王某采取司法拘留措施。同时，因王某的行为已涉嫌犯罪，法院将此案移交公安机关处理。公安机关于2008年8月26日对王某执行刑事拘留措施。

---

① 案号：（2008）深龙法刑初字第3272号。

△**裁判结果**

王某犯拒不执行判决、裁定罪，判处有期徒刑二年六个月。

△**评析**

本案涉及的是企业经营者诉讼程序启动之后、执行未结案期间，擅自转移法院查封的财产与非法转移大量资金，造成法院生效的法律文书无法履行的行为，是否构成拒不执行判决、裁定罪的问题。

根据《刑法》第三百一十三条的规定，对人民法院的判决、裁定有能力执行而拒不执行，情节严重的，处三年以下有期徒刑、拘役或者罚金；情节特别严重的，处三年以上七年以下有期徒刑，并处罚金。单位犯前款罪的，对单位判处罚金，并对其直接负责的主管人员和其他直接责任人员，依照前款的规定处罚。根据《最高人民法院、最高人民检察院、公安部关于依法严肃查处拒不执行判决裁定和暴力抗拒法院执行犯罪行为有关问题的通知》第一条第一项规定，被执行人隐藏、转移、故意毁损财产或者无偿转让财产、以明显不合理的低价转让财产，致使判决、裁定无法执行的，依照《刑法》第三百一十三条的规定，以拒不执行判决、裁定罪论处。

本案中，王某身为东方数码公司法定代表人且拥有公司70%股份的股东，2007年至2008年两年间，因拖欠货款，先后与浙江金×公司、国×公司、东莞科×公司、金×利公司、百×公司、利×公司、覃某某纠纷诉至法院。法院审理后，分别以民事判决书或民事调解书形式，确认东方数码公司对上述公司的债务共计3169841元。上述法律文书生效后，东方数码公司未依法履行义务，进入强制执行程序，部分达成执行和解协议，仍不按协议约定履行义务。不仅如此，案件执行期间，王某居然擅自转移法院查封的财产，并非法转移大量资金，其中270余万元非法转入华×新公司的账户（该公司的法定代表人沈某涓为王某的妻子，其中一名股东戴某章系东方数码公司的另一股东），转入其司机王某峰账户130余万元，造成法院生效的法律文书无法履行，其行为符合《刑法》第三百一十三条“对人民法院的判决、裁定有能力执行而拒不执行，情节严重的”规定，构成了拒不执行判决、裁定罪。

由本案可知，企业经营者在收到法院判决书后，以各种理由拒绝依法履行生效裁判确认的义务，还私自转移财产，企图“东山再起”；殊不知，这是触犯我国《刑法》第三百一十三条规定的拒不执行判决、裁定罪的犯罪行为。据笔者观察，很多企业经营者误以为非法转移财产是民事行为，不会构成犯罪，但事实并非如此。因此，笔者建议企业涉诉时，尽可能找到足够专业的律师，为其提供及时有效的咨询、服务等专业帮助，正确处理相关事务；以免因金钱往来、民事纠纷而被刑事追诉，乃至锒铛入狱。

第三节　刑事法律风险防控措施

本罪的设立在一定意义上是为解决人民法院“执行难”的问题。一段时期以来，执行难问题较为突出，一是被执行人难找，二是执行财产难寻，三是协助执行人难求，四是应执行财产难动。究其原因，很大程度上源于整个社会法制观念淡薄，不少企业主以为逃债、赖债甚至拒不履行人民法院生效裁判确定的债务只是普通的违法行为，不构成犯罪；事实并非如此，面对法院的判决、裁定仍然执迷不悟，就将面临被追究刑事责任的风险。如何避免触犯本罪呢？建议如下：

一、学习刑事法律知识，增强法律意识

企业经营者应当认真学习《刑法》《最高人民法院关于审理拒不执行判决、裁定刑事案件适用法律若干问题的解释》《最高人民法院关于拒不执行判决、裁定罪自诉案件受理工作有关问题的通知》等关于本罪的规定，树立守法意识。实务中，企业的债权债务关系往往比较繁杂，而企业的财务运转多依赖这些债权债务关系，一旦企业的资金周转出现困难，企业最基本的反应是尽快实现债权、摆脱债务，如果为避债而拒不执行法院的判决、裁定，就会面临触犯本罪的风险。

二、积极配合法院的执行工作

遇到不能按时履约情况时，理当善意、真诚地与相对方认真、细致、耐心沟通，奉行至圣先师仲尼的“无讼”理念，尽可能不打官司。

一旦遭遇诉讼，在法院执行判决、裁定过程中，企业管理者应当积极配合，绝不能阻碍法院的执行工作。否则，如果想方设法地转移、隐匿财产并企图抵赖债务，那么就极有可能触犯本罪。实务中，企业管理者往往会指使员工以暴力、威胁的方法阻挠法院执法，或者通过虚假诉讼、虚假仲裁、虚假和解的方式妨害执行。需要提醒的是，某些企业管理者虽然不是公司股东，但其作为指使者和直接责任人，也构成本罪的犯罪主体。

三、判决、裁定生效后，要谨慎处理企业财产

在法院判决、裁定生效后，企业在履行完判决、裁定确定的给付内容前，应当谨慎处置企业财产。实务中，如果有重要紧急的债务要履行，建议在判决、裁定生效前履行，不宜拖至该诉讼判决、裁定生效后履行，以免引发此罪的刑事风险。

四、不要随意为他人提供担保

根据《最高人民法院、最高人民检察院、公安部关于依法严肃查处拒不执行判决裁定和暴力抗拒法院执行犯罪行为有关问题的通知》第一条的规定，担保人隐藏、转移、故意毁损或者转让已向人民法院提供担保的财产，致使判决、裁定无法执行的；担保人与国家机关工作人员通谋，利用国家机关工作人员的职权妨害执行，致使判决、裁定无法执行的，以拒不执行判决、裁定罪论处。因此，亲友、客户或合作伙伴借钱请求企业提供担保时，一定要三思而后行。

五、不得非法处置已被法院查封、扣押、冻结的财产

本罪与非法处置查封、扣押、冻结的财产罪联系十分紧密。实务中，很多人非法处置查封、扣押、冻结的财产的目的是拒不执行判决、裁定。也就是说，本罪的行为表现往往就是非法隐藏、转移、变卖、故意毁坏这些被管制的财产。这就导致很多情况下非法处置的行为同时触犯两个罪名，构成刑法上规

定的“想象竞合犯”，因此，企业经营者在违反法律规定处置公司被查封、扣押、冻结的财产时，要考虑到这双重的刑事风险。

六、协助执行义务人积极协助人民法院执行

根据《最高人民法院、最高人民检察院、公安部关于依法严肃查处拒不执行判决裁定和暴力抗拒法院执行犯罪行为有关问题的通知》第一条第三项的规定，协助执行义务人接到人民法院协助执行通知书后，拒不协助执行，致使判决、裁定无法执行的，依照《刑法》第三百一十三条的规定，以拒不执行判决、裁定罪论处。因此，对于负有协助执行义务的企业，收到人民法院送达的协助执行通知书后，应依法积极协助执行，并将执行情况告知人民法院，不可拒绝协助执行，更不可与被执行人合谋串通抗拒执行，否则将面临被追究拒不执行判决、裁定罪的不利境地，追悔莫及。

第二十三章
污染环境罪

第一节　罪名概述

一、污染环境罪的概念

污染环境罪，是指违反国家规定，排放、倾倒或者处置有放射性的废物、含传染病病原体的废物、有毒物质或者其他有害物质，严重污染环境，触犯《刑法》第三百三十八条的行为。

放射性废物主要包括放射性废水、废气和固体废物。放射性废水是指放射性核素含量超过国家规定限值的液体废弃物。主要包括核燃料前处理产生的废水，核燃料后处理第一循环产生的废液，原子能发电站，应用放射性同位素的研究机构、医院、工厂等排出的废水。放射性废气是指放射性核素含量超过国家规定限值的气体废弃物，如铀矿山和铀水冶厂会产生来自矿井的含有氡、钍、锕射气及其子体的气溶胶；核反应堆中产生的气体在后处理厂进行处理时释放的废气中含有氩、氪、氙等放射性核素，射碘蒸汽，氚以及以二氧化碳形式存在的碳－14 等。放射性固体废物是指放射性核素含量超过国家规定限值的固体废弃物，主要包括从含铀矿石提取铀的过程中产生的废矿渣；铀精制厂、燃料元件加工厂、反应堆、核燃料后处理厂以及使用放射性同位素研究、医疗等单位排出的附有人工或天然放射性物质的各种器物等。

含传染病病原体的废物（亦称传染性废物）是指带有病菌、病毒等病原体的废物。其中传染性是指由致病性的各种病原体引起的在适宜传播途径下对人群有传播可能的感染。

病原体是指能引起病的微生物和寄生虫的统称，主要包括病菌、寄生虫和病毒三类。由上述之传染病病原体而产生的废物，如污水、污物、粪便等皆属于含传染病病原体之废物。

有毒物质是对机体发生化学或物理反应的作用，因而损害机体，引起功能障碍、疾病，甚至死亡的物质。有毒物质可分为无机毒物和有机毒物两大类。如砷、镉、铬、汞、氟等属于无机毒物。如氰、有机氯、酚、有机磷、乙烯等属于有机毒物。

其他危险废物则是指上述列举之外的，列入国家危险废物名录或根据国家规定的危险废物鉴别标准和鉴别方法认定的具有危险特性的废物。根据我国加入的《巴塞尔公约》，其他危险废物主要是指从住家收集的废物和焚化住家废物产生的残余物。

需要说明的是，污染环境罪是最高人民法院、最高人民检察院对《刑法修正案（八）》罪名作出的补充规定。具体而言是取消原“重大环境污染事故罪”罪名，改为“污染环境罪”，自 2011 年 5 月 1 日起施行。

二、犯罪构成要件

（一）犯罪主体

本罪的犯罪主体为一般主体，即年满十六周岁且具有刑事责任能力的自然人或单位。单位犯本罪时，实行双罚制，既对单位判处罚金，也对其直接负责的主管人员和其他直接责任人员按相关条款规定判处刑罚。

（二）犯罪客观方面

本罪在客观方面表现为违反国家规定，排放、倾倒或者处置有放射性的废物、含传染病病原体的废物、有毒物质或者其他有害物质，严重污染环境的行为。

违反国家规定，是指违反全国人大及其常务委员会制定的有关环境保护方面的法律，以及国务院制定的相关行政法规、行政措施、发布的决定或命令。这些法律、法规主要包括《环境保护法》《大气污染防治法》《水污染防治法》《海洋环境保护法》《固体废物污染环境防治法》等法律，以及《工业三废排放试行标准》等一系列专门法规。

排放是指把各种危险废物排入土地、水体、大气的行为，包括泵出、溢出、泄出、喷出、倒出等；倾倒是指通过船舶、航空器、平台或者其他载运工具，向土地、水体、大气倾卸危险废物的行为；处置是指以焚烧、填埋或其他改变危险废物属性的方式处理危险废物或者将其置于特定场所或者设施并不再取回的行为。

需要说明的是，根据《刑法修正案（八）》的规定，本罪并不要求造成重大环境污染事故，致使公私财产遭受重大损失或者人身伤亡的严重后果，只要严重污染环境就可成立本罪。

（三）犯罪客体

本罪侵犯的客体是国家防治环境污染的管理制度。本罪的对象系危险废物，具体包括放射性废物、含传染病病原体的废物、有毒物质或者其他足以危害环境的危险废物。

（四）犯罪主观方面

本罪犯罪行为人的主观方面，一般来说是过失，即污染环境罪属于过失犯罪。虽然有著名学者张明楷教授在其一篇题为《污染环境罪的争议问题》的文章中明确指出："从法条的表述来看，本罪缺乏成立过失犯的文理根据。"但是，笔者认为，污染环境罪应当属于过失犯。当然，污染环境罪的主观方面可以是故意（包括直接故意和间接故意）也可以是过失（包括疏忽大意过失和过于自信过失），其实，这是刑事司法逻辑的应有之义——既然过失都已经规定为刑事犯罪了，故意为之，当然更是犯罪。

概言之，只要行为人实施了违反国家规定，排放、倾倒或者处置有放射性的废物、含传染病病原体的废物、有毒物质或者其他有害物质，严重污染环境的行为，且产生了严重污染环境的后果，不问其出于故意还是过失，一律予以刑事追诉，符合《刑法》第三百三十八条规定的犯罪构成要件的应依法处以相应刑罚。

三、刑事立案追诉标准

根据《最高人民检察院、公安部关于公安机关管辖的刑事案件立案追诉标准的规定（一）》第六十条的规定，违反国家规定，向土地、水体、大气排放、倾倒或者处置有放射性的废物、含传染病病原体的废物、有毒物质或者其他危险废物，造成重大环境污染事故，涉嫌下列情形之一的，应予立案追诉：

（一）致使公私财产损失30万元以上的；

（二）致使基本农田、防护林地、特种用途林地5亩以上，其他农用地10亩以上，其他土地20亩以上基本功能丧失或者遭受永久性破坏的；

（三）致使森林或者其他林木死亡50立方米以上，或者幼树死亡二千五百株以上的；

（四）致使一人以上死亡、三人以上重伤、十人以上轻伤，或者一人以上重伤并且五人以上轻伤的；

（五）致使传染病发生、流行或者人员中毒达到《国家突发公共卫生事件应急预案》中突发公共卫生事件分级Ⅲ级以上情形，严重危害人体健康的；

（六）其他致使公私财产遭受重大损失或者人身伤亡的严重后果的情形。

本条和本规定第六十二条规定的“公私财产损失”，包括污染环境直接造成的财产损毁、减少的实际价值，为防止污染扩散以及消除污染而采取的必要的、合理的措施而发生的费用等。

△评析

从科学哲学视角看，人与环境是“一体二维”，对环境的破坏其实就是对人的生命、健康的毒害；正是基于此，我国《刑法》的污染环境罪立法，相对比较“严苛”，尤其体现在其“结果犯”这一设计之中。可是，在严格的学术意义上，污染环境罪，因为其所保护法益的特殊性，既可以是行为犯又可以是结果犯；而且其既可以是危险犯甚至抽象危险犯，又可以是实害犯。

一言以蔽之，正如前文提到的张明楷教授那篇《污染环境罪的争议问题》所喻示的那样：污染环境罪是一个充满争议的罪名，甚至可以说是最具学术性争议问题的罪名。

四、量刑标准

根据《刑法》第三百三十八条的规定，违反国家规定，排放、倾倒或者处置有放射性的废物、含传染病病原体的废物、有毒物质或者其他有害物质，严重污染环境的，处三年以下有期徒刑或者拘役，并处或者单处罚金；情节严重的，处三年以上七年以下有期徒刑，并处罚金；有下列情形之一的，处七年以上有期徒刑，并处罚金：

（一）在饮用水水源保护区、自然保护地核心保护区等依法确定的重点保护区域排放、倾倒、处置有放射性的废物、含传染病病原体的废物、有毒物质，情节特别严重的；

（二）向国家确定的重要江河、湖泊水域排放、倾倒、处置有放射性的废物、含传染病病原体的废物、有毒物质，情节特别严重的；

（三）致使大量永久基本农田基本功能丧失或者遭受永久性破坏的；

（四）致使多人重伤、严重疾病，或者致人严重残疾、死亡的。有前款行为，同时构成其他犯罪的，依照处罚较重的规定定罪处罚。

根据《最高人民法院、最高人民检察院关于办理环境污染刑事案件适用法律若干问题的解释》第一条的规定，具有下列情形之一的，应当认定为“严重污染环境”：

（一）在饮用水水源一级保护区、自然保护区核心区排放、倾倒、处置有放射性的废物、含传染病病原体的废物、有毒物质的；

（二）非法排放、倾倒、处置危险废物三吨以上的；

（三）排放、倾倒、处置含铅、汞、镉、铬、砷、铊、锑的污染物，超过国家或者地方污染物排放标准三倍以上的；

（四）排放、倾倒、处置含镍、铜、锌、银、钒、锰、钴的污染物，超过国家或者地方污染物排放标准十倍以上的；

（五）通过暗管、渗井、渗坑、裂隙、溶洞、灌注等逃避监管的方式排放、倾倒、处置有放射性的废物、含传染病病原体的废物、有毒物质的；

（六）二年内曾因违反国家规定，排放、倾倒、处置有放射性的废物、含传染病病原体的废物、有毒物质受过两次以上行政处罚，又实施前列行为的；

（七）重点排污单位篡改、伪造自动监测数据或者干扰自动监测设施，排放化学需氧量、氨氮、二氧化硫、氮氧化物等污染物的；

（八）违法减少防治污染设施运行支出 100 万元以上的；

（九）违法所得或者致使公私财产损失 30 万元以上的；

（十）造成生态环境严重损害的；

（十一）致使乡镇以上集中式饮用水水源取水中断 12 小时以上的；

（十二）致使基本农田、防护林地、特种用途林地 5 亩以上，其他农用地 10 亩以上，其他土地 20 亩以上基本功能丧失或者遭受永久性破坏的；

（十三）致使森林或者其他林木死亡 50 立方米以上，或者幼树死亡 2500 株以上的；

（十四）致使疏散、转移群众 5000 人以上的；

（十五）致使 30 人以上中毒的；

（十六）致使 3 人以上轻伤、轻度残疾或者器官组织损伤导致一般功能障碍的；

（十七）致使 1 人以上重伤、中度残疾或者器官组织损伤导致严重功能障碍的；

（十八）其他严重污染环境的情形。

根据《最高人民法院、最高人民检察院关于办理环境污染刑事案件适用法律若干问题的解释》第三条、第四条、第五条、第八条的规定，具有下列情形之一的，应当认定为“后果特别严重”：

（一）致使县级以上城区集中式饮用水水源取水中断 12 小时以上的；

（二）非法排放、倾倒、处置危险废物 100 吨以上的；

（三）致使基本农田、防护林地、特种用途林地 15 亩以上，其他农用地 30 亩以上，其他土地 60 亩以上基本功能丧失或者遭受永久性破坏的；

（四）致使森林或者其他林木死亡 150 立方米以上，或者幼树死亡 7500 株以上的；

（五）致使公私财产损失 100 万元以上的；

（六）造成生态环境特别严重损害的；

（七）致使疏散、转移群众 15000 人以上的；

（八）致使 100 人以上中毒的；

（九）致使10人以上轻伤、轻度残疾或者器官组织损伤导致一般功能障碍的；

（十）致使3人以上重伤、中度残疾或者器官组织损伤导致严重功能障碍的；

（十一）致使1人以上重伤、中度残疾或者器官组织损伤导致严重功能障碍，并致使5人以上轻伤、轻度残疾或者器官组织损伤导致一般功能障碍的；

（十二）致使1人以上死亡或者重度残疾的；

（十三）其他后果特别严重的情形。

其他量刑情节如下：

（一）具有下列情形之一的，应当从重处罚：

1. 阻挠环境监督检查或者突发环境事件调查，尚不构成妨害公务等犯罪的；

2. 在医院、学校、居民区等人口集中地区及其附近，违反国家规定排放、倾倒、处置有放射性的废物、含传染病病原体的废物、有毒物质或者其他有害物质的；

3. 在重污染天气预警期间、突发环境事件处置期间或者被责令限期整改期间，违反国家规定排放、倾倒、处置有放射性的废物、含传染病病原体的废物、有毒物质或者其他有害物质的；

4. 具有危险废物经营许可证的企业违反国家规定排放、倾倒、处置有放射性的废物、含传染病病原体的废物、有毒物质或者其他有害物质的。

（二）刚达到应当追究刑事责任的标准，但行为人及时采取措施，防止损失扩大、消除污染，全部赔偿损失，积极修复生态环境，且系初犯，确有悔罪表现的，可以认定为情节轻微，不起诉或者免予刑事处罚；确有必要判处刑罚的，应当从宽处罚。

（三）违反国家规定，排放、倾倒、处置含有毒害性、放射性、传染病病原体等物质的污染物，同时构成污染环境罪、非法处置进口的固体废物罪、投放危险物质罪等犯罪的，依照处罚较重的规定定罪处罚。

第二节 典型案例精析

江苏方×新能源股份有限公司、昌某甲等污染环境案[①]

△基本案情

2007年4月9日，江苏方×新能源股份有限公司（以下简称方×公司）注册成立，法定代表人为昌某甲，公司许可经营项目为2－氨基（苯）酚、3－氨基（苯）酚、2－硝基（苯）酚生产（有效期至2013年9月18日）；一般经营项目为磷酸铁锂项目试生产（试生产期限至2013年8月20日），聚烯烃填料生产、销售等。

自2012年起，昌某甲明知方×公司生产产生的工业废水因未达处理标准被污水处理厂拒收，便将生产产生的废水囤放在公司废水池中。为生产经营需要，昌某甲指使林某、费某联系他人将企业生产过程中产生的工业废水非法处理掉。林某即安排费某找到无废水处理资质的吴某甲替公司非法托运、倾倒工业废水，约定托运费用为60元/吨（林某、费某实际按120元/吨向方×公司报销托运费用，多出的托运费用林某拿60%，费某拿40%）。后吴某甲又找到吴某乙，二人在吴某丁、吴某丙的协助下，替方×公司托运工业废水并倾倒在淮安经济技术开发区两处池塘内。2013年5月至8月，吴某甲与吴某乙使用苏H×××××及苏H×××××（套牌苏H×××××）自卸货车为方×公司托运工业废水共计1762.48吨。

经淮安市环境监测中心站监测，方×公司及上述7人倾倒的工业废水含有重金属且具有腐蚀性，属于危险废物。经江苏省环境科学学会鉴定，因方×公司及7人非法倾倒工业废弃物造成的环境污染损害直接经济损失（修复费用）为76.83万元。

另查，案发后，吴某丁、吴某丙主动至淮安市公安局经济技术开发区分局投案并如实供述；林某、费某、吴某甲、吴某乙归案后如实供述自己的罪行。

---

① 案号：（2015）浦环刑初字第00001号。

△**裁判结果**

一、方×公司犯污染环境罪，判处罚金50万元。

二、昌某甲犯污染环境罪，判处有期徒刑一年六个月，缓刑二年，并处罚金8万元。

三、林某犯污染环境罪，判处有期徒刑一年六个月，缓刑二年，并处罚金5万元。

四、费某犯污染环境罪，判处有期徒刑一年六个月，缓刑二年，并处罚金5万元。

五、吴某甲犯污染环境罪，判处有期徒刑一年二个月，缓刑二年，并处罚金5万元。

六、吴某乙犯污染环境罪，判处有期徒刑一年二个月，缓刑二年，并处罚金5万元。

七、吴某丙犯污染环境罪，判处拘役六个月，缓刑一年，并处罚金1万元。

八、吴某丁犯污染环境罪，判处拘役六个月，缓刑一年，并处罚金5000元。

九、林某、费某、吴某甲、吴某乙的违法所得继续追缴，上缴国库。

△**评析**

本案涉及的是企业及其经营者擅自“违反国家规定”处理生产产生的废水（废气、废物）的行为，是否构成污染环境罪的问题。

根据《刑法》第三百三十八条的规定，违反国家规定，排放、倾倒或者处置有放射性的废物、含传染病病原体的废物、有毒物质或者其他有害物质，严重污染环境的，处三年以下有期徒刑或者拘役，并处或者单处罚金；情节严重的，处三年以上七年以下有期徒刑，并处罚金。根据《最高人民法院、最高人民检察院关于办理环境污染刑事案件适用法律若干问题的解释》第一条的规定，非法排放、倾倒、处置危险废物三吨以上或者致使公私财产损失30万元以上的，应当认定为“严重污染环境”。司法实践中，经单位实际控制人、主要负责人或者授权的分管负责人决定、同意，实施环境污染行为的，应当认定为单位犯罪，对单位及其直接负责的主管人员和其他直接责任人员均应追究刑事责任。“直接负责的主管人员”，一般是指对单位犯罪起决定、批准、组织、策划、指挥、授意、纵容等作用的主管人员，包括单位实际控制人、主要负责人或者授权的分管负责人、高级管理人员等；“其他直接责任人员”，一般是指在直接负责的主管人员的指挥、授意下积极参与实施单位犯罪或者对具体实施单位犯罪起较大作用的人员。

本案中，昌某甲身为方×公司法定代表人，系直接负责的主管人员；林某、费某系在昌某甲指挥、授意下的其他直接责任人员。昌某甲、林某、费某明知方×公司生产产生的工业废水因未达处理标准被污水处理厂拒收，仍然不管不顾地伙同吴某甲、吴某乙、吴某丙、吴某丁等将“因未达处理标准被污水处理厂拒收的工业废水”共计 1762.48 吨倾倒在完全不可能依法处理的池塘内，造成较为严重的环境污染，其行为已构成污染环境罪。

环境是人类赖以生存的空间，环境污染了，人类就丧失了生存空间，后果无疑是严重的。现在，我国为什么以癌症为主要表征的疾病越来越多发、越来越易发生呢？主要原因之一就是环境污染越来越严重，我们赖以生存的地球越来越“不宜居住”了。所以，污染环境犯罪行为是害国害民之举，历来是严厉打击的重点，我们国家也将治理环境作为重点整治内容之一。在此，笔者提醒有关企业及个人，切不能涉足污染环境的违法犯罪，应按规定排放有毒物质，给人类营造一个清新的生存环境。

实务中，有的企业经营者认为非法排污只是违反行政法的行为，最坏的法律后果是被环保部门处以行政处罚。在被查处时，有的还振振有词，以小本经营、无力承担为由进行抗辩，以为这样就可以免除处罚。但事实并非如此，排污不当，不管是超标排放还是偷排偷放，影响恶劣的就可能会触犯刑事法律，如本案中的昌某甲、林某、费某等人是要受到刑事处罚的。

最后需要提醒的是，环境污染方面有一项监管叫中央环保督查，在环保界类似古代的钦差大臣，直属中央管理，并且有权力直接进入企业内进行抽查监督。如果企业真的出现严重的污染事故，一旦被曝光，并且被中央环保督查查到，这个事件就不再是地方环保的事情了，而且地方环保部门也会被问责，如果存在监管不力，包庇企业等行为一样会视情况量刑。

第三节　刑事法律风险防控措施

在新的《环境保护法》实施之前，环境污染罪属于风险等级和罪名频数均较低的罪名。但新的《环境保护法》实施后，表明了国家对环境治理的重视程度，新法的很多内容与企业排污处罚及企业的日常经营密切相关。同时，最高人民法院、最高人民检察院、公安部、司法部、生态环境部于 2019 年 2 月 20 日印发《关于办理环境污染刑事案件有关问题座谈会纪要》的通知就打好污染防治攻坚战给出了刑事标准，坚持最严格的环保司法制度、最严密的环保法治理念，统一执行司法尺度，加大对环境污染犯罪的惩治力度。因此，对于企业经营者而言，在关注企业生产效益的同时，更要做好环境污染的刑事风险防范。如何规避触犯本罪呢？建议如下：

一、加强环境保护法律法规的学习

企业经营者应当认真学习《环境保护法》《水污染防治法》《大气污染防治法》《环境噪声污染防治法》《放射性污染防治法》《环境影响评价法》《清洁生产促进法》《建设项目环境保护管理条例》《危险废物经营许可证管理办法》《医疗废物管理条例》《自然保护区条例》《刑法修正案（八）》等涉及环境保护的法律法规，树立守法意识，依法进行生产经营。

二、树立正确的环境保护观念

过去，企业污染环境的行为常常被环保主管部门处以行政处罚，如要求整改与罚款，很少有企业会以污染环境罪被追究刑事责任。如今，绿化环境成为我国经济发展的主题，强调发展经济的同时，也要绿色环保。近年来，国家对环境污染重拳频出，刑事处罚力度不断加大，环境污染刑事惩处的比例不断提高。经统计 2012—2018 年污染环境罪的公开判决情况，污染环境罪数量整体上升明显，尤其是 2014 年之后呈现井喷式增长。

需要特别提醒的是，我国《刑法》对于污染环境罪的单位犯罪实行双罚制，对单位判处罚金刑的同时，还要对相关责任人员判处刑罚。根据相关资料统计，法定代表人、公司负责人、实际经营者、生产管理负责人、安环负责人都有可能成为单位犯罪的责任人员。因此，企业管理人员在做关于企业环保的决策时，一定要依法办理，否则就可能触犯本罪。

三、按法定标准安装环保设备

企业应当配备符合标准的工业废料处理设备设施，配备处理工业废气、废水、废渣、噪声等的设备设施，并按照规定使用上述设备设施，对其定期检查维修、更新，保障其正常运行。

四、要定期对企业排污、周边环境进行监测

企业应定期配合环保部门对企业周边环境进行检测，同时积极自查自测，一旦发现企业周边环境存在被污染的可能或者苗头，要做到早发现早处置，将环境污染的隐患消除在萌芽状态。

第二十四章
挪用资金罪

第一节　罪名概述

一、挪用资金罪的概念

挪用资金罪，是指公司、企业或者其他单位的工作人员利用职务上的便利，挪用本单位资金归个人使用或者借贷给他人，数额较大、超过三个月未还的；或者虽未超过三个月，但数额较大、进行营利活动的；或者进行非法活动，触犯《刑法》第二百七十二条的行为。

挪用是指利用职务上的便利，非法擅自动用单位资金归本人或他人使用，但准备日后返还。利用职务上的便利是指利用本人在职务上主管、经管或经手单位资金的方便条件，例如单位领导人利用主管财务的职务便利，出纳员利用保管现金的职务便利，以及其他工作人员利用经手单位资金的便利条件。

本罪在客观表现形式上，与众所周知的挪用公款罪极为相似，都是利用职务便利条件谋取私利、中饱私囊的行为，只是犯罪主体有所区别。从犯罪构成上看，两者的相同点是：主观上均由故意构成，客观方面都表现为利用职务上的便利挪用资金的行为。但是，这两种犯罪又有明显不同，主要表现在以下几方面：

1. 犯罪主体不同

挪用资金罪的主体是公司、企业或者其他单位的工作人员，但国家工作人员除外。挪用公款罪的主体是国家工作人员，包括国家机关中从事公务的人员，国有公司、企业事业单位、人民团体中从事公务的人员，国家机关、国有公司、企业事业单位委派到非国有公司、企业、事业单位、社会团体从事公务的人员，以及其他依照法律从事公务的人员。

2. 侵犯的客体与犯罪对象不同

本罪侵犯的客体是公司、企业或者其他单位的资金的使用权，对象是公司、企业或者其他单位的资金，其中，既包括国有或者集体所有的资金，也包括公民个人所有、外商所有的资金。挪用公款罪侵犯的客体是公款的使用权和国家机关的威信、国家机关的正常活动等，既有侵犯财产的性质，又有严重的渎职的性质；挪用公款罪侵犯的对象限于公款，其中主要是国有财产和国家投资、参股的单位财产，即国家机关、国有公司、企业、事业单位等所有的款项。

二、犯罪构成要件

（一）犯罪主体

本罪的犯罪主体为特殊主体，即公司、企业或者其他单位的工作人员，且该工作人员必须具有一定职权或管理权限，具备调配、使用、经手本单位资金的便利条件，不具备职权的人可能构成盗窃罪、侵占罪等其他犯罪。

需要说明的是，如果是国有公司、企业或者其他国有单位中从事公务的人员和国有公司、企业或者其他国有单位委派到非国有公司、企业以及其他单位从事公务的人员有前述行为的，构成挪用公款罪。

（二）犯罪客观方面

本罪在客观方面表现为行为人利用职务上的便利，挪用本单位资金归个人使用或者借贷给他人，数额较大、超过三个月未还的行为；或者虽未超过三个月，但数额较大、进行营利活动的行为；或者进行非法活动的行为。具体地说，包含以下三种情况：

1. 挪用本单位资金归个人使用或者借贷给他人，数额较大、超过三个月未还的。

行为人挪用本单位资金的用途主要是归个人使用或者借贷给他人使用，由于未用于从事不正当的经济活动，因此这是一种相对较轻的挪用行为。实务中，行为人将挪用的资金用于个人使用，包括用于购房、购车、购买生活用品、偿还个人或家庭债务等情况。需要说明的是，这种情况如果要构成本罪，还需达到数额较大，且超过三个月未还的条件。根据《最高人民法院、最高人民检察院关于办理贪污贿赂刑事案件适用法律若干问题的解释》第十一条的规定，这里数额较大的标准为十万元以上。

2. 挪用本单位资金归个人使用或者借贷给他人，虽未超过三个月，但进行营利活动，且数额较大。

这种情况没有挪用时间是否超过三个月的限制，只要进行营利活动，且数额较大，就可构成本罪。实务中，“营利活动”主要是指进行经商、投资、购买股票或债券等活动。这里的“数额较大”，根据《最高人民法院、最高人民检察院关于办理贪污贿赂刑事案件适用法律若干问题的解释》第十一条规定，也是十万元以上。

3. 挪用本单位资金进行非法活动的。

这种情况既没有挪用时间是否超过三个月的限制，也没有数额较大的限制，只要挪用本单位资金进行了非法活动，就构成了本罪。所谓“非法活动”，就是指将挪用来的资金用来进行走私、赌博等违法犯罪活动。但是，《最高人民法院、最高人民检察院关于办理贪污贿赂刑事案件适用法律若干问题的解释》第十一条规定，挪用资金“进行非法活动”情形的数额起点，按照该解释关于挪用公款罪“进行非法活动”的数额标准规定的二倍执行，即在六万元以上。因此，如果挪用资金未达到以上标准的，一般可不认为构成犯罪。

行为人只要具备上述三种行为中的一种就可以构成本罪，而不是需要同时具备。

（三）犯罪客体

本罪侵害的客体是公司、企业或者其他单位资金的使用收益权，对象则是本单位的资金。本单位的资金，是指由单位所有或实际控制、使用的一切以货币形式表现出来的财产。

（四）犯罪主观方面

本罪的主观方面表现为直接故意，即行为人具有暂时挪用本单位资金归个人使用或借贷给他人使用的故意。需要说明的是，触犯本罪的行为人并非为了永久占有或侵占单位资金，而是暂时取得单位资金的使用权，并打算以后归还。如果行为人一开始就没有归还打算，如通过做假账的方式掩盖资金缺口，则不构成本罪，而可能构成职务侵占罪。如果行为人一开始有归还打算但随着时间和情况的变化而产生非法占有的意图，不再归还，也可能会转化成职务侵占罪。

实务中，行为人挪用资金罪的犯罪动机多种多样，如解决家庭或个人生活需要、进行营利活动，等等。犯罪动机不影响本罪之刑法评价与判断。

三、刑事立案追诉标准

根据《刑法》第二百七十二条及《最高人民法院、最高人民检察院关于办理贪污贿赂刑事案件适用法律若干问题的解释》第十一条第二款的规定，本罪追诉标准如下：

（一）挪用资金进行营利活动，或者挪用资金超过三个月未还，如果数额在十万元以上，应当以挪用资金罪追究刑事责任。

（二）挪用资金归个人使用，进行非法活动，数额在六万元以上的，应当以挪用资金罪追究刑事责任。

前文已经述及挪用资金罪的犯罪动机形形色色、多种多样、不一而足，不胜枚举。如解决家庭或个人生活需要、进行营利活动，等等。虽然犯罪动机不影响本罪之刑法评价与判断，尤其是定罪。但是，犯罪动机毕竟是犯罪主观方面的一个要素，而且系属构成性要素，当然会参与刑法评价，至少是“量刑”的评价与判断。当犯罪嫌疑人的行为之情节原本就不是那么恶劣，没有那么严重的时候，综合考量犯罪动机，案发之后的认罪、悔罪、悔改等因素，得出一个“情有可原”从而达成“酌情不起诉”，起诉后获得一个“定罪免罚”也都是不可预见的。这让笔者不禁想到了民事法律之中的“乘人之危”——当今中国社会人与人之间的互信业已滑入谷底，“信任”可遇不可求。活在如此社会情势之中的人，偶尔“挪用资金”，着实情有可原，理当“从轻发落”。

四、量刑标准

根据《刑法》第二百七十二条第一款的规定，公司、企业或者其他单位的工作人员，利用职务上的便利，挪用本单位资金归个人使用或者借贷给他人，数额较大、超过三个月未还的，或者虽未超过三个月，但数额较大、进行营利活动的，或者进行非法活动的，处三年以下有期徒刑或者拘役；挪用本单位资金数额巨大的，处三年以上七年以下有期徒刑；数额特别巨大的，处七年以上有期徒刑。

根据《刑法》第二百七十二条第三款的规定，有第一款行为，在提起公诉前将挪用的资金退还的，可以从轻或者减轻处罚。其中，犯罪较轻的，可以减轻或者免除处罚。

《最高人民法院、最高人民检察院关于办理贪污贿赂刑事案件适用法律若干问题的解释》第十一条第二款规定，挪用资金归个人使用，进行非法活动，数额在600万元以上的，为“数额巨大”；挪用资金进行营利活动，或者挪用资金超过3个月未还，数额在1000万元以上的，为“数额巨大”。

具体来说，挪用资金罪的量刑标准如下：

1. 挪用资金归个人使用或者借贷给他人，进行营利活动或者超过3个月未还，数额在10万元以上的，处三年以下有期徒刑或者拘役。

2. 挪用资金归个人使用或者借贷给他人，进行营利活动或者超过3个月未还，数额巨大（1000万元以上），处三年以上十年以下有期徒刑。

3. 挪用资金归个人使用或者借贷给他人，进行非法活动，数额在6万元以上的，处三年以下有期徒刑或者拘役。

4. 挪用资金归个人使用或者借贷给他人，进行非法活动，数额巨大（600万元以上），处三年以上十年以下有期徒刑。

第二节 典型案例精析

李某某挪用资金案[①]

△基本案情

2011年9月20日，李某某、张某某和岳某三人共同成立某置业公司，三人分别占股55%、35%和10%，由李某某任董事长。公司成立后，因管理混乱，财务不规范，李某某利用管理公司的职务之便，当个人需要用钱时，就从公司拿，当公司需要用钱时，又由其个人拿钱出来给公司用，如此反复许多次。2015年初，因公司需要支付工程款，李某某提议股东按出资比例追加出资，遭到张某某与岳某反对，遂产生矛盾纠纷。小股东张某某要求清算，李某某不配合，而且以外出融资为由一年不回公司。无奈之下，张某某到当地公安机关报案，公安机关介入调查。2017年2月19日，李某某被抓获归案。

经司法会计鉴定，李某某累计挪用公司资金2000余万元，至2015年10月31日止尚有800余万元未归还给公司。

△裁判结果

李某某犯挪用资金罪，判处有期徒刑四年。

△评析

本案主要涉及的是李某某反复多次挪用公司资金的行为，是否构成挪用资金罪的问题。

根据《刑法》第二百七十二条的规定，公司、企业或者其他单位的工作人员，利用职务上的便利，挪用本单位资金归个人使用或者借贷给他人，数额较大、超过三个月未还的，或者虽未超过三个月，但数额较大、进行营利活动的，或者进行非法活动的，处三年以下有期徒刑或者拘役；挪用本单位资金数额巨大的，处三年以上七年以下有期徒刑；数额特别巨大的，处七年以上有期

---

① 案号：（2020）湘07刑终1号。

徒刑。最高人民法院、最高人民检察院于 2016 年 4 月 18 日公布的《关于办理贪污贿赂刑事案件适用法律若干问题的解释》中关于“挪用资金罪”数额较大是人民币 10 万元以上，数额巨大是 1000 万元以上。

本案中，李某某滥用其担任某置业公司董事长的职务便利，累计挪用公司资金 2000 余万元及未归还给公司资金达 800 余万元，其行为触犯《刑法》第二百七十二条的规定，构成挪用资金罪。从本案中可知，作为公司管理人员，一定要有法律意识，意识到公司作为法人，有其自己的财产权利。即公司的财物是属于公司的，不属于股东，也不属于公司领导、高管。需要动用公司资金时，一定要严格按照财务手续，履行必要的审批程序，切不可为了省事而任意为之；否则，稍不注意就有可能涉嫌挪用资金罪。

本案的发生，首先是因为某置业公司管理不规范，从而导致控股股东借管理公司之机任意挪用公司资金，时间达三年之久，金额达 2000 余万元。其次是当股东矛盾纠纷出现以后，一方想全面清算，而另一方不配合并跑路。故其他股东别无选择，只得向公安机关举报。因此，要想杜绝类似案件的发生，公司应当在成立之初就规范经营。若经营过程中股东之间出现分歧，应当相互配合、依法依约协商解决。

第三节　刑事法律风险防控措施

资金是企业生存与发展的“血液”，关系到企业的生死存亡。任何侵犯企业资金的行为，都将危及企业发展的基石，对企业造成巨大危害。因此，刑法设立挪用资金罪，就是为了警示那些擅自挪用单位资金的不正当行为，保障公司、企业或者其他单位资金的安全和使用收益权。本罪是企业管理人员高发犯罪之一，严重威胁企业正常运营。如何有效防范本罪呢？建议如下：

一、加强刑事法律知识学习，避免触犯挪用资金罪红线

企业管理人员不了解我国法律关于本罪的规定，是本罪高发的主要原因。实务中，较多企业管理人员认为借企业的钱给自己或他人用一下，以后归还应

当没事，这种想法是错误的。根据我国法律规定，公司是独立企业法人，拥有独立的法人财产权，任何人不可以随便挪用，否则有可能触犯刑法。实务中，本罪多发生于企业的高层管理人员、财务人员与购销人员身上，因此预防本罪的发生，重点在于对以上人员的教育与监督，例如，可以聘请专业律师对员工进行法律教育，通过经典案例讲解让员工知道擅自挪用资金的严重后果，打消其犯罪念头。

二、避免公司财产与个人财产混同

公司账户与实际控制人的个人账户资金违规交叉，财产混同，是引发本罪的最大诱因。尤其是财务制度不规范、审批程序不严格、制度架构不合理的中小企业，最为多发。实务中，资金如果由企业账户进入个人账户时只经过口头授权，没有正规留存的授权资料，事后一旦发生纠纷，其他股东向公安机关告发，极易引发刑事风险。因此，当实际控制人为公司理财或投资时，建议直接将资金从公司账户转出，不要将资金转到个人账户，然后再从个人账户转出。

三、因急事挪用公司资金归个人使用的，应当按照法定程序报批并要及时归还

挪用本单位资金的时间，是衡量挪用本单位资金行为社会危害性的一个重要方面。《刑法》第二百七十二条规定，利用职务上的便利，挪用本单位资金归个人使用或者借贷给他人，数额较大、超过三个月未还的，构成本罪。也就是说，对于本罪中“数额较大、超过三个月未还的”这种情况而言，“超过三个月未还”是构成本罪的必备要件，如果挪用的时间很短，则不构成犯罪，只作为一般的挪用本单位资金的违法违纪行为处理。因此，企业管理人员确因急事挪用了公司资金使用，务必要在三个月内归还。

四、切忌挪用公司资金进行营利活动或非法活动

根据《刑法》第二百七十二条的规定，利用职务上的便利，挪用本单位资

金虽未超过三个月，但数额较大、进行营利活动的；或者进行非法活动的，构成本罪。营利活动主要是指经商、投资、购买股票或债券等活动；非法活动主要是指将挪用来的资金用来进行走私、赌博、贩毒等违法犯罪活动。

五、向公司借钱时，应经董事会或股东会会议决定同意

具有职务行为的股东、董事或其他高管，如果多次以个人名义将公司资金挪出，或归个人使用，或说不清去向、用途，该行为可能会触犯本罪。为规避该行为的刑事风险，应当严格按照公司内部管理制度，股东、董事或其他高管与企业发生借贷关系的，应经董事会或股东会会议决定同意，切勿擅自处置。

六、以“企业名义”借款给其他企业时，要做好合规审查

企业管理人员不能认为凡是在职权范围内、通过组织程序借款给其他企业都是“公对公”，应当避免自己与对方企业负责人之间有直接利害关系，尤其是不能从中谋取个人利益，否则有可能被认定为触犯本罪。因此，当企业管理人员以“企业名义”借款给其他企业时，要做好刑事合规审查。

第二十五章
拒不支付劳动报酬罪

第一节　罪名概述

一、拒不支付劳动报酬罪的概念

拒不支付劳动报酬罪，是指以转移财产、逃匿等方法逃避支付劳动者的劳动报酬或者有能力支付而不支付劳动者的劳动报酬，数额较大，经政府有关部门责令支付仍不支付，触犯《刑法》第二百七十六条之一的行为。

设立拒不支付劳动报酬罪，主要原因是我国行政执法、民事司法手段已不足以遏制“恶意欠薪”现象的泛滥，其立法目的在于通过保护劳动者的劳动报酬权，维护和谐稳定的劳动关系，以减少劳资双方的矛盾与冲突，保障我国经济社会良性运行。2013 年 1 月 22 日，最高人民法院对外发布的《关于审理拒不支付劳动报酬刑事案件适用法律若干问题的解释》，对本罪所涉及的术语界定、定罪量刑标准、单位犯罪等问题进一步进行了明确。这一司法解释自 2013 年 1 月 23 日起施行。

二、犯罪构成要件

（一）犯罪主体

本罪的犯罪主体为一般主体，即年满十六周岁且具有刑事责任能力的自然人或单位。单位犯本罪时，实行双罚制，既对单位判处罚金，也对其直接负责的主管人员和其他直接责任人员按相关条款规定判处刑罚。

（二）犯罪客观方面

本罪在犯罪客观方面表现为：既有危害行为又有危害结果，且两者间有刑法上的因果关系。

1. 以转移财产、逃匿等方法逃避支付劳动者的劳动报酬或者有能力支付而不支付劳动者的劳动报酬。有下列情形之一的，应认定构成本罪：

（1）实施了转移财产、逃匿等方法逃避支付劳动者的劳动报酬的行为。

（2）有能力支付而不支付劳动者的劳动报酬。即企业的银行存款足够支付劳动者的劳动报酬，而不作为，导致劳动者没有在按合同或法定应获得劳动报酬的时限内获得报酬。如实行月工资制的，超过20天仍不发放工资的，即构成“不支付”。

2. 数额较大。法律没有明文规定构成的绝对值范围，可予比照职务侵占罪的入刑标准进行追诉。

3. 经政府有关部门责令支付仍不支付的。应认定构成本罪的几种情形：

（1）劳动行政部门即各级劳动监察大队已向用人单位送达《行政处罚决定书》，责令用人单位限期支付劳动者劳动报酬。

（2）各级劳动争议仲裁委员会已向用人单位送达《劳动争议仲裁决定书》，责令用人单位限期支付劳动者劳动报酬。劳动仲裁不论是否提起劳动争议诉讼程序，均构成。

（3）各级法院已向用人单位送达《民事判决书》，责令用人单位限期支付劳动者劳动报酬，判决书已生效或虽因劳动者提起上诉而没生效但用人单位没有提起上诉的。

（4）各级信访机关已向用人单位送达批转文件，责令用人单位限期支付劳动者劳动报酬。

（5）具体来说，是行为人采取了欺骗、隐瞒等非法手段，达到故意不支付的目的。一是我国刑法采取“定性+定量”的立法模式，因此拖欠劳动报酬的数额上应该有限制。二是时间上也要作出限制。三是程序上也要作出限制。如之前需通过劳动仲裁并有仲裁裁决或有相关部门的责令、判令支付薪水的文书等。

（三）犯罪客体

本罪侵犯的客体是双重客体，既侵犯劳动者的财产权，妨碍了正常的劳动用工关系亦即劳资关系，又侵犯了社会主义市场经济秩序。

（四）犯罪主观方面

本罪的主观方面表现为故意，即主观上明知自己“不支付劳动报酬”的行为会使劳动者不能及时地得到劳动报酬，从而产生相应的社会危害后果，但仍希望或放任这种后果发生。

实务中，企业都希望通过减少成本或提高收入以增加盈利，而盈利能力的高低直接决定企业的市场竞争力。企业不能通过提升自身营业能力的正当途径减少成本而又想实现盈利时，个别企业就企图通过偷工减料或压榨公司员工劳动报酬的不正当途径降低成本、减少“支出”，当企业为了私利而在有支付能力的情况下拒不支付或拖延支付员工应得的薪酬的时候，就会面临触犯本罪的刑事风险。

三、刑事立案追诉标准

目前，我国法律对本罪并没有明确的立案标准规定，但《最高人民法院关于审理拒不支付劳动报酬刑事案件适用法律若干问题的解释》对本罪的量刑做了相关规定，可供参考。

根据上述司法解释第二条的规定，以逃避支付劳动者的劳动报酬为目的，具有下列情形之一的，应当认定为《刑法》第二百七十六条之一第一款规定的“以转移财产、逃匿等方法逃避支付劳动者的劳动报酬”：

（一）隐匿财产、恶意清偿、虚构债务、虚假破产、虚假倒闭或者以其他方法转移、处分财产的；

（二）逃跑、藏匿的；

（三）隐匿、销毁或者篡改账目、职工名册、工资支付记录、考勤记录等与劳动报酬相关的材料的；

（四）以其他方法逃避支付劳动报酬的。

拒不支付劳动报酬罪，是2011年2月25日召开的十一届全国人大常委会第十九次会议上表决通过的《刑法修正案（八）》中新设立的一个罪名，很多企业管理人员至今仍然不甚明了。

当此之时，立法者出于加强民生保护之立法目的，加大对一些严重损害劳动者利益的行为之惩处力度，将部分拒不支付劳动报酬的行为纳入刑法调整范围。鉴于传统观点认为，欠薪仅仅只是欠债，是否支付劳动报酬本质上是民事行为，与其他欠债无异；没有必要将其上升为刑事犯罪，对此，是否应将部分拒不支付劳动报酬行为入罪，亦即拒不支付劳动报酬行为犯罪化问题，以及如何合理界定拒不支付劳动报酬行为的边界，使之更具科学性、可行性，使其发挥应有的作用，曾经是法学理论界和司法实务界共同热议的话题。笔者认为，即便从逻辑角度看，结合迄今为止的社会情势，设立拒不支付劳动报酬罪，确有必要。从设立以来的实施情况来看，切实可行、行之有效，社会效果很好。

四、量刑标准

根据《刑法》第二百七十六条之一的规定，以转移财产、逃匿等方法逃避支付劳动者的劳动报酬或者有能力支付而不支付劳动者的劳动报酬，数额较大，经政府有关部门责令支付仍不支付的，处三年以下有期徒刑或者拘役，并处或者单处罚金；造成严重后果的，处三年以上七年以下有期徒刑，并处罚金。

单位犯前款罪的，对单位判处罚金，并对其直接负责的主管人员和其他直接责任人员，依照前款的规定处罚。

有前两款行为，尚未造成严重后果，在提起公诉前支付劳动者的劳动报酬，并依法承担相应赔偿责任的，可以减轻或者免除处罚。

根据《最高人民法院关于审理拒不支付劳动报酬刑事案件适用法律若干问题的解释》第三条的规定，具有下列情形之一的，应当认定为《刑法》第二百七十六条之一第一款规定的“数额较大”：

（一）拒不支付一名劳动者三个月以上的劳动报酬且数额在5000元至2万元以上的；

（二）拒不支付十名以上劳动者的劳动报酬且数额累计在3万元至10万元以上的。

各省、自治区、直辖市高级人民法院可以根据本地区经济社会发展状况，在前款规定的数额幅度内，研究确定本地区执行的具体数额标准，报最高人民法院备案。

根据《最高人民法院关于审理拒不支付劳动报酬刑事案件适用法律若干问题的解释》第五条的规定，拒不支付劳动者的劳动报酬，符合本解释第三条的规定，并具有下列情形之一的，应当认定为《刑法》第二百七十六条之一第一款规定的"造成严重后果"：

（一）造成劳动者或者其被赡养人、被扶养人、被抚养人的基本生活受到严重影响、重大疾病无法及时医治或者失学的；

（二）对要求支付劳动报酬的劳动者使用暴力或者进行暴力威胁的；

（三）造成其他严重后果的。

根据《最高人民法院关于审理拒不支付劳动报酬刑事案件适用法律若干问题的解释》第六条的规定，拒不支付劳动者的劳动报酬，尚未造成严重后果，在刑事立案前支付劳动者的劳动报酬，并依法承担相应赔偿责任的，可以认定为情节显著轻微危害不大，不认为是犯罪；在提起公诉前支付劳动者的劳动报酬，并依法承担相应赔偿责任的，可以减轻或者免除刑事处罚；在一审宣判前支付劳动者的劳动报酬，并依法承担相应赔偿责任的，可以从轻处罚。对于免除刑事处罚的，可以根据案件的不同情况，予以训诫、责令具结悔过或者赔礼道歉。拒不支付劳动者的劳动报酬，造成严重后果，但在宣判前支付劳动者的劳动报酬，并依法承担相应赔偿责任的，可以酌情从宽处罚。

第二节 典型案例精析

阳泉市××房地产开发有限公司、范某某拒不支付劳动报酬案①

△基本案情

阳泉市××房地产开发有限公司（法定代表人：范某某）以河南××集团

① 案号：（2015）阳刑终字第104号。

有限公司的名义将坐落于义井村的××4号、10号高层住宅楼工程建设项目水电安装、内外墙装修等工程发包给唐某某等人后，拖欠251名农民工劳务报酬。在2014年9月9日，阳泉市郊区人力资源和社会保障局向阳泉市××房地产开发有限公司下达《阳泉市郊区劳动保障监察责令改正决定书》[阳郊人社监令（2014）第09号]，2014年9月17日，阳泉市郊区人力资源和社会保障局向阳泉市××房地产开发有限公司下达《阳泉市郊区人力资源和社会保障局行政处理决定书》[阳郊人社行处字（2014）第2号]后，仍拒不支付劳动报酬5654008.12元。郊区人社局将案件移送侦查机关，范某某于2014年10月29日到侦查机关投案自首，并随身携带100万元拖欠款项。2015年2月3日阳泉市郊区人民检察院提起公诉前阳泉市××房地产开发有限公司已将全部拖欠款项支付完毕。

△裁判结果

阳泉市××房地产开发有限公司犯拒不支付劳动报酬罪，判处罚金8万元；范某某犯拒不支付劳动报酬罪，免予刑事处罚。

△评析

本案涉及的是企业及其管理人员以逃匿方法逃避支付劳动报酬，经政府有关部门责令支付劳动报酬而不支付的行为，是否构成拒不支付劳动报酬罪的问题。

根据《刑法》第二百七十六条之一的规定，以转移财产、逃匿等方法逃避支付劳动者的劳动报酬或者有能力支付而拒不支付劳动者的劳动报酬，数额较大，经政府有关部门责令支付仍不支付的，处三年以下有期徒刑或者拘役，并处或者单处罚金；单位犯前款罪的，对单位判处罚金，并对其直接负责的主管人员和其他直接责任人员进行处罚。根据《最高人民法院关于审理拒不支付劳动报酬刑事案件适用法律若干问题的解释》第三条的规定，拒不支付十名以上劳动者的劳动报酬且数额累计在3万元至10万元以上的，应当认定为《刑法》第二百七十六条之一第一款规定的“数额较大”。第六条规定，拒不支付劳动者的劳动报酬，尚未造成严重后果，在提起公诉前支付劳动者的劳动报酬，并依法承担相应赔偿责任的，可以减轻或者免除刑事处罚。

本案中，阳泉市××房地产开发有限公司及其法定代表人范某某以河南××

集团有限公司的名义将坐落于义井村的××4 号、10 号高层住宅楼工程建设项目水电安装、内外墙装修等工程发包给唐某某等人后，拖欠 251 名农民工劳务报酬，有能力支付而“拒不支付”。在相关政府职能部门责令改正后，仍拒不支付劳动报酬 5654008.12 元，其行为符合《刑法》第二百七十六条之一“以转移财产、逃匿等方法逃避支付劳动者的劳动报酬或者有能力支付而不支付劳动者的劳动报酬，数额较大，经政府有关部门责令支付仍不支付的”规定，构成了拒不支付劳动报酬罪。需要说明的是，范某某之所以能够免予刑事处罚，是因为其具有自首情节及在提起公诉前将拖欠款项予以全部支付，其行为符合《最高人民法院关于审理拒不支付劳动报酬刑事案件适用法律若干问题的解释》第六条的规定。

拒不支付劳动报酬罪属于一种新型的犯罪，该罪的规定及其司法解释的发布，一方面回应了社会上对恶意欠薪行为入刑的呼声，另一方面解决了拒不支付劳动报酬罪在司法实践中存在的一些问题，具有十分重要的意义。实务中，较多企业经营者认为拒付或者延缓支付劳动者报酬只是违反民事法律的行为，最坏打算是劳动者提起劳动仲裁或到法院起诉。事实并非如此，从本案中可知，有能力支付而拒不支付劳动者的劳动报酬是要承担刑事责任的。这些年，我国发生了许多因“拒不支付劳动报酬”而酿成的人间悲剧——农民工亲手杀死了其“老板”，这样的“信访”此起彼伏，摁下葫芦浮起瓢，一波未平一波又起。更有甚者，当年的总理亲自签批“请尽快解决拖欠农民工工资问题”等。这大概就是《刑法修正案（八）》痛下决心将“拒不支付劳动报酬”的行为设定为“拒不支付劳动报酬罪”的根本渊源与理由。

笔者认为，身为企业法定代表人、主要负责人，无论出于什么考虑，均不能“拒不支付劳动报酬”，否则必将受到伦理谴责乃至刑事制裁。

第三节　刑事法律风险防控措施

近年来，企业欠薪、拖欠工程款等侵害劳动者合法权益现象日益突出，以致引发堵路、闹事、冲击国家党政机关等群体性暴力事件和跳楼、自残式讨薪等个人极端行为。为有效遏制拒不支付劳动报酬犯罪活动的发生，近年来，国家先后出台《刑法修正案（八）》和《最高人民法院关于审理拒不支付劳动报酬刑事案件适用法律若干问题的解释》，这意味着将过去一般由行政、民事手段调整的恶意欠薪违法行为，上升为动用刑事手段打击的犯罪行为。如何有效防控本罪的刑事法律风险呢？

一、不断强化守法意识

企业经营者要充分认识到恶意欠薪行为不仅要承担民事责任，还有可能构成刑事犯罪。实务中，企业经营者要尊重劳动者的权益，按时发放工资，不要在具有支付能力的情况下，恶意拖欠劳动者的工资。需要说明的是，基于合同的相对性，企业不能以没有收到货款或工程款为由，拒付劳动者的工资，该理由哪怕是真实的，也不能成为企业不履行工资给付义务的抗辩。

二、提高企业的人力资源管理水平

本罪的设立对企业的人力资源管理水平、薪资管理水平提出了更高的要求，企业经营者必须在法律框架内建立公平合理的薪酬制度，包括工资结构的组成和比例、社会保险费缴纳、加班工资计算方法、工资发放时间等，都要有明确的规定。

三、提高企业财务管理水平

劳动报酬支付问题本质上是一个财务管理问题，企业拥有充足的现金流，一般不会欠薪。因此，当企业涉及重大投资或承接风险较高的订单时，要慎重做决策，必要时可聘请专门咨询机构出具风险评估报告，预防公司陷入资金链断裂风险。另外，在淡季或经济形势不好时，企业可考虑通过裁员等方式降低经营成本，以确保现金流不出现枯竭。

四、政府有关部门责令企业支付劳动者报酬的，应及时支付

如果劳动监察等政府部门责令企业支付劳动者报酬，企业应当及时、足额支付，确有困难的，可与劳动者达成和解并与作出责令处罚的政府部门保持密切联系，以免引致刑事风险。实务中，触犯本罪的人中较多不知道有“拒不支付劳动报酬罪”这个罪名，更不知道涉嫌犯罪后有相应的补救措施可免牢狱之灾，他们认为恶意欠薪是普通的民事行为，劳动者最多是到劳动局投诉、到劳动仲裁委员会仲裁或到法院起诉，不可能构成犯罪。

五、不能以转移财产、逃匿等方法逃避支付劳动报酬

企业的确存在经营困难，难以为继的，企业主不要惊慌逃窜，也不要为逃避债务而转移财产，应当及时和债权人沟通，请求债权人依法向法院提出企业破产申请，通过法律程序解决各个方面的利益冲突。

第二十六章
虚假诉讼罪

第一节　罪名概述

一、虚假诉讼罪的概念

虚假诉讼罪，是指以捏造的事实提起民事诉讼，妨害司法秩序或者严重侵害他人合法权益，触犯《刑法》第三百零七条之一的行为。

最高人民法院、最高人民检察院于2015年10月30日联合发布《关于执行〈中华人民共和国刑法〉确定罪名的补充规定（六）》，对适用刑法的部分罪名进行了补充或修改，其中增加了本罪。2018年9月27日，最高人民法院、最高人民检察院联合公布《关于办理虚假诉讼刑事案件适用法律若干问题的解释》，自2018年10月1日起施行。《关于办理虚假诉讼刑事案件适用法律若干问题的解释》的内容涉及刑法、民法、刑事诉讼法、民事诉讼法等多个部门法，涉及的相关法律适用问题也比较复杂。其中本罪中“以捏造的事实提起民事诉讼”的罪状表述，是上述司法解释的重点内容之一。根据上述司法解释第一条的规定，实务中需从以下几个方面加以理解：

1. 本罪限于“无中生有型”虚假诉讼行为。《关于办理虚假诉讼刑事案件适用法律若干问题的解释》明确规定，刑法规定的“以捏造的事实提起民事诉讼”是指捏造民事法律关系，虚构民事纠纷，向人民法院提起民事诉讼的行为。其中，“捏造”是指无中生有、凭空捏造和虚构；“事实”是指行为人据以提起民事诉讼、人民法院据以立案受理、构成民事案由的事实。“捏造事实”行为的本质是捏造民事法律关系、虚构民事纠纷，两者应同时具备、缺一不可。对于“部分篡改型”虚假诉讼行为，即民事法律关系和民事纠纷客观存在，行为人只是对具体的诉讼标的额、履行方式等部分事实作夸大或者隐瞒的行为，不属于刑法规定的虚假诉讼罪的范畴。

2. “以捏造的事实提起民事诉讼”包括特定“隐瞒真相”的行为。《关于办理虚假诉讼刑事案件适用法律若干问题的解释》明确，隐瞒债务已经全部清偿的事实，向人民法院提起民事诉讼，要求他人履行债务的，以“以捏造的事实提起民事诉讼”论。其主要考虑是：第一，司法实践中存在的隐瞒债务已获全部清偿，仍然起诉要求原债务人履行债务的情况，属于消极的捏造事实行为，其社会危害性与积极的捏造事实行为并无实质不同，有必要通过刑罚手段予以惩治。第二，从刑法规定看，虚假诉讼罪与诈骗罪存在竞合关系，而诈骗罪包括虚构事实和隐瞒真相两种行为方式，因此，在虚假诉讼罪中将特定的“隐瞒真相”行为，以“以捏造的事实提起民事诉讼”论是合理的。

3. 虚假诉讼罪包括“单方欺诈”和“双方串通”两种类型。前者是指一方当事人提起虚假诉讼，侵害另一方当事人合法权益，双方当事人之间存在实质的利益对抗关系。后者是指双方当事人恶意串通进行虚假诉讼，侵害案外第三人合法权益，损害国家、社会公共利益，或者逃避履行法定义务，规避相关管理义务，双方当事人之间不存在实质性利益对抗关系。《关于办理虚假诉讼刑事案件适用法律若干问题的解释》明确，虚假诉讼包括单方或者与他人恶意串通，捏造身份、合同、侵权、继承等民事法律关系的行为。需要注意的是，《民事诉讼法》第一百一十二条、第一百一十三条规制的是“双方串通”虚假诉讼行为，而《刑法》规制的是“单方欺诈”和“双方串通”两种虚假诉讼行为，范围上广于民事诉讼法的规制范围。

4. 本罪适用于民事执行程序。《关于办理虚假诉讼刑事案件适用法律若干问题的解释》明确，向人民法院申请执行基于捏造的事实作出的仲裁裁决、公证债权文书，或者在民事执行过程中以捏造的事实对执行标的提出异议、申请参与执行财产分配的，属于“以捏造的事实提起民事诉讼”。其主要考虑是：民事诉讼法规定的民事诉讼程序包括审判程序和执行程序。在民事执行程序中，人民法院需要对当事人申请执行的仲裁裁决、公证债权文书以及提出的执行异议、参与执行财产分配申请等进行审查，不应将执行程序排除在民事诉讼之外，且将此类行为明确为虚假诉讼行为，有利于规范民事执行程序，也有助于解决实践中存在的执行难问题。

二、犯罪构成要件

（一）犯罪主体

本罪的主体为一般主体，年满十六周岁，具备刑事责任能力，且还应当是具备民事诉讼行为能力，能够提起民事诉讼的自然人。单位也可以成为本罪的主体。

（二）犯罪客观方面

本罪在客观方面表现为行为人以捏造的事实提起民事诉讼，妨害司法秩序或者严重侵害他人合法权益的行为。

1. 行为人捏造事实，是必要条件。

捏造事实，是指行为人虚构、臆造根本不存在，与真实情况相悖的事实情况，既可以是完全捏造，毫无真实成分，也可以是存有部分真实成分，部分捏造。实务中，包括以下几种情形：

（1）行为人虚构债权债务关系，伪造证据，如伪造借条、还款协议等，并以此作为依据向法院起诉，要求被害人履行“债务”；

（2）行为人以被害人已经履行完毕但没有索回或销毁的债务文书为凭据，向法院提起诉讼，要求被害人再次履行；

（3）行为人伪造有关证据，使债权的标的扩大，如篡改借据上的借款金额、伤残鉴定书的伤残等级结论等。

2. 行为人提起的必须是民事诉讼，即作为平等主体的公民之间、法人之间、其他组织之间以及他们相互之间因人身关系或财产关系所提起的诉讼。

3. 行为人捏造事实提起民事诉讼的行为，应妨害司法秩序或者严重侵害他人合法权益。

妨害司法秩序，是指扰乱了司法机关正常的民事诉讼活动秩序，浪费司法资源。

严重侵害他人合法权益，是指严重侵害到他人的财产权、婚姻权、监护权、收养权等合法权益，如导致他人丧失财产、婚姻关系破裂、丧失监护他人或者被他人监护的权利、丧失收养他人或被他人收养的权利等。

（三）犯罪客体

本罪所侵犯的客体是复杂客体，既包括司法机关的正常活动秩序，也包括他人的财产权、婚姻权、收养权、监护权、继承权等合法权益。虚假诉讼的行为，不仅浪费宝贵的有限司法资源，导致真实诉讼无法得到及时审理，严重妨害司法公信力和判决的权威性，同时还可能对法官职业带来不可预测的风险。

（四）犯罪主观方面

本罪的主观方面为故意，即行为人明知自己是用捏造的事实提起诉讼。过失不构成本罪。需要说明的是，行为人进行虚假诉讼的主观目的是否为谋取利益，谋取利益的性质是否正当均不影响本罪的成立。

三、刑事立案追诉标准

目前，我国法律无明文规定本罪的立案追诉标准。因此，行为人只要存在捏造事实提起民事诉讼，侵害他人权益的行为，均有可能构成犯罪，均可以立案查处，依法进行刑事追诉。

虚假诉讼，尤其是“双方串通”乃至“各方串通”型虚假诉讼行为，极具欺骗性，且极难戳穿、揭露与查实。近些年来，民商事审判领域，虚假诉讼现象业已呈现多发、频发态势。对此，最高人民法院刑事四庭负责人就《关于办理虚假诉讼刑事案件适用法律若干问题的解释》答记者问中说，2015 年 11 月 1 日起施行的《刑法修正案（九）》增设了虚假诉讼罪，即《刑法》第三百零七条之一第一款：“以捏造的事实提起民事诉讼，妨害司法秩序或者严重侵害他人合法权益的，处三年以下有期徒刑、拘役或者管制，并处或者单处罚金；情节严重的，处三年以上七年以下有期徒刑，并处罚金。”第二款至第四款，还对单位犯罪、数罪竞合之处理，司法工作人员犯该罪的处罚原则等作出了规定。但是，由于缺乏明确具体的认定标准，司法机关运用刑罚武器打击、惩罚虚假诉讼犯罪人仍然存在一定困难，基于上述迫切需要出台了前文述及的《关于办理虚假诉讼刑事案件适用法律若干问题的解释》。换言之，学习者，欲准确、完整学习、研究虚假诉讼罪，为虚假诉讼罪刑事法律风险防控进行刑法知识储备，务必结合《关于办理虚假诉讼刑事案件适用法律若干问题的解释》来解读《刑法》第三百零七条之一。

四、量刑标准

根据《刑法》第三百零七条之一的规定，以捏造的事实提起民事诉讼，妨害司法秩序或者严重侵害他人合法权益的，处三年以下有期徒刑、拘役或者管制，并处或者单处罚金；情节严重的，处三年以上七年以下有期徒刑，并处罚金。

单位犯前款罪的，对单位判处罚金，并对其直接负责的主管人员和其他直接责任人员，依照前款的规定处罚。

有第一款行为，非法占有他人财产或者逃避合法债务，又构成其他犯罪的，依照处罚较重的规定定罪从重处罚。

司法工作人员利用职权，与他人共同实施前三款行为的，从重处罚；同时构成其他犯罪的，依照处罚较重的规定定罪从重处罚。

根据《关于办理虚假诉讼刑事案件适用法律若干问题的解释》第二条的规定，以捏造的事实提起民事诉讼，有下列情形之一的，应当认定为《刑法》第三百零七条之一第一款规定的“妨害司法秩序或者严重侵害他人合法权益”：

（一）致使人民法院基于捏造的事实采取财产保全或者行为保全措施的；

（二）致使人民法院开庭审理，干扰正常司法活动的；

（三）致使人民法院基于捏造的事实作出裁判文书、制作财产分配方案，或者立案执行基于捏造的事实作出的仲裁裁决、公证债权文书的；

（四）多次以捏造的事实提起民事诉讼的；

（五）曾因以捏造的事实提起民事诉讼被采取民事诉讼强制措施或者受过刑事追究的；

（六）其他妨害司法秩序或者严重侵害他人合法权益的情形。

根据《关于办理虚假诉讼刑事案件适用法律若干问题的解释》第三条的规定，以捏造的事实提起民事诉讼，有下列情形之一的，应当认定为《刑法》第三百零七条之一第一款规定的“情节严重”：

（一）有本解释第二条第一项情形，造成他人经济损失100万元以上的；

（二）有本解释第二条第二项至第四项情形之一，严重干扰正常司法活动或者严重损害司法公信力的；

（三）致使义务人自动履行生效裁判文书确定的财产给付义务或者人民法院强制执行财产权益，数额达到100万元以上的；

（四）致使他人债权无法实现，数额达到100万元以上的；

（五）非法占有他人财产，数额达到10万元以上的；

（六）致使他人因为不执行人民法院基于捏造的事实作出的判决、裁定，被采取刑事拘留、逮捕措施或者受到刑事追究的；

（七）其他情节严重的情形。

根据《关于办理虚假诉讼刑事案件适用法律若干问题的解释》第四条的规定，实施《刑法》第三百零七条之一第一款行为，非法占有他人财产或者逃避合法债务，又构成诈骗罪，职务侵占罪，拒不执行判决、裁定罪，贪污罪等犯罪的，依照处罚较重的规定定罪从重处罚。需要注意的是，《刑法》第三百零七条之一第三款规定的处理原则，主要针对以骗取财物为目的的虚假诉讼犯罪与侵犯财产类犯罪成立想象竞合犯的情况，不宜扩大到与其他手段行为犯罪成立牵连犯的情况。

需要说明的是，对“部分篡改型”虚假诉讼行为的定性是司法实践中的难点问题。根据《关于办理虚假诉讼刑事案件适用法律若干问题的解释》第七条的规定，采取伪造证据等手段篡改案件事实，骗取人民法院裁判文书，构成犯罪的，依照《刑法》第二百八十条、第三百零七条等规定追究刑事责任。主要包括三个方面的问题：

1. “部分篡改型”虚假诉讼，不属于刑法规制的虚假诉讼罪的范畴，不应以虚假诉讼罪定罪处罚。

2. “部分篡改型”虚假诉讼行为一般不宜以诈骗罪、职务侵占罪等侵财类犯罪定性处理。

3. “部分篡改型”虚假诉讼行为中的手段行为构成犯罪的，依照刑法相关规定定性处理。行为人在实施“部分篡改型”虚假诉讼行为过程中，其具体手段可能构成其他犯罪，如行为人伪造证据时伪造了某单位的印章或者行为人有指使他人作伪证的行为，对此可以依照《刑法》第二百八十条、第三百零七条等规定以伪造公司、企业、事业单位、人民团体印章罪，妨害作证罪等犯罪定罪处罚。

第二节　典型案例精析

利×达公司、澳×特公司等虚假诉讼案[①]

△基本案情

2011 年 8 月 29 日，澳×特公司与利×达公司签订澳×特公司生产车间一钢结构部分合同。合同约定由利×达公司承建澳×特公司生产车间一钢结构工程，合同总价为人民币 1750 万元。工程最迟支付的余款需在验收合格之日起两年内支付。工程施工过程中，澳×特公司增加工程量，经双方结算，增补工程款为人民币 126 万元。2013 年 9 月 12 日，上述工程竣工验收合格。至 2017 年 5 月 23 日止，澳×特公司部分支付后尚欠利×达公司工程款人民币 531.5 万元。

2017 年 9 月的一天，黄某某（系利×达公司法定代表人）获悉澳×特公司位于常州市金坛区中兴路 86 号房产及土地使用权将因银行债务问题被法院拍卖，在明知利×达公司对澳×特公司结欠的工程款人民币 531.5 万元已过优先受偿期限的情况下，因担心澳×特公司不能给付工程款人民币 531.5 万元，黄某某遂找到于某某（系澳×特公司法定代表人），二人经商量后预谋通过伪造澳×特公司生产车间钢结构承揽合同、工程款结算支付协议等方式，虚增工程款人民币 450 万元，同时延长工程款支付期限，并预谋通过民事诉讼的方式让利×达公司重新享有对澳×特公司的工程款优先受偿权。此外还约定由于某某获得上述虚增的工程款人民币 450 万元。

---

① 案号：(2018) 苏 04 刑终 408 号。

2017年9月20日，利×达公司凭借伪造的澳×特公司生产车间钢结构承揽合同、钢结构工程增补结算汇总确认单、确认工程明细、工程款结算支付协议等证据材料，到常州市金坛区人民法院提起民事诉讼。2017年10月12日，常州市金坛区人民法院公开开庭审理利×达公司诉澳×特公司建设工程施工合同纠纷一案。于某某出席法庭，并在明知利×达公司向法庭提交的澳×特公司生产车间钢结构承揽合同、工程款结算支付协议等证据材料系伪造的情况下，仍当庭认可利×达公司提交的所有证据材料及诉讼请求。2017年10月16日，常州市金坛区人民法院作出（2017）苏0482民初6230号民事判决，判决澳×特公司支付利×达公司工程款人民币981.5万元及利息，利×达公司对上述工程款中人民币697.8万元的部分就位于常州市金坛区中兴路86号的房产的折价或者拍卖的价款优先受偿。

2017年11月13日，利×达公司申请常州市金坛区人民法院执行上述判决。2017年11月29日，常州市金坛区人民法院出具（2017）苏0482执3342号函，请求常州市中级人民法院组织利×达公司参与分配由常州市中级人民法院拍卖的澳×特公司位于常州市金坛区中兴路86号房屋的拍卖款，该行为侵害了常州市中级人民法院原案件申请执行人赵某的合法权益。2017年12月14日，常州市金坛区人民检察院向常州市金坛区人民法院发出再审检察建议书。2017年11月20日，黄某某、于某某先后向常州市公安局金坛分局金城派出所投案，并如实供述自己的犯罪事实。2018年1月5日，黄某某因涉嫌犯虚假诉讼罪被取保候审，同年8月28日被逮捕。2018年1月5日，于某某因涉嫌犯虚假诉讼罪被取保候审，同年8月28日被逮捕。

2018年1月12日，利×达公司申请撤回执行申请。2018年1月17日，常州市金坛区人民法院裁定准予利×达公司撤回执行申请。2018年5月30日，常州市金坛区人民法院作出（2018）苏0482民再字1号民事判决，认定利×达公司与澳×特公司恶意串通伪造证据进行虚假诉讼，损害第三人利益，依法应认定为虚假诉讼，并撤销（2017）苏0482民初6230号民事判决。

△裁判结果

利×达公司犯虚假诉讼罪，判处罚金30万元；黄某某犯虚假诉讼罪，判处有期徒刑一年，缓刑两年，并处罚金10万元；澳×特公司犯虚假诉讼罪，判处罚金 30 万元；于某某犯虚假诉讼罪，判处有期徒刑一年六个月，并处罚金 10 万元。

△评析

本案涉及的是企业之间恶意串通伪造合同等证据虚增工程款，并通过民事诉讼的方式让一方享有工程款优先受偿权的行为，是否构成虚假诉讼罪的问题。

根据《刑法》第三百零七条之一第一款、第二款的规定，以捏造的事实提起民事诉讼，妨害司法秩序或者严重侵害他人合法权益的，处三年以下有期徒刑、拘役或者管制，并处或者单处罚金；情节严重的，处三年以上七年以下有期徒刑，并处罚金。单位犯前款罪的，对单位判处罚金，并对其直接负责的主管人员和其他直接责任人员，依照前款的规定处罚。根据《关于办理虚假诉讼刑事案件适用法律若干问题的解释》第二条的规定，以捏造的事实提起民事诉讼，致使人民法院开庭审理，干扰正常司法活动的，或者致使人民法院基于捏造的事实作出裁判文书、制作财产分配方案，或者立案执行基于捏造的事实作出的仲裁裁决、公证债权文书的，应当认定为《刑法》第三百零七条之一第一款规定的"妨害司法秩序或者严重侵害他人合法权益"。根据《刑法》第六十七条的规定，犯罪以后自动投案，如实供述自己的罪行的，是自首；对于自首的犯罪分子，可以从轻或者减轻处罚。

本案中，黄某某为谋取不正当利益，伙同于某某等，以利×达公司名义与澳×特公司密谋，伪造利×达公司承建澳×特公司生产车间钢结构承揽合同、钢结构工程增补结算汇总确认单、确认工程明细、工程款结算支付协议等证据材料，并诉至法院；而后申请强制执行，企图借用"法定优先受偿权"侵占人民法院执行过程中的财产，严重侵犯相关当事人的合法权益，也因此严重妨害司法秩序，其行为符合《刑法》第三百零七条之一"以捏造的事实提起民事诉讼，妨害司法秩序或者严重侵害他人合法权益的"规定，构成了虚假诉讼罪。犯罪以后，由于黄某某、于某某主动投案，如实供述自己的犯罪事实，构成自首，法院给予其从轻处罚的处理。对于本案而言，不幸之中的万幸是，人民检察院在办案过程中及时发觉了黄某某、于某某、利×达公司、澳×特公司的恶劣行为，向人民法院发出再审检察建议书，有效遏制并依法纠正了其虚假诉讼的犯罪行为，让其受到了应有的法律制裁。

现实生活中，在案例之中的这种特殊情境下，很多人都容易滋生不良想法，以达到逃避债务的目的。与本案之中的黄某某、于某某一样，伪造证据、捏造事实，并以伪造的证据、捏造的事实向相关人民法院提起诉讼，企图谋取非法利益。需要提醒的是，很多人都会误以为这是通过司法路径取得的，是“智取”而非打家劫舍得到的“不义之财”，应当没有多大问题。但事实并非如此，这种以捏造的事实提起民事诉讼的恶劣行径，会严重侵害他人合法权益，并且严重妨害司法秩序、从根本上威胁和侵害司法公信力，是触犯《刑法》第三百零七条之一的犯罪行为。

第三节　刑事法律风险防控措施

虚假诉讼是一个法律名词，俗称“打假官司”，是指民事诉讼的双方当事人恶意串通，或单方，通过虚构事实、伪造证据向法院提起诉讼，欺骗法院作出错误裁判、错误执行的方式获得非法利益。当前司法实践中，虚假诉讼时有发生，主要存在于民间借贷纠纷、离婚纠纷、追索劳动报酬纠纷以及第三人撤销之诉、案外人执行异议之诉、案外人申请再审、破产等类型案件中，严重侵害了当事人及第三人的合法权益，妨害了司法机关的正常司法秩序。如何避免犯本罪呢？建议如下：

一、做遵纪守法人，不断强化守法意识

根据《刑法》第三百零七条之一第一款的规定，以捏造的事实提起民事诉讼，妨害司法秩序或者严重侵害他人合法权益的，处三年以下有期徒刑、拘役或者管制，并处或者单处罚金；情节严重的，处三年以上七年以下有期徒刑，并处罚金。因此，企业经营者要充分认识到虚假诉讼不是一般的违法行为，而是要承担刑事责任的严重违法行为，一旦不法行为被法院等司法机关识破，行为人将面临牢狱之灾。实务中，法院遇到以下情形，一般会警惕其存在虚假诉讼：

1. 当事人为夫妻、朋友等亲密关系或者关联企业等共同利益关系；

2. 原告诉请司法保护的标的额与其自身经济状况严重不符；

3. 原告起诉所依据的事实和理由明显不符合常理；

4. 当事人双方无实质性民事权益争议；

5. 案件证据不足，但双方仍然主动迅速达成调解协议，并请求人民法院出具调解书。

二、向法院提起诉讼时，要依法提交证据

企业如果提起诉讼，应严格依据证据规则提交证据，杜绝虚构事实，不得提供伪造证据。需要特别注意的是，要避免对现有不清晰的证据进行修复或篡改。在提起诉讼前，若发现某些证据存在瑕疵，应当第一时间找相关人员进行核实，以确保向法院提交的证据的真实性和合法性。

三、合同履行过程中，要保存好重要证据

企业在履行合同过程中，对合同履行的过程应当做好记录，保存好重要证据，必要时要进行录音，避免争议出现时无据可提。同时，企业应定期对公司财务审计，保证企业资金往来情况有明确的记录。

四、不要教唆他人通过违法手段逃避债务

根据《刑法》第二十九条的规定，教唆他人犯罪的，应当按照其在共同犯罪中所起的作用处罚。教唆不满十八周岁的人犯罪的，应当从重处罚。如果被教唆的人没有犯被教唆的罪，对于教唆犯，可以从轻或者减轻处罚。因此，当他人拖欠巨额债务时，企业经营者切忌要小聪明充当“背后军师”，为其提出伪造证据、捏造纠纷等不正当行为逃避债务，否则有可能成为本罪的教唆犯，也要承担刑事责任。

第二十七章 非法占用农用地罪

第一节 罪名概述

一、非法占用农用地罪的概念

非法占用农用地罪，是指违反土地管理法律法规，非法占用耕地、林地等农用地，改变被占用土地用途，数量较大，造成耕地、林地等农用地大量毁坏，触犯《刑法》第三百四十二条的行为。

农用地，是指直接用于农业生产的土地，具体包括耕地、林地、草地、农田水利用地、养殖水面等；需要强调的是，果园、桑园、茶园等园地也是农用地。

虽然我国地大物博，但是由于人口众多，人均土地资源特别是农用地资源仍然十分稀缺。因此，我国历来实行严格的农用地保护管理制度。作为一种法定犯，本罪是国家土地政策在《刑法》中的直接体现，它反映出一定历史阶段和社会环境下国家意志对农用地使用最有力的规范和控制。1997 年我国《刑法》修订时，增设了“非法占用耕地罪”的罪名，后来根据实践中出现的新情况，《刑法修正案（二）》对非法占用耕地罪进行了增补，将本罪的犯罪对象扩大到包括耕地、林地在内的所有农用地，罪名也随之变更为“非法占用农用地罪”。最高人民法院又于 2000 年、2005 年、2012 年先后公布了《最高人民法院关于审理破坏土地资源刑事案件具体应用法律若干问题的解释》《最高人民法院关于审理破坏林地资源刑事案件具体应用法律若干问题的解释》《最高人民法院关于审理破坏草原资源刑事案件应用法律若干问题的解释》三个司法解释，为法院审理非法占用农用地案件提供了更明确的适用依据。然而，法院审理这类犯罪时，发现具体的案件往往与土地政策、政府行政行为交织在一起，同时由于司法解释的不够完善造成一些案件实践中不易操作，而打击力度的轻重又因关系到老百姓的生计不易把握。

实务中，本罪与非法转让、倒卖土地使用权罪有相似之处，都是与土地管理有关的犯罪，但两者有以下不同地方：

1. 犯罪客体不同。本罪侵害的是国家对土地特别是农用地进行保护的管理制度；而非法转让、倒卖土地使用权罪侵害的则是国家对土地使用权合法转让的管理制度。

2. 犯罪客观方面不同。本罪是结果犯，表现为违反土地管理法规，非法侵占农用地，数量较大，造成大量农用地毁坏的行为；而非法转让、倒卖土地使用权罪则是情节犯，表现为违反土地管理法规，实施了非法转让、倒卖土地使用权，情节严重的行为。其中非法转让土地使用权，是指以买卖以外的其他形式非法转移土地使用权的行为，也即未按国家法律规定程序办理征用或者划拨手续的行为，或者未按规定权限办理审批手续的土地转让的行为。倒卖土地使用权有两种行为方式，一是毫不掩饰和明码标价地将土地卖给他人，并收取价款；二是以某种形式掩盖其土地买卖的实质而将土地卖给他人。

二、犯罪构成要件

（一）犯罪主体

本罪的犯罪主体为一般主体，即年满十六周岁且具有刑事责任能力的自然人或单位。

根据《土地管理法》第六十二条第四款的规定，农村村民住宅用地，经乡（镇）人民政府审核，由县级人民政府批准；其中，涉及占用农用地的，依照本法第四十四条的规定办理审批手续。凡违反该程序私自占用数量较大耕地的居民均可构成本罪的主体。单位非法占用农用地，主要是指单位在建设用地过程中，违反土地管理法规，非法占用其无权占用的农用地改作他用，数量较大，从而导致农用地大量毁坏的行为。

（二）犯罪客观方面

本罪在客观方面表现为违反土地管理法规，非法占用农用地改作他用，数量较大，从而造成农用地大量毁坏的行为。

1. 违反土地管理法规，是指违反了《土地管理法》《水土保持法》《农业法》《土地管理法实施条例》《基本农田保护条例》《关于制止农村建房用地的紧急通知》《全国人民代表大会常务委员会关于修改〈中华人民共和国土地管理法〉的决定》等与土地管理相关的法律法规。

2. 非法占用农用地，是指未经法定程序审批、登记、核发证书、确认土地使用权，而占用农用地的行为。实务中，非法占用农用地的行为表现如下：

（1）未经批准占用农用地的，即未经国家土地管理机关审理，并报经人民政府批准，擅自占用农用地的；

（2）少批多占农用地的，即部分农用地的占用是经过合法批准的，但超过批准的数量且多占农用地的数量较大的；

（3）骗取批准而占用农用地的，主要是以提供虚假文件、谎报用途或借用、盗用他人的名义申请等欺骗手段取得批准手续而占用农用地，且数量较大的。

3. 改作他用，是指改变农用地的种植用途而作其他方面使用，诸如建造住宅、筑路、采石、采矿、采土、开办企业等。

4. 数量较大的具体标准，我国法律没有明文规定，根据《土地管理法》第四十六条第一款、第二款对土地的征用或使用所作的详细规定：征用永久基本农田、永久基本农田以外的农用地超过35公顷、其他土地超过70公顷的，由国务院批准；征用上述规定以外的土地，由省、自治区、直辖市人民政府批准。如果违反上述有关土地管理的审批程序或所规定的数量而多征用、使用农用地的行为，就是违反《土地管理法》非法占用农用地的行为。实务中，也可根据当时当地农用地面积的大小、质量优劣的状况等情况综合衡量非法占用农用地的数量是否较大。

5. 造成农用地大量毁坏，是指非法占用农用地导致农用地种植功能基本丧失，如造成土地板结、沙化、盐渍化、水土严重流失、土壤肥力消失等。

（三）犯罪客体

本罪侵犯的客体是国家的土地管理制度。我国《宪法》《土地管理法》及其实施条例等行政管理法规对农用地的使用作出了规定。

本罪的对象是农用地资源。农用地资源分为已开垦的农用地和尚未开发利用的后备农用地。已开垦的农用地包括熟地、当年新开荒地、连续撂荒未满三年的农用地、当年的休闲地、以种植农作物为主并附带其他作物的土地和沿海沿湖地区围垦利用的滩涂湖田等。根据1998年12月27日发布的《基本农田保护条例》第十条第一款，属于基本农田所包含的农用地范围分别是：国务院有关主管部门和县级以上地方人民政府批准确定的粮、棉、油生产基地内的耕地；有良好的水利与水土保持设施的耕地，正在实施改造计划以及可以改造的中、低产田；蔬菜生产基地；农业科研、教学试验田。

（四）犯罪主观方面

本罪的主观方面表现为直接故意，即明知占用农用地改作他用的行为违反土地管理法规，而且对于占用农用地改作他用会造成大量农用地被毁坏的结果也是明知的。需要说明的是，行为人非法占用农用地的动机多种多样，但不影响本罪的成立。

三、刑事立案追诉标准

根据《最高人民检察院、公安部关于公安机关管辖的刑事案件立案追诉标准的规定（一）》第六十七条的规定，违反土地管理法规，非法占用耕地、林地等农用地，改变被占用土地用途，造成耕地、林地等农用地大量毁坏，涉嫌下列情形之一的，应予立案追诉：

（一）非法占用基本农田五亩以上或者基本农田以外的耕地十亩以上的；

（二）非法占用防护林地或者特种用途林地数量单种或者合计五亩以上的；

（三）非法占用其他林地十亩以上的；

（四）非法占用本款第二项、第三项规定的林地，其中一项数量达到相应规定的数量标准的百分之五十以上，且两项数量合计达到该项规定的数量标准的；

（五）非法占用其他农用地数量较大的情形。

违反土地管理法规，非法占用耕地建窑、建坟、建房、挖沙、采石、采矿、取土、堆放固体废弃物或者进行其他非农业建设，造成耕地种植条件严重毁坏或者严重污染，被毁坏耕地数量达到以上规定的，属于本条规定的“造成耕地大量毁坏”。

违反土地管理法规，非法占用林地，改变被占用林地用途，在非法占用的林地上实施建窑、建坟、建房、挖沙、采石、采矿、取土、种植农作物、堆放或者排泄废弃物等行为或者进行其他非林业生产、建设，造成林地的原有植被或者林业种植条件严重毁坏或者严重污染，被毁坏林地数量达到以上规定的，属于本条规定的“造成林地大量毁坏”。

四、量刑标准

根据《刑法》第三百四十二条的规定，违反土地管理法规，非法占用耕地、林地等农用地，改变被占用土地用途，数量较大，造成耕地、林地等农用地大量毁坏的，处五年以下有期徒刑或者拘役，并处或者单处罚金。

根据《刑法》第三百四十二条之一的规定，违反自然保护地管理法规，在国家公园、国家级自然保护区进行开垦、开发活动或者修建建筑物，造成严重后果或者有其他恶劣情节的，处五年以下有期徒刑或者拘役，并处或者单处罚金。有前款行为，同时构成其他犯罪的，依照处罚较重的规定定罪处罚。

根据《最高人民法院关于审理破坏土地资源刑事案件具体应用法律若干问题的解释》第三条的规定，违反土地管理法规，非法占用耕地改作他用，数量较大，造成耕地大量毁坏的，依照《刑法》第三百四十二条的规定，以非法占用耕地罪定罪处罚：

（一）非法占用耕地“数量较大”，是指非法占用基本农田五亩以上或者非法占用基本农田以外的耕地十亩以上。

（二）非法占用耕地“造成耕地大量毁坏”，是指行为人非法占用耕地建窑、建坟、建房、挖沙、采石、采矿、取土、堆放固体废弃物或者进行其他非农业建设，造成基本农田五亩以上或者基本农田以外的耕地十亩以上种植条件严重毁坏或者严重污染。

根据《最高人民法院关于审理破坏土地资源刑事案件具体应用法律若干问题的解释》第九条的规定，多次实施本解释规定的行为依法应当追诉的，或者一年内多次实施本解释规定的行为未经处理的，按照累计的数量、数额处罚。

第二节　典型案例精析

罗某某等非法占用农用地案[①]

△基本案情

强×公司在未办理好农用地相关审批手续的情况下，擅自将耕地、林地平整作为建设用地，造成农用地损毁严重。罗某某、汪某、廖某某、刘某某、唐某某、黄某某、阳某某是强×公司的股东，负有直接责任。另外，罗某某、廖某某、刘某某还擅自将部分耕地、林地平整作为建设用地，造成农用地损毁严重。2009年6月，罗某某、廖某某、汪某、徐某某（另案处理）商量合伙开办物流公司，并从衡山县新桥镇堆积村鲁草组集体及村民处租用耕地、林地，其中罗某某、廖某某、徐某某每人以现金10万元入股，汪某以协调关系、联系平整土地机械设备的形式入股。同年6月18日起，汪某到潭衡西高速公路项目部联系挖土机、推土机，开始对租来的耕地、林地平整。2009年6月26日，唐某某也以现金10万元入股强×公司。同年8月5日，罗某某、唐某某、廖某某、徐某某在衡山县工商局以注册资本50万元注册成立强×公司。公司成立后，刘某某、黄某某、阳某某先后也以10万元入股强×公司，而徐某某则退出强×公司。同年9月25日，罗某某、唐某某、廖某某、汪某、刘某某、黄某某、阳某某7个股东在罗某某家召开股东会并正式签订了合股协议，协议规定各股东平均投资，按比例分红，罗某某为法人代表，唐某某为公司主管、廖某某为公司出纳，刘某某负责材料采购及招商引资，阳某某为公司会计，汪某负责协调关系及安全生产、黄某某负责公司材料保管。罗某某、廖某某、唐某

① 案号：（2014）衡中法刑二终字第166号。

某、刘某某、黄某某、阳某某6个股东每人共投入股金27万元，总共投入162万元。阳某某在接收徐某某的股份时另外支付徐某某现金2万元。强×公司继续租赁周围村民的林地并将其陆续平整好，兴建一栋四层的办公楼，之后将场地及办公楼出租给潭衡西高速公路第二十三合同段项目经理部，共收取租金41万余元。2011年上半年，潭衡西高速公路修好后，项目部撤走时将安装的一台变压器和一个地磅无偿送给了强×公司。强×公司成立前后，枫树冲、二斗冲、五斗冲、杂冲的耕地、林地被损毁的情况，具体如下：

1. 2009年5月22日，罗某某以14.8万元的价格租赁衡山县新桥镇堆积村鲁草组枫树冲、二斗冲的部分耕地70年使用权，准备作为开办物流公司用地。在强×公司注册前由罗某某、廖某某、汪某组织平整。在强×公司注册成立以后，所花费的租金及平整耕地的费用计作股金投入。经衡山县国土资源局认定该处为一般耕地，面积为5亩。

2. 2009年5月26日，廖某某以120008元的价格租赁衡山县新桥镇堆积村鲁草组五斗冲、杂冲的部分耕地70年使用权，准备作为堆放钠长石矿的场地。廖某某所交的1万元押金在强×公司注册成立后计作股金投入。2010年5月，在罗某某、刘某某、廖某某支付相关押金、租地款后，由罗等三人私人组织平整。经衡山县国土资源局认定该处为一般耕地，面积为4.22亩。

3. 2009年6月，罗某某、廖某某、徐某某以94100元的价格取得衡山县新桥镇堆积村鲁草组村民汪某某家林地5.6亩、以4455元的价格征用衡山县新桥镇堆积村鲁草组村民胡某某家林地2.539亩，并由罗某某、廖某某、汪某、徐某某开始组织平整，所花费的租金及平整耕地的费用在强×公司注册成立后计入股金投入。经衡山县国土资源局认定该处违法用地面积5.14亩。经衡山县林业规划设计室认定该处造成防护林地损毁6.1亩。

4. 2009年8月1日，罗某某、廖某某、徐某某三人以3.5万元的价格买下衡山县新桥镇堆积村鲁草组五斗冲汪某某家林地。买地费用及办理林业证件的费用在强×公司注册成立后计入股金投入。2010年5月，在罗某某、刘某某、廖某某支付相关买地款等费用后给公司，由罗某某等三人私人组织平整。经衡山县国土资源局认定该处违法用地面积2.1亩。经衡山县林业规划设计室认定该处造成防护林损毁2.2亩。

5. 罗某某、汪某、廖某某、刘某某、唐某某、黄某某、阳某某签订强×公司合股协议后，2009 年 9 月强×公司以 84740 元的价格征用鲁草组赵某某家林地 5.036 亩，以 103000 元的价格征用鲁草组胡某某家林地 5.82 亩，以 18500 元的价格征用鲁草组曹某某家林地 1.101 亩，以 8700 元的价格征用鲁草组汪某民家林地 0.517 亩，以 11850 元的价格征用堆积村桂花组汪某某家林地 2.669 亩，之后陆续将上述林地中的一部分平整好，并兴建一栋四层的办公楼。经衡山县国土资源局认定该处违法用地面积 9.98 亩，经衡山县林业规划设计室认定该处造成防护林地损毁 8.4 亩。综上，强×公司成立前后，以个人名义及公司名义租用或征用鲁草组集体或村民个人承包的耕地、林地共 24.86 亩，其中强×公司参与损毁 18.54 亩，罗某某、廖某某参与损毁 24.86 亩。汪某参与损毁 18.54 亩。刘某某参与损毁 14.72 亩，唐某某、黄某某、阳某某参与损毁 8.4 亩。强×公司开办期间，向有关部门申请用地许可手续，2009 年 9 月 4 日，经湖南省林业厅许可，同意强×公司征用林地 0.62 公顷，计 9.3 亩，作办公用地建设项目，强×公司需按有关规定办理相关的建设用地审批手续、林地征用手续、林木采伐许可手续。但该公司一直未办理上述手续。2011 年 5 月 9 日衡山县国土资源局对强×公司违法使用土地进行了行政处罚，对该公司罚款 83785.5 元。

强×公司经营一段时间后，因资金周转不足，加上股东内部产生矛盾，经股东会议讨论决定，将公司转租给一个人来经营，并对公司资产进行了清算，因对外转让不成，于是公司决定以内部股东竞标形式转让。决议形成后，强×公司将公司的房屋、设备和公司占用的土地一并进行转让。具体如下：

1. 2011 年 7 月 24 日，强×公司通过承租 70 年经营权的形式以 239 万元的价格将土地、房屋、设备转让给刘某某，所转让的土地为鲁草组枫树冲、二斗冲共 20.13 亩。罗某某、廖某某、刘某某、唐某某、黄某某、阳某某六个股东每人分得 38 万元，汪某分得 11 万元，另罗某某以其是公司法人代表、出力多为由向刘某某索要 50 万元，并由刘某某、李某某等人组建的新公司将上述 289 万元付清。此后，刘某某个人还付给汪某 5 万元。2011 年 11 月 24 日，刘某某中标转得公司后在衡山县工商局以注册资本 300 万元注册成立“衡山县恒×钠长石加工有限公司”（以下简称恒×公司），恒×公司在强×公司原有 20.13 亩土地的基础上，继续向村民汪某某等人征用林地 21.17 亩，并将强×公司原有的部分场地进行水泥硬化，用于钠长石的加工、仓储、销售，新征用的 21.17

亩林地则尚未平整，并向有关部门申请办理有关手续。2012 年 8 月 2 日，衡山县人民政府公告，经湖南省人民政府批准，决定征收新桥镇堆积村集体土地 2.753 公顷（41.295 亩）用于衡山钠长石原料加工建设用地。2013 年 5 月，恒×公司将硬化的水泥坪和办公楼以每年 50 万元人民币的价格转租给衡山润×陶瓷原料有限公司。

2.2010 年 5 月，因强×公司股东不愿意支付五斗冲、杂冲的耕地剩余的租赁款，认为五斗冲、杂冲不能产生利益，于是股东开会决定将该处 4.22 亩耕地连同所征用汪某某家的 2.1 亩林地一并转给罗某某、刘某某、廖某某私人进行平整。强×公司已经为五斗冲、杂冲所支付的租地款、押金及办理林业证件的费用也由刘某某等三人支付给公司。2011 年 10 月，罗某某、廖某某、刘某某三人将该处土地平整。廖某某和刘某某各分得一块 0.57 亩的土地（10 米×38 米），罗某某分得一块 0.46 亩的土地（8 米×38 米）。廖某某还以 3 万元的价格从刘某某手中买得一块 0.11 亩的土地（2 米×38 米），并砌了一栋房子；刘某某将所分得剩余土地以 12.28 万元卖给凌某华之子凌某峰建房；罗某某将所分得的土地以 12.8 万元卖给徐某某建房。2013 年 1 月，罗某某、廖某某、刘某某三人将该处剩余平整的部分空地以 3 万元的价钱出租给李某某使用 5 年，三人各分得 1 万元。同年 4 月 18 日，罗某某、廖某某、刘某某三人又将剩余平整的部分空地以 6 万元的价格租赁给汪某某使用 70 年，三人各分得 2 万元。综上，强×公司转让后，各股东除收回入股投资外，罗某某获得 71.6 万元，廖某某获得 11 万元和一块 0.57 亩的土地（已建房），刘某某获得 24.08 万元，汪某、唐某某、黄某某各获得 11 万元，阳某某获得 9 万元。另查明，案发后，刘某某在公安机关、检察机关退缴人民币 20 万元，廖某某在检察机关退缴人民币 14 万元，唐某某、黄某某、阳某某在公安机关各退缴人民币 11 万元。2013 年 8 月 21 日公安机关扣押汪某所有的本田雅阁小车一辆，同年 8 月 27 日公安机关扣押罗某某丰田凯美瑞小车一辆。

案发后，罗某某于 2013 年 8 月 2 日主动到衡山县公安局投案，廖某某于 2013 年 8 月 8 日从昆明准备回衡山投案时，在途中被昆明铁路公安处抓获。刘某某于 2013 年 8 月 29 日主动到衡山县公安局投案。唐某某于 2013 年 8 月 20 日到衡山县公安局投案，黄某某于 2013 年 8 月 21 日到衡山县公安局投案，阳某某于 2013 年 8 月 14 日到岳云中学校门处等候公安局民警传唤，汪某于 2013

年8月20日被衡山县公安局抓获。2013年8月21日唐某某在公安机关的安排下带同案人员黄某某到衡山县公安局投案。上述人员到案后均如实供述了事实。

△裁判结果

一、罗某某犯非法占用农用地罪，免予刑事处罚；犯非法转让土地使用权罪，判处有期徒刑一年六个月，并处罚金4万元，决定执行有期徒刑一年六个月，并处罚金4万元。追缴非法所得71.6万元予以没收，上缴国库。

二、汪某犯非法占用农用地罪，免予刑事处罚；犯非法转让土地使用权罪，判处有期徒刑一年六个月，并处罚金4万元，决定执行有期徒刑一年六个月，并处罚金4万元。追缴非法所得11万元予以没收，上缴国库。

三、刘某某犯非法占用农用地罪，免予刑事处罚；犯非法转让土地使用权罪，判处有期徒刑一年六个月，缓刑二年，并处罚金4万元，决定执行有期徒刑一年六个月，缓刑二年，并处罚金4万元。追缴非法所得24.08万元予以没收，上缴国库。

四、唐某某犯非法占用农用地罪，免予刑事处罚；犯非法转让土地使用权罪，判处有期徒刑一年六个月，缓刑二年，并处罚金4万元，决定执行有期徒刑一年六个月，缓刑二年，并处罚金4万元。追缴非法所得11万元予以没收，上缴国库。

五、廖某某犯非法占用农用地罪，免予刑事处罚；犯非法转让土地使用权罪，判处有期徒刑一年六个月，缓刑二年，并处罚金4万元，决定执行有期徒刑一年六个月，缓刑二年。追缴非法所得11万元予以没收，上缴国库。

六、黄某某犯非法占用农用地罪，免予刑事处罚；犯非法转让土地使用权罪，判处有期徒刑一年六个月，缓刑二年，并处罚金4万元，决定执行有期徒刑一年六个月，缓刑二年，并处罚金4万元。追缴非法所得11万元予以没收，上缴国库。

七、阳某某犯非法占用农用地罪，免予刑事处罚；犯非法转让土地使用权罪，判处有期徒刑一年六个月，缓刑二年，并处罚金4万元，决定执行有期徒刑一年六个月，缓刑二年，并处罚金4万元。追缴非法所得9万元予以没收，上缴国库。

八、强×公司犯非法占用农用地罪，免予刑事处罚；犯非法转让土地使用权罪，判处罚金 8 万元。决定执行罚金 8 万元。

△评析

本案涉及的是企业在未办理好农用地相关审批手续的情况下，擅自将耕地、林地平整作为建设用地，造成农用地严重损毁的行为，是否构成非法占用农用地罪的问题。

根据《刑法》第三百四十二条的规定，违反土地管理法律法规，非法占用耕地、林地等农用地，改变被占用土地用途，数量较大，造成耕地、林地等农用地大量毁坏的，处五年以下有期徒刑或者拘役，并处或者单处罚金。根据《刑法》第三百四十二条之一的规定，违反自然保护地管理法规，在国家公园、国家级自然保护区进行开垦、开发活动或者修建建筑物，造成严重后果或者有其他恶劣情节的，处五年以下有期徒刑或者拘役，并处或者单处罚金。有前款行为，同时构成其他犯罪的，依照处罚较重的规定定罪处罚。根据《最高人民检察院、公安部关于公安机关管辖的刑事案件立案追诉标准的规定（一）》第六十七条的规定，违反土地管理法规，非法占用耕地、林地等农用地，改变被占用土地用途，造成耕地、林地等农用地大量毁坏，涉嫌下列情形之一的，应予立案追诉：

（一）非法占用基本农田五亩以上或者基本农田以外的耕地十亩以上的；

（二）非法占用防护林地或者特种用途林地数量单种或者合计五亩以上的；

（三）非法占用其他林地十亩以上的；

（四）非法占用本款第二项、第三项规定的林地，其中一项数量达到相应规定的数量标准的百分之五十以上，且两项数量合计达到该项规定的数量标准的；

（五）非法占用其他农用地数量较大的情形。

本案中，罗某某、汪某、刘某某、唐某某、廖某某、黄某某、阳某某、强×公司等，在未办理好农用地相关审批手续的情况下，擅自将耕地、林地平整作为建设用地，造成农用地严重损毁，后又结伙多次实施同类行为，且为谋取不法利益擅自转让非法占用的农用地的土地使用权，触犯了《刑法》第三百四十二条“违反土地管理法规，非法占用耕地、林地等农用地，改变被占用土地用途，数量较大，造成耕地、林地等农用地大量毁坏的”之明文规定，构成了非法占用农用地罪、非法转让土地使用权罪。

实务中，企业在生产经营中使用农用地的，如何避免犯本罪呢？建议如下：

1. 土地因为是不可再生的有限资源，属于国家重点监管的焦点，任何土地的使用均需严格遵守相关法律法规规定，农用地更是如此。

2. 土地开发用地务必严格进行行政审批，在未取得相关行政审批手续之前，切忌擅自开工建设。

第三节　刑事法律风险防控措施

随着房地产和工业的发展，人多地少的矛盾日益突出，土地犯罪愈演愈烈。近年来，土地管理部门对于土地违法违规行为的查处力度越来越强，同时，司法机关对于非法占用农用地的犯罪行为的打击力度也越来越大，越来越多的企业及其管理人员因非法占用农用地的犯罪行为受到法律的制裁。如何进行本罪的刑事法律风险防控呢？

一、加强土地法律法规学习，高度重视用地过程中的刑事法律风险

企业经营者应当认真学习《土地管理法》《土地管理法实施条例》《基本农田保护条例》《农村土地承包法》《闲置土地处置办法》《自然保护区土地管理办法》等法律法规，树立守法意识，依法使用农用地进行生产经营。

二、严格按照土地管理有关规定履行用地审批程序

企业在生产经营过程中，如果要使用农用地，应当先行获得有关部门批准再使用土地。特别是占用大量耕地、林地、草原等农用地的，应当尤为重视，不得抱有任何侥幸心理，杜绝“先占后批”等违法违规行为。

三、严格按照用地审批要求用地，不得“少批多占”

“少批多占”是一些企业在土地占用时常用的手段，在审批用地范围以外占用农用地，这种行为造成农用地大量毁坏的，要承担刑事责任。另外，企业应当严格按照审批的土地用途使用土地，不得随意改变土地用途，毁坏农用地。

四、妥善处理与土地权益人之间的用地纠纷

企业在占用农用地时，如果损害土地权益人的利益，应当依法对其进行补偿。否则双方就补偿问题无法达成一致，极容易引发纠纷，甚至发生群体性事件。在此情况下，一旦企业存在违法占用农用地的行为，将可能因此引发刑事法律风险。

第二十八章 单位行贿罪

第一节　罪名概述

一、单位行贿罪的概念

单位行贿罪，是指单位为谋取不正当利益而行贿，或者违反国家规定，给予国家工作人员以回扣、手续费，情节严重，触犯《刑法》第三百九十三条的行为。

本罪在客观表现形式上与众所周知的行贿罪极为相似，都是为谋取不正当利益而给予他人好处的行为。从犯罪构成上看，两者的相同点是：主观上均由故意构成，客观方面都表现为给予他人好处的行为。但是，这两种犯罪又有明显不同，具体表现在以下几个方面：

1. 犯罪主体不同。行贿罪的主体是自然人，凡是达到刑事责任年龄、具有刑事责任能力的自然人都可以构成行贿罪的犯罪主体；而单位行贿罪的犯罪主体只能是单位。

2. 违法所得归向不同。单位行贿罪行贿行为的违法所得必须归单位所有；若归个人所有，应以行贿罪论处。

3. 情节标准不同。单位行贿数额在 20 万元以上的，应予立案；而行贿罪的刑事追诉数额起点是 3 万元。

二、犯罪构成要件

（一）犯罪主体

本罪的犯罪主体是特殊主体，只能是单位，并且是按中国法律依法进行登记的单位，自然人不能构成本罪。

单位包括公司、企业、事业单位、机关、团体。根据《最高人民法院关于审理单位犯罪案件具体应用法律有关问题的解释》第一条的规定，“公司、企业、事业单位”，既包括国有、集体所有的公司、企业、事业单位，也包括依法设立的合资经营、合作经营企业和具有法人资格的独资、私营等公司、企业、事业单位。

值得注意的是，个人为进行违法犯罪活动而设立公司、企业、事业单位实施犯罪的，或者公司、企业、事业单位设立后，以实施犯罪为主要活动的，不以单位犯罪论处。另外，盗用单位名义实施犯罪，违法所得由实施犯罪的个人私分的，依照刑法有关自然人犯罪的规定定罪处罚。

（二）犯罪客观方面

本罪在客观方面表现为单位为谋取不正当利益而行贿，或者违反国家规定，给予国家工作人员以“回扣”“手续费”，情节严重的行为。

根据《最高人民法院、最高人民检察院关于在办理受贿犯罪大要案的同时要严肃查处严重行贿犯罪分子的通知》第二条第一款的规定，不正当利益，包括两方面：一是非法利益，即违反法律、法规、国家政策和国务院各部门规章规定所取得的利益；二是要求国家工作人员或者有关单位提供违反法律、法规、国家政策和国务院各部门规章规定的帮助或方便条件所取得的利益。

（三）犯罪客体

本罪侵犯的客体是国家机关、公司、企业、事业单位和团体的正常管理活动和职能活动的廉洁性及声誉。

本罪的犯罪对象是财物。财物一般是公司、企业、事业单位、机关、团体的财物，而非某个人的财物。同时，也包括一些具有财产性质的利益，如国内外旅游等。

（四）犯罪主观方面

本罪的主观方面表现为直接故意，并且具有为本单位谋取不正当利益的目的。单位行贿的主观故意表现为单位通过一定程序形成集体意志。通常来说，其形成集体意志的程序应当符合单位章程或单位内部决策程序的规定，其意志应当有别于单位负责人个人意志。

实务中，要注意如果单位没有行贿的故意，而是因被勒索被迫给予国家机关、国有公司、企业、事业单位中从事公务的人员和国家机关、国有公司、企业、事业单位委派到非国有公司、企业、事业单位、社会团体中从事公务的人员以财物的，不能认定为单位行贿。另外，在追究单位行贿罪的刑事责任时，应注意对因行贿而进行违法犯罪活动进而构成其他犯罪的，依照数罪并罚的规定处理。

三、刑事立案追诉标准

根据《最高人民检察院关于人民检察院直接受理立案侦查案件立案标准的规定（试行）》第八条的规定，涉嫌下列情形之一的，应予立案：

1. 单位行贿数额在 20 万元以上的；

2. 单位为谋取不正当利益而行贿，数额在 10 万元以上不满 20 万元，但具有下列情形之一的：

（1）为谋取非法利益而行贿的；

（2）向三人以上行贿的；

（3）向党政领导、司法工作人员、行政执法人员行贿的；

（4）致使国家或者社会利益遭受重大损失的。

因行贿取得的违法所得归个人所有的，依照本规定关于个人行贿的规定立案，追究其刑事责任。

四、量刑标准

根据《刑法》第三百九十三条的规定，单位为谋取不正当利益而行贿，或者违反国家规定，给予国家工作人员以回扣、手续费，情节严重的，对单位判处罚金，并对其直接负责的主管人员和其他直接责任人员，处五年以下有期徒刑或者拘役，并处罚金。因行贿取得的违法所得归个人所有的，依照行贿罪的相关规定处罚。

在司法实践中，在对本罪适用刑罚时，应当注意以下几个问题：

1. 罚金刑的适用问题。《刑法》第五十二条规定："判处罚金，应当根据犯罪情节决定罚金数额。"关于本罪对单位判处罚金时，同样应遵循这项原则。但是，我国刑法总则中的罚金刑，没有具体的法定数额，而刑法分则中对贪污贿赂罪的罚金也是如此。在目前尚无立法规定的情况下，应通过司法解释的途径，对此作出明确规定，建议参照其他经济犯罪的标准，以单位行贿犯罪数额的一倍以上五倍以下处以罚金较为适宜，当然给国家或社会公共利益造成危害的大小、犯罪手段是否恶劣等情节亦应综合考虑。

2. 直接责任人员的范围及其刑事责任的划分。这里所指的直接责任人员是《刑法》所称"直接负责的主管人员和其他直接责任人员"的统称。所谓直接负责的主管人员，是指直接策划、组织、指挥或批准犯罪活动的单位领导人员，通常情况下为本单位的法定代表人，但不能一概而论，不知道或不起决定作用的单位领导人，不能成为追究刑事责任的主管人员。有的单位领导人官僚主义、玩忽职守或被坏人蒙蔽、受骗上当，应负党纪、行政责任，甚至要负玩忽职守或其他渎职犯罪的刑事责任，但不应承担行贿犯罪的刑事责任。所谓其他直接责任人员，则指直接实施、积极参加犯罪活动，并起重要作用的人员。单位行贿罪，往往不是靠某个自然人的行为来完成，其涉及的人员可能较多，其中有的人确实不知情，有的明知不对或可能有问题，但慑于权力而实施了行贿行为，对这些人员应与"直接责任人员"区别开来。

另外，在单位行贿犯罪中，并非所有的直接责任人员都负有同等的责任。这种犯罪虽然也是自然人实施的一种有组织的犯罪，但它与传统刑法中的共同犯罪相比，无论在形式上还是在实质上都有较大的区别。因此，不能像共同犯罪的成员那样分为主犯、从犯、胁从犯、教唆犯，而只能根据他们在单位行贿犯罪过程中所处的地位和所起的作用，分为主要责任人员和次要责任人员。对于确定直接责任人员的主次，应从以下几个方面考虑：

（1）职权的大小。职责权限越大，应负的责任也就越大。

（2）因果关系的形式。在因果关系锁链中，起支配作用的行为人负主要作用。

（3）所起作用的程度。主动出谋划策、积极实施者，所担负的责任相对要重。

第二节　典型案例精析

刘某某单位行贿案①

△基本案情

某置业有限公司成立于2013年9月，刘某某系该公司董事长，在建筑工程行业工作多年，对建筑行业的项目运作拥有丰富的实战经验。为防范企业法律风险，某置业有限公司聘请某律师担任常年法律顾问。2013年10月，某置业有限公司在某县投资建设某工程项目，在业务来往中，刘某某认识了该县人民政府办公室副主任许某某（另案处理）。2014年3月，许某某在得知时任某县人民政府县长李某（另案处理）有意在某市购房，于是主动给李某推介了某小区的房产，李某在看中其中一套价值380万元的房屋后表示购房款不够。之后，许某某找到刘某某，要求刘某某送300万元给李某用于购买该房，为能获得县长李某的“特殊关照”，刘某某在没有征求公司常年法律顾问意见与股东会同意的情况下，私自同意了许某某的要求。2014年3月24日，许某某与刘某某到售楼部办理李某的购房事宜，刘某某用黄某的银行卡支付了300万元购房款，许某某按照李某指示以黄某的名义签订了购房协议。

刘某某因涉嫌行贿犯罪，2014年8月13日经某市检察院决定对其监视居

① 案号：（2015）张定法刑初字第399号。

住，同年9月28日被逮捕，12月26日被取保候审。在检察院审查起诉期间，刘某某的辩护律师提出，某工程项目是某置业有限公司与某县政府签约的，刘某某作为该公司法定代表人，为该项目所做的一切行为均系代表单位的行为，该项目所获利益也归属于单位，故其行贿理应认定为单位行为。该律师的辩护意见得到了某市某区检察院的采纳，某市某区检察院最后以刘某某涉嫌单位行贿罪向某市某区人民法院提起公诉。

△裁判结果

某置业有限公司犯单位行贿罪，判处罚金50万元；刘某某犯单位行贿罪，判处有期徒刑二年，缓期二年，并处罚金10万元。

△评析

本案主要涉及的是刘某某用其单位资金给县长李某购房，是否构成单位行贿罪的问题。

根据《刑法》第三百九十三条的规定，单位为谋取不正当利益而行贿，或者违反国家规定，给予国家工作人员以回扣、手续费，情节严重的，对单位判处罚金，并对其直接负责的主管人员和其他直接责任人员，处五年以下有期徒刑或者拘役，并处罚金。因行贿取得的违法所得归个人所有的，依照本法第三百八十九条、第三百九十条的规定定罪处罚。最高人民检察院于1999年9月16日颁布的《关于人民检察院直接受理立案侦查案件立案标准的规定（试行）》规定，涉嫌下列情形之一的，应予立案：

1. 单位行贿数额在20万元以上的；

2. 单位为谋取不正当利益而行贿，数额在10万元以上不满20万元，但具有下列情形之一的：

（1）为谋取非法利益而行贿的；

（2）向三人以上行贿的；

（3）向党政领导、司法工作人员、行政执法人员行贿的；

（4）致使国家或者社会利益遭受重大损失的。

本案中，刘某某身为某置业有限公司董事长，为了给某置业有限公司在某县投资的工程项目谋取“特殊关照”或“不正当利益”，私自决定给某县县长赠送300万元用于购房，其行为明显违反《刑法》第三百九十三条“单位为谋取不正当利益而行贿”的规定，构成单位行贿罪。

实务中，企业家如何进行本罪的刑事法律风险防控呢？

企业家遇到专业性或者可能涉嫌违法犯罪的问题时，一定不要想当然，应当找专业律师咨询与评估风险，听取专业人士的意见和建议，防患于未然。本案中，刘某某作为某置业有限公司董事长，在建筑工程领域打拼多年，有一定法律意识，社会经验丰富，也懂得律师的重要性，其公司也聘请了律师担任常年法律顾问。但刘某某在做这个重大决策时，未能及时听取专业律师的意见，故而酿成大错。

第三节　刑事法律风险防控措施

众所周知，单位行贿的背后都伴随官员的身影，而在民营企业家的意识里，普遍存在着“不行贿就做不成生意”的“共识”“常识”。大多数民营企业家认为只要打通少数有实权的官员等关节点即可做成生意，而打通关节点的过程是通过行贿来实现的。打击这类犯罪，要坚持无禁区、全覆盖、零容忍，坚持重遏制、强高压、长震慑，坚持受贿行贿一起查。在国家反腐政策持续高压之下，企业经营者触犯本罪的刑事法律风险日益增加。如何进行本罪的刑事法律风险防控呢？

一、加强法律学习、培训

企业应当定期对“董、监、高”进行法律培训，学习国家有关行贿、受贿的法律知识与典型案例，树立正确的竞争意识，不使用非法手段谋取不正当利益。董监高应对企业忠诚，以企业整体利益为重，不得以企业名义进行行贿。实务中，企业经营总会遇到一些棘手的问题，如因资质不够不能参加某个项目、因犯小错误被相关部门调查等，当遇到这些事情时，作为企业的管理者应当做的是积极查漏补缺，不断提高企业的竞争力，而不能通过“送礼”来“解决”。

二、掌握合理的馈赠尺度

行贿和馈赠的目的不同，馈赠的目的一般为加深双方感情，而行贿的目的为获取不正当利益、非法利益。实务中，对于正常的人情往来，法律并不“一刀切”地加以禁止，但企业应当把握尺度，将正常的人情往来和行贿谨慎地区分开来。

三、完善企业内部治理

1. 确立科学的决策与实施程序，防止权力寻租。在企业管理系统中，通过各部门之间相互制约、相互监督，形成有效制衡，才能最大限度地发挥企业经营、决策的科学性。

2. 明确财产支配权限，对贿赂进行源头预防。企业要对资金流向进行严格监管，资金使用要以合法经营所需为标准，对于有疑问的，要及时发现问题并整改。

3. 优化企业经营目标。企业经营具有利己和利他的共同性，建议不要将经济效益作为企业追求的唯一目标，以避免当犯罪获得的收益大于犯罪可能受到的制裁时，部分董监高可能会通过行贿等手段谋取不正当利益。

四、注意“谋取不正当利益”不限于“谋取非法利益”

实务中，有的行贿人认为自己请托的是合法、正当的事情，没有谋取非法利益，因而不构成犯罪，这种理解是错误的。本罪的“谋取不正当利益”不仅包括行贿人谋取违反法律规定的利益，也包括在招标投标、政府采购等商业活动中，违背公平原则，给予相关人员财物以谋取竞争优势的行为。因此，在正常业务活动中，遭遇瓶颈，不要“慌不择路”，试图“花钱买方便”，而应当树立严格依法办事的良好习惯。遇到某些办事人员“卡”“要”，应当通过正当路径、依法处理。

五、注意非货币的财物也属于商业贿赂的财物

根据相关司法解释规定，商业贿赂中的财物，既包括金钱和实物，也包括可以用金钱计算数额的财产性利益，如提供房屋装修、含有金额的会员卡、代币卡、旅游费用等，具体犯罪数额以实际支付或者应当支付的数额计算。实务中，有的企业经营者认为只有货币才是商业贿赂的财物，这种想法是错误的。

第二十九章
虚假破产罪

第一节　罪名概述

一、虚假破产罪的概念

虚假破产罪，是指公司、企业通过隐匿财产、承担虚构的债务或者以其他方法转移、处分财产，实施虚假破产，严重损害债权人或者其他人利益，触犯《刑法》第一百六十二条之二的行为。

实务中，有的公司、企业为逃避债务，在破产清算前就非法转移、隐匿或处分财产，或根本不具备破产条件，通过非法转移、隐匿或处分财产、虚构债务等方式造成资不抵债的假象，申请进入破产程序，以达到逃债目的。这些行为不仅违背社会诚信，严重损害债权人利益，而且破坏社会经济秩序，影响社会稳定。因此，2006年6月29日，第十届全国人民代表大会常务委员会第二十二次会议通过的《刑法修正案（六）》将这种虚假破产的行为纳入刑法调整的范围，规定了本罪。

二、犯罪构成要件

（一）犯罪主体

本罪的主体是一般主体，可以由任何公司、企业构成。这里的“公司、企业”既包括国有公司、企业，私营公司、企业，也包括中外合资企业、中外合作经营企业以及外商独资企业。需要说明的是，本罪的刑事责任是由公司、企业的直接负责的主管人员和其他直接责任人员来承担，单位不承担刑事责任。

（二）犯罪客观方面

本罪客观方面表现为公司、企业通过隐匿财产、承担虚假债务或者以其他方式转移财产、处分财产，实施虚假破产，严重损害债权人和其他人利益的行为。

具体包括三个方面的内容：

1. 必须实施了隐匿财产、承担虚构的债务或其他转移财产、处分财产的行为。隐匿财产是指将公司、企业的资金、设备、产品、货物等财产全部或部分予以隐瞒、转移、藏匿。承担虚构的债务是指捏造、承认不真实或不存在的债务。“其他转移、处分财产”是指私分或者无偿转让财产、非正常压价出售财产、对原来没有财产担保的债务提供财产担保、对未到期的债务提前清偿以及放弃自己的债权等行为。行为人只要实施了上述情形中任何一种转移或处分财产的行为，就符合了这一客观的行为要件。

2. 必须实施了虚假破产。虚假破产是指企业未达到破产界限，伪造破产原因，申请破产，而非真实破产。

3. 必须严重损害了债权人和其他人的利益。也就是说，必须是给债权人和其他人造成重大财产损失的行为，才构成本罪。债权人是指因公司、企业举债而与公司、企业形成债权债务关系的金融机构、公司、企业债券持有人以及经济合同中享有债权的人等。“其他人”是指公司、企业的职工、国家税收部门等。

以上三个客观方面的要件必须同时具备，缺一不可。

（三）犯罪客体

本罪侵犯的客体是复杂客体，既包括对公司、企业的破产制度的破坏，又包括对债权人或者其他人合法权益的侵害。破产制度主要是指国家破产法所保护的破产秩序；债权人或者其他人的合法权益则主要是指财产权利。

（四）犯罪主观方面

本罪的主观方面表现为故意。行为人必须具有损害债权人利益的直接故意；过失不构成本罪。通常来说，本罪的犯罪动机和目的是逃债，但犯罪目的和动机不影响本罪的成立。

三、刑事立案追诉标准

根据《最高人民检察院、公安部关于公安机关管辖的刑事案件立案追诉标准的规定（二）》第九条的规定，公司、企业通过隐匿财产、承担虚构的债务或者以其他方法转移、处分财产，实施虚假破产，涉嫌下列情形之一的，应予立案追诉：

（一）隐匿财产价值在50万元以上的；

（二）承担虚构的债务涉及金额在50万元以上的；

（三）以其他方法转移、处分财产价值在50万元以上的；

（四）造成债权人或者其他人直接经济损失数额累计在10万元以上的；

（五）虽未达到上述数额标准，但应清偿的职工的工资、社会保险费用和法定补偿金得不到及时清偿，造成恶劣社会影响的；

（六）其他严重损害债权人或者其他人利益的情形。

虚假破产罪与虚假诉讼罪有“异曲同工之妙”，其作案手法、行为内容、犯罪心理均有相通、相似、相同之处，都是虚构事实、编造证据，铤而走险地向人民法院等司法机关提出请求，企图谋取非法利益。而且两者的欺骗性均特别强，极难识破、戳穿，更难查实、查处。但是，“天网恢恢，疏而不漏”，“人在做，天在看”，所有违法犯罪行为，终究“恶有恶报”，说到这里，本书只能忠告那些蠢蠢欲动的虚假破产罪、虚假诉讼罪的“准行为人”务必幡然悔悟，悬崖勒马，“知止”为上。

四、量刑标准

根据《刑法》第一百六十二条之二的规定，公司、企业通过隐匿财产、承担虚构的债务或者以其他方法转移、处分财产，实施虚假破产，严重损害债权人或者其他人利益的，对其直接负责的主管人员和其他直接责任人员，处五年以下有期徒刑或者拘役，并处或者单处 2 万元以上 20 万元以下罚金。

需要提醒的是，在实施本罪时，因为要转移、处分财产，达到虚假破产的目的，行为人往往会将大量资金隐匿或转移，然后伪造有关会计账簿，掩盖资金的真实流向，从而制造企业资不抵债的假象，再申请破产。这一过程中，往往伴随着其他的犯罪行为，诸如挪用资金罪（挪用公款罪），职务侵占罪（贪污罪），徇私舞弊低价折股、出售国有资产罪，隐匿、故意销毁会计凭证、会计账簿、财务报告罪等，根据不同的情况，这些犯罪和虚假破产罪可能从一重罪论处，也可能数罪并罚。

第二节　典型案例精析

孙某虚假破产案[①]

△基本案情

2003 年 6 月 25 日，海南伟×公司在海口市工商行政管理局注册成立，住所为海口市××区房。2008 年 11 月 6 日，海南伟×公司原股东将股权转让给马某超和孙某，法定代表人变更为孙某。2015 年 5 月 21 日，海南伟×公司股东又变更为孙某某（孙某的儿子）和孙某，孙某担任法定代表人及董事长，并实际经营管理该公司，孙某某未参与经营管理。

孙某在经营管理海南伟×公司期间，与徐某等人发生借贷纠纷，双方诉诸法院。2016 年 3 月 2 日，最高人民法院作出终审判决，判令孙某向徐某支付人民币 1.734 亿元及其利息，海南伟×公司对上述债务承担连带清偿责任。

孙某为逃避债务，虚构部分海南伟×公司债务后，于 2016 年 6 月 30 日以海南伟×公司无力清偿到期债务为由，向海口市中级人民法院申请破产清算。海口市中级人民法院于 2016 年 7 月 14 日裁定受理海南伟×公司的破产申请，

① 案号：（2018）琼 0108 刑初 249 号。

并依法决定海南伟×公司的管理人。2017年3月6日，因海南伟×公司债权人徐某等人提出异议，海口市中级人民法院在开庭听证并召开债权人会议后，作出裁定驳回海南伟×公司的破产申请，并在驳回裁定书中认定："经与海南伟×公司相关债权人申报的债权进行核对，显示海南伟×公司自行申报的该部分债权虚增30327876.02元。海南伟×公司作为被执行人向本院（即海口市中级人民法院）申请破产时未如实申报其债权、债务，且虚构的债务高达数千万元，有为逃避债务而申请破产的情形。"海南伟×公司对该裁定不服，并上诉至海南省高级人民法院。2017年6月14日，海南省高级人民法院作出终审裁定，驳回海南伟×公司上诉，维持原裁定结果并认定海南伟×公司存在虚增债务的事实。

上述事实，孙某在开庭审理过程中均无异议，并有到案经过，户籍信息，徐某报案书及陈述，协议书，海南伟×公司企业机读档案登记资料，海南仲裁委员会裁决书，海口海事法院（2015）琼海法执字第268号《执行裁定书》及《协助执行通知书》，最高人民法院（2015）民一终字第305号民事判决书，海口市中级人民法院（2016）琼01民破3号案件卷宗材料，海南省高级人民法院（2017）琼民终202号民事裁定书，证人王某、孙某某等人的证言，孙某的供述等证据证实，足以认定。

△裁判结果

孙某犯虚假破产罪，判处有期徒刑十个月，并处罚金2万元。

△评析

本案主要涉及的是企业为逃避债务而申请虚假破产的行为，是否构成虚假破产罪的问题。

根据《刑法》第一百六十二条之二的规定，公司、企业通过隐匿财产、承担虚构的债务或者以其他方法转移、处分财产，实施虚假破产，严重损害债权人或者其他人利益的，对其直接负责的主管人员和其他直接责任人员，处五年以下有期徒刑或者拘役，并处或者单处2万元以上20万元以下罚金。根据《最高人民检察院、公安部关于公安机关管辖的刑事案件立案追诉标准的规定（二）》第九条的规定，公司、企业通过隐匿财产、承担虚构的债务或者以其他方法转移、处分财产，实施虚假破产，承担虚构的债务涉及金额在50万元以上的，应予立案追诉。

本案中，孙某为逃避债务，虚构部分海南伟×公司债务后，以海南伟×公司无力清偿到期债务为由，向人民法院申请破产清算，其行为符合《刑法》第一百六十二条之二“公司、企业通过隐匿财产、承担虚构的债务或者以其他方法转移、处分财产，实施虚假破产，严重损害债权人或者其他人利益”的规定，构成了虚假破产罪。

实务中，困境之中的公司、企业，为达到规避债务的目的，试图通过隐匿财产、承担虚构的债务或者以其他方法非法转移、处分财产，然后通过实施虚假破产这种严重损害债权人或者其他人利益的不正当行为，屡见不鲜。更有甚者，某些不以为耻反以为荣的行为人还沾沾自喜，自以为“聪明”“精干”，可以在危难之中“自保”，只可惜这样的“自保”不仅违反商业伦理，情节严重者，还会被刑事追诉乃至锒铛入狱成为阶下囚，成为名副其实的“人为财死，鸟为食亡”。

第三节　刑事法律风险防控措施

随着我国改革开放的进一步深化，市场经济已经日益成为我国经济的主体。

在享受市场主体的自主、竞争给我们带来的物质繁荣和优质服务的同时，市场主体之间的竞争更加有序和激烈，新企业大量涌现，亦有大批企业走向衰败、被淘汰。实务中，有的企业主在企业经营遇到困境时，其不是在自身经营和发展上下功夫，而是千方百计钻法律空子，通过非法侵占公司财产、违规分红、虚假交易、个别清偿等手段转移企业财产，到宣告破产时企业已成为一个“空壳”。需要说明的是，这种“假破产、真逃债”的行为侵犯了我国企业破产制度和债权人的合法权益，情节严重的，将会触犯本罪，企业及其管理人员将要承担刑事责任。如何规避本罪及相关刑事法律风险呢?

一、加强企业破产法律知识的学习

企业应当组织全体股东及董监高认真学习《企业破产法》《最高人民法院关于适用〈中华人民共和国企业破产法〉若干问题的规定（一)》《最高人民

法院关于适用〈中华人民共和国企业破产法〉若干问题的规定（二）》《最高人民法院关于适用〈中华人民共和国企业破产法〉若干问题的规定（三）》等法律法规，树立守法意识，防止隐匿财产、承担虚构的债务或其他转移财产、处分财产的行为和虚构伪造破产原因的情况发生。

二、不要协助他人申请假破产

本罪的犯罪主体是被宣告破产的企业。实务中，一些恶意破产逃避债务的行为，往往需要外部单位和人员的配合才能实现“金蝉脱壳”，如债务人虚构债务或夸大债务而第三人予以承认，关系人为债务人转移资金提供账户，债务人无偿转让财产或者放弃债权而他人予以接受，债权人对债务人的财务状况作欺诈性说明，等等。在这些情形下，上述人员如果知道债务人是出于虚假破产逃避债务的目的，而为其提供帮助，则构成本罪的共犯。

需要提醒的是，在实施本罪时，因为要转移、处分财产，才能达到虚假破产的目的，行为人往往会将大量资金隐匿或转移，然后伪造有关会计账簿，掩盖资金的真实流向，从而制造企业资不抵债的假象，再申请破产。这一过程，往往会伴随着其他犯罪行为的发生，如挪用资金罪、职务侵占罪、隐匿、故意销毁会计凭证、会计账簿、财务报告罪等。

第三十章 非法经营同类营业罪

第一节 罪名概述

一、非法经营同类营业罪的概念

非法经营同类营业罪，是指国有公司、企业的董事、经理利用职务便利，自己经营或者为他人经营与其所任职公司、企业同类的营业，谋取非法利益、数额巨大，触犯《刑法》第一百六十五条的行为。

本罪为1997年《刑法》所规定，非法经营同类营业行为在公司法上被称为"竞业禁止"，世界各国公司法为防止企业管理人员非法利用本公司营业情况损害公司及股东的权益，均有竞业禁止的规定。我国《公司法》规定，任何类型公司的董事、经理均有竞业禁止义务，而我国《刑法》特别对国有公司、企业的董事、经理违反竞业禁止义务的行为给予刑事处罚，是比较具有中国特色的刑法规范。

二、犯罪构成要件

（一）犯罪主体

本罪的犯罪主体为特殊主体，只有国有公司、企业的董事、经理才能构成本罪。国有公司、企业是指国有资本占主体的公司、企业。董事是由股东选举产生的，对内执行公司业务，对外代表公司的常设性执行机构的成员。经理是公司董事会聘任的主持日常管理工作的高级职员。

在现代企业制度中，因为董事、经理掌握着公司、企业事务的决策权和执行权，了解公司、企业具体的运作，同时还掌握着公司、企业的商业秘密。如果他们违背忠实义务，经营与所任职公司、企业同类的营业，必然会攫取本属于所任职公司、企业的市场和商业机会，从而损害其他股东或者公司、企业所有者的利益。因此，我国《公司法》明确禁止董事、经理经营同类营业，这被法律称为竞业禁止义务。国有公司、企业的董事、经理由于负有管理国有资产的职责，如果他们违背竞业禁止义务，遭受损失的将是国家的利益，这较非国有公司、企业董事、经理实施非法经营同类营业行为的后果更严重，故此，该行为要纳入我国刑法调整的范围。

需要说明的是，由于历史原因，在我国一些国有企业中，与董事、经理职能类似的机构有着较多称谓，如厂长、主任等，但我国法律并不因为称谓的不同，就认为他们不能成为本罪的犯罪主体。也就是说，对于“董事、经理”的认定不是依据称谓，而是依据工作职责。只要是在国有企业中行使董事、经理职权的人，不管称谓如何，都可以成为本罪的犯罪主体。另外，对于部门经理、分支机构经理是否属于本罪主体中的“经理”，司法实践中有不同的理解，但目前已有对其进行定罪量刑的案例。为此，笔者认为本罪主体应当作广义理解，即根据《公司法》的相关规定，应当履行竞业禁止义务的国有公司、企业的董事和高级管理人员都有可能成为本罪的犯罪主体。

（二）犯罪客观方面

本罪在客观方面表现为国有公司、企业的董事、经理利用职务便利，自己经营或者为他人经营与其所任职公司、企业同类的营业，获取非法利益，数额巨大。具体而言包括以下几个要素：

1. 行为人利用职务便利。所谓利用职务上的便利，是指利用自己职务范围内的权力，包括利用本人的职务和地位所形成的便利条件，如主管、经管、经手的便利条件等。

2. 自己经营或者为他人经营与其所任职公司、企业同类的营业。这是客观方面的基本特征，包括两层含义：一是行为人要有为自己或为他人经营的行为；二是行为人的经营行为与其任职公司、企业的营业属于同类，当然包括同一种营业。同类营业，是指经营业务属于同一类别或者相似类别。如生产、销售同一类商品或者提供同一种服务，或者生产销售相似商品或者提供相似服务。自己经营，是指为自己独资或担任股东的公司、企业或者其他经济组织进行经营。行为人参与经营活动的目的是获得经营收益或者参与利益分配，其是否在公司、企业中担任一定的职务或者参与日常的管理，不影响本罪的成立。为他人经营，是指自己虽非出资者，但为从中获取经营报酬的公司、企业或者其他经济组织进行经营。需要说明的是，本罪的认定中，只要具备“为自己经营”和“为他人经营”二者之一即可。

实务中，明目张胆以本人名义注册成立公司，从事竞业经营的情况比较少见，更多的是以亲友名义或者借用不相干人员的身份注册成立公司，而由本人实际暗中经营，以此规避法律风险。事实上，是否以本人名义注册成立公司并不是认定本罪的关键，本人是否实际参与经营才是罪与非罪的重点。因此，希望通过借名经营、隐名经营的方式来规避犯罪的做法是行不通的。

3. 行为人获取非法利益数额巨大。虽有经营行为，但没有获取非法利益，或者虽然获取了非法利益，但没有达到数额较大，不构成本罪。需要说明的是，此处的非法利益，并不是指所获利益本身违法，而是基于所任职公司、企业的角度，因行为人的行为损害了所任职公司、企业的利益，因此其获得利益对于其所任职的公司、企业来讲是不正当的、非法的。

司法实践中，对于“非法利益”的理解要与经营数额、销售数额、违法所得等概念比较区分。经营数额是指经营范围内实际获利、已售和代售成品、半成品、原材料和生产设备等的价值总和；销售数额是指产品售出后已得和应得价款的总和；违法所得是指销售金额扣除成本和必要费用后的纯利润额。需要注意的是，违法所得和非法获利并非指行为人个人的实际获利，在与他人共同分配利润的情况下，违法所得和非法获利的数额应当为本人获利数额加上他人获利数额即整个经营活动非法获利数额的总和。

（三）犯罪客体

本罪侵犯的客体是国有公司、企业的财产权益以及国家对国有公司、企业的管理制度。

（四）犯罪主观方面

本罪的主观方面表现为故意，并且具有获取非法利益的目的。即明知自己或为他人所经营的业务与其所任职公司、企业经营的业务属于同类，出于非法谋取利益之目的，仍决意进行经营。过失不能构成本罪。

三、刑事立案追诉标准

根据《最高人民检察院、公安部关于公安机关管辖的刑事案件立案追诉标准的规定（二）》第十二条的规定，国有公司、企业的董事、经理利用职务便利，自己经营或者为他人经营与其所任职公司、企业同类的营业，获取非法利益，数额在十万元以上的，应予立案追诉。

四、量刑标准

根据《刑法》第一百六十五条的规定，国有公司、企业的董事、经理利用职务便利，自己经营或者为他人经营与其所任职公司、企业同类的营业，获取非法利益，数额巨大的，处三年以下有期徒刑或者拘役，并处或者单处罚金；数额特别巨大的，处三年以上七年以下有期徒刑，并处罚金。

根据《最高人民检察院、公安部关于公安机关管辖的刑事案件立案追诉标准的规定（二）》第十二条的规定，数额在十万元以上的可认定为数额巨大。

由于《最高人民检察院、公安部关于公安机关管辖的刑事案件立案追诉标准的规定（二）》颁行之日，2001 年 4 月 18 日《最高人民检察院、公安部关于经济犯罪案件追诉标准的规定》（公发〔2001〕11 号）和 2008 年 3 月 5 日《最高人民检察院、公安部关于经济犯罪案件追诉标准的补充规定》（高检会〔2008〕2 号）同时废止。因此现行有效规范性文件已无对于数额特别巨大的规定。参考《最高人民法院、最高人民检察院关于办理盗窃刑事案件适用法律若干问题的解释》第一条第一款“盗窃公私财物价值一千元至三千元以上、三万元至十万元以上、三十万元至五十万元以上的，应当分别认定为刑法第二百六十四条规定的‘数额较大’、‘数额巨大’、‘数额特别巨大’”的规定，可类推30万元至50万元以上的为数额特别巨大。

第二节　典型案例精析

陈某江、苑某琳非法经营同类营业案①

△基本案情

2010年9月至2013年10月，陈某江与苑某琳结伙，经事先预谋，利用陈某江担任集运上海公司副总经理分管亚太部、欧洲部的职务便利，与该司时任欧洲部部长吕某、美洲部部长李某以及朋友张某某等人（均另案处理）商议，共同出资成立了洋×公司并实际参与经营管理。其间，陈某江利用其对日本航线、欧洲航线等其主管航线具有运价制定、调整优惠档次等审批权的职务便利（特别是占洋×公司主体经营地位的日本航线，陈某江具有运价的最终审批权），违规审批给予洋×公司（其中2010年9月至2011年11月，洋×公司系以挂靠的上海银硕国际货运代理有限公司名义开展业务）较其他货代公司更为优惠的特殊运价或者更高操作费返还，使得洋×公司在货运市场上得以凭借该较强的运价优势大量揽货，并逐渐成为集运上海公司日本航线的主要货代客户，从而获取高额非法利益。案发后，经上海复×明方会计师事务所鉴定，2010年9月至2013年10月，洋×公司共计非法盈利7009941.69元。

2013年11月7日，苑某琳在洋×公司经营地被公安人员抓获；同年11月13日，陈某江在集运上海公司被公安人员抓获。

△裁判结果

陈某江犯非法经营同类营业罪，判处有期徒刑四年六个月，并处罚金100万元；苑某琳犯非法经营同类营业罪，判处有期徒刑四年，并处罚金80万元；追缴非法获得的利益予以没收。

---

① 案号：（2014）虹刑初字第875号。

△评析

本案主要涉及的是国有公司经理等高管利用职务便利与他人共同经营所任职公司同类营业的行为，是否构成非法经营同类营业罪的问题。

根据《刑法》第一百六十五条的规定，国有公司、企业的董事、经理利用职务便利，自己经营或者为他人经营与其所任职公司、企业同类的营业，获取非法利益，数额特别巨大的，处三年以上七年以下有期徒刑，并处罚金。根据《最高人民检察院、公安部关于公安机关管辖的刑事案件立案追诉标准的规定(二)》第十二条规定，数额在十万元以上可认定为数额巨大。需要说明的是，现行有效司法解释没有明确的“数额特别巨大的”判断标准。参考相关法律法规、司法解释，笔者认为以50万元以上为数额特别巨大较为合适。

本案中，陈某江担任集运上海公司副总经理，符合国有公司、企业高管的特殊主体身份，利用担任集运上海公司副总经理分管亚太部、欧洲部的职务便利，与该司时任欧洲部部长吕某、美洲部部长李某以及朋友张某某等人共同出资成立洋×公司，而且实际参与经营管理。其间，陈某江利用其对日本航线、欧洲航线等其主管航线具有运价制定、调整优惠档次等审批权的职务便利，违规审批给予洋×公司较其他货代公司更为优惠的特殊运价或者更高操作费返还。2010年9月至2013年10月短短三年间，洋×公司共计非法盈利达7009941.69元，其行为符合《刑法》第一百六十五条“国有公司、企业的董事、经理利用职务便利，自己经营或者为他人经营与其所任职公司、企业同类的营业，获取非法利益”之规定，且“数额特别巨大”，构成了非法经营同类营业罪。苑某琳系本案“共犯”，也应按非法经营同类营业罪处理。

实务中，很多人身居高位、要位（俗称“肥缺”）之后，总难免“吃着碗里的，看着锅里的”，一边领着国有公司、企业的高薪，享受着优厚的待遇，一边还想着“树上开花”，滥用职权，利用职务便利赚取与自己职权相关的特别利益，这样的做法不仅有违公平竞争涉嫌违反《反不正当竞争法》，情节严重者，还要受到刑事处罚。

第三节　刑事法律风险防控措施

本罪是《刑法修正案（六）》中新增的罪名，此罪名的增设对约束国有公司、企业的董事和经理的行为，完善企业的管理体制，进而促进国有资产保值、经济发展具有重大意义。与贪污罪一样，本罪也属于国家工作人员利用职务便利实施的化公为私、损公肥私型犯罪。国有公司、企业的董事和经理如何规避本罪呢？

一、加强刑事法律知识学习

国有公司、企业的董事、经理应当认真深入学习关于本罪规定的刑事法律知识，树立守法意识，依法进行生产经营，任何情况下不得做“以权谋私、损公肥私”的事情。实务中，较多国有公司、企业的董事和经理只重视经营管理，而忽视政治理论和法律知识的学习，这是十分危险的。当一个人手上拥有绝对权力时，一旦目无法纪，心存侥幸，极易导致自我放任，最终身陷犯罪泥潭。

二、谨慎考虑在同类企业任职

如果原公司与新任职国有公司经营的是同类业务，应当辞去所在原公司的所有职务，如董事长、总经理、董事、监事等。同时，如果是原公司的股东，也要将股权进行转让，退出股东身份。为谨慎起见，在自己担任国有企业董事和经理后，应当要求亲属不要经营同类营业。

第三十一章 为亲友非法牟利罪

第一节　罪名概述

一、为亲友非法牟利罪的概念

为亲友非法牟利罪，是指国有公司、企业、事业单位的工作人员利用职务便利，将本单位的盈利业务交由自己的亲友进行经营，或者以明显高于市场的价格向自己的亲友经营管理的单位采购商品或者以明显低于市场的价格向自己的亲友经营管理的单位销售商品，或者向自己的亲友经营管理的单位采购不合格商品，使国家利益遭受重大损失，触犯《刑法》第一百六十六条的行为。

本罪为 1997 年《刑法》所规定。作为市场主体，国有公司、企业与非国有公司、企业一样，也应当和必须以获取最大利润为主要的经营目标，向国家承担着资产保值增值的责任。国有事业单位虽然不以营利为主要目标，但其经费拨付来自国家，属于国有资产。如果国有公司、企业、事业单位的工作人员利用职务上的便利，通过经营、管理活动中不正当的利益输送，为自己的亲友谋取非法利益，必然使国家利益遭受损失。鉴于国有公司、企业、事业单位在国民经济中的特殊重要地位，刑法设立本罪对其财产权益予以特别保护。

二、犯罪构成要件

（一）犯罪主体

本罪的犯罪主体为特殊主体，即国有公司、企业、事业单位的工作人员。既包括国有公司、企业、事业单位的国家工作人员，也包括国有公司、企业、事业单位的非国家工作人员。实务中，由于国有公司、企业相对于事业单位更具有经营性与营利性，其工作人员是本罪刑事法律风险的高发人群，应当特别加以重视。需要说明的是，对于非国有单位工作人员的背信弃义经营行为，只能追究其民事责任和行政责任，但一般不构成犯罪。

（二）犯罪客观方面

本罪在客观方面表现为行为人利用自己的职务便利，为亲友非法谋取利益，致使国家利益遭受重大损害的行为。

利用职务之便是本罪要求的行为条件。司法实践中，行为人要为亲友牟利一般都须利用其职务上的便利，否则难以达到为亲友非法牟利的目的。这里的“利用职务之便”，是指利用行为人在国有公司、企业中的职权、地位或者由前两者所带来的便利条件。

本罪的行为方式主要体现为以下三种：

1. 将本单位的盈利业务交由自己的亲友进行经营。实务中，通常是行为人利用其负责项目或购销往来掌握的经贸信息市场行情的职务便利，把明知是可以盈利本应为本单位经营的业务交由自己的亲友去经营。

2. 以明显高于市场的价格向自己的亲友经营管理的单位采购商品或者以明显低于市场的价格向自己的亲友经营管理的单位销售商品。

3. 向自己的亲友经营管理的单位采购不合格商品。这里要求行为人明知亲友经营管理单位的商品属于不合格商品而仍决意购买。明知，既包括行为人确实知道是不合格商品，又包括行为人可能知道是不合格商品。如果确实不知道是不合格商品而采购的，除非可以认定属于以明显高于市场的价格向自己的亲友经营管理的单位采购商品的情况，否则不构成本罪。

向自己亲友经营管理的单位收购不合格商品，不论其价格如何，是否属于高价收购，都对本罪成立没有影响。只要其行为严重损害了国家利益，致使国家利益遭受了重大损失，都可以本罪论处。

需要说明的是，行为人虽然利用职务便利实施了为自己的亲友经营非法提供便利的行为，但如果没有给国家利益造成实际损失或者虽有实际损失但不属于重大损失，不能构成本罪。

（三）犯罪客体

本罪侵犯的客体是国有公司、企业、事业单位的财产权益。

如前文所述，国有公司、企业与其他市场主体一样，也是以获取财产上的最大利益为其经营目标。国有事业单位虽不以营利为其最终目的，但以国家拨给的经费为财产基础在国家法律允许的范围内从事民事活动，并承担民事责任。国有公司、企业、事业单位工作人员利用职务上的便利，将本单位的盈利业务交由自己的亲友进行经营，或者以明显高于市场的价格向自己的亲友经营管理的单位采购商品，或者以明显低于市场的价格向自己的亲友经营管理的单位销售商品或者向自己的亲友经营管理的单位采购不合格商品，必然损害国有公司、企业、事业单位的利益，从而使国有财产的保值增值成为泡影。

（四）犯罪主观方面

本罪的主观方面表现为故意，并具有非法牟利的目的。即行为人明知自己利用职务便利为亲友进行经营活动提供便利条件是一种背信经营的行为，但为获取非法利益仍故意实施这种行为。过失不构成本罪。

三、刑事立案追诉标准

根据《最高人民检察院、公安部关于公安机关管辖的刑事案件立案追诉标准的规定（二）》第十三条的规定，国有公司、企业、事业单位的工作人员，利用职务便利，为亲友非法牟利，涉嫌下列情形之一的，应予立案追诉：

（一）造成国家直接经济损失数额在10万元以上的；

（二）使其亲友非法获利数额在20万元以上的；

（三）造成有关单位破产，停业、停产六个月以上，或者被吊销许可证和营业执照、责令关闭、撤销、解散的；

（四）其他致使国家利益遭受重大损失的情形。

四、量刑标准

根据《刑法》第一百六十六条的规定，国有公司、企业、事业单位的工作人员，利用职务便利，有下列情形之一，使国家利益遭受重大损失的，处三年以下有期徒刑或者拘役，并处或者单处罚金；致使国家利益遭受特别重大损失的，处三年以上七年以下有期徒刑，并处罚金：

（一）将本单位的盈利业务交由自己的亲友进行经营的；

（二）以明显高于市场的价格向自己的亲友经营管理的单位采购商品或者以明显低于市场的价格向自己的亲友经营管理的单位销售商品的；

（三）向自己的亲友经营管理的单位采购不合格商品的。

第二节　典型案例精析

顾某彬为亲友非法牟利案①

△基本案情

济宁×发展集团有限公司，是由济宁国资委独立出资的国有独资公司，济宁能源持有济宁×矿业集团股权下辖济宁×矿业集团等企业。济宁×矿业集团成立时为国有独资公司，下属阳城煤矿等单位，2010年12月30日，济宁×矿业集团完成股份制改制，由国有独资变成股份制公司（国有控股）。山东济矿×煤电股份有限公司由济宁×矿业集团控股，山东鲁×集团参股，属于完全国有公司，下属阳城煤矿等单位。

2010年11月8日，顾某彬经国有独资公司济宁×发展集团有限公司研究

① 案号：（2014）任刑初字第60号。

决定，济宁×矿业集团有限公司提名，其被任命为阳城煤矿矿长。阳城煤矿规定，成立采购领导党小组，矿长任组长，党委书记、经营矿长、纪委书记任副组长，成员为副矿级以上领导以及企管办、物资采购科、物资管理科、审计科、生产科、政工科、工会办、矿办等单位负责人。办公室设在物资采购科，负责物资采购全过程管理的具体事宜。采购5万元以上的物资，必须进行招标采购；采购价值在50万元以上的物资，由集团进行招标采购。济宁×矿业集团有限公司规定集团公司机关及各企业为职工过节发放福利，一律发放过节费，不得以各种名义发放过节物资。

顾某彬的前妻张某甲、朋友蔡某及朋友妻子张某乙为了依托顾某彬阳城煤矿矿长的身份向阳城煤矿销售商品来赚钱，欲成立一公司。后将该事情告知了顾某彬，且向其征求公司的名字，征得顾某彬的同意后，于2012年5月25日共同出资成立了济宁保×经贸有限公司。

2012年9月，顾某彬利用其担任山东济矿×煤电股份有限公司阳城煤矿矿长职务便利，违反阳城煤矿物资采购管理制度“采购5万元以上的物资，必须进行招标采购”的规定，私自安排卢某向济宁保×经贸有限公司采购古希尼牌衬衣100件。虽然该衬衫的吊牌价为2280元，但济南古希尼公司出具的证明及证人齐某的证言均能证实该批衬衣市场零售价每件928元，阳城煤矿向保×经贸有限公司购买的价格为2050元，明显高于市场价格，造成国有企业经济损失11.22万元。案发后，顾某彬退还了11.22万元。

上述事实，顾某彬在开庭审理过程中亦无异议，且有证人卢某、蔡某、张某甲、时某余、张某乙、齐某、张某成的证言，阳城煤矿银行付款凭证，银行账证及张某甲、张某春、时某余、蔡某等人账户的明细单，济宁保×经贸有限公司注册登记，济南古希尼公司出具的证明，古希尼衬衫，蔡某笔记本手写材料，办案说明等证据证实，足以认定。

另外，2011年1月至2012年12月，顾某彬在其担任山东济矿×煤电股份有限公司阳城煤矿矿长期间，在采购商品发放福利时，在明知违规没有经过招标和议价的情况下，滥用职权，采购了商品，造成国有公司损失，共计6943910元。具体犯罪事实分述如下：

1. 2011年9月，顾某彬违反规定，不签订合同，不进行招投标和议价，私自安排矿办公室以每箱860元明显高于市场价的价格采购浓香型杜康酒2311

箱，用于中秋节福利发放，经鉴定，该批白酒鉴定单价为每箱150元，造成国有企业经济损失1640810元。

2. 2012年2月，顾某彬违反规定，不签订合同，不进行招投标和议价，私自安排矿办公室以每件1360元的价格采购假冒劣质羊毛衫2315件，用于春节福利发放。经鉴定，该批羊毛衫鉴定单价每件150元，造成国有企业经济损失2801150元。

3. 2012年12月，顾某彬违反规定，不签订合同，不进行招投标和议价，私自安排矿办公室以每床800元的价格采购喜芙妮牌羽绒被2103件，用于春节福利发放。经鉴定，该批羽绒被的鉴定价格为每床230元，造成国有企业经济损失1198710元。

4. 2012年12月，顾某彬违反规定，不签订合同，不进行招投标和议价，私自安排矿办公室以每床800元的价格采购莹茧丝品蚕丝被毯2102件，用于春节福利发放。经鉴定，该批蚕丝被的鉴定价格为每床180元，造成国有企业经济损失1303240元。

△裁判结果

顾某彬犯为亲友非法牟利罪，判处有期徒刑六个月，并处罚金10万元；犯国有公司、企业人员滥用职权罪，判处有期徒刑三年，总和刑为有期徒刑三年六个月，决定执行有期徒刑三年，并处罚金10万元；顾某彬退赃款11.22万元，依法予以没收，上缴国库。

△评析

本案涉及的主要是国有公司、企业的工作人员利用其职务便利，以明显高于市场的价格向自己的亲友经营管理的单位采购商品的行为，是否构成为亲友非法牟利罪的问题。

根据《刑法》第一百六十六条的规定，国有公司、企业、事业单位的工作人员，利用职务便利，有下列情形之一，使国家利益遭受重大损失的，处三年以下有期徒刑或者拘役，并处或者单处罚金；致使国家利益遭受特别重大损失的，处三年以上七年以下有期徒刑，并处罚金：（一）将本单位的盈利业务交由自己的亲友进行经营的；（二）以明显高于市场的价格向自己的亲友经营管理的单位采购商品或者以明显低于市场的价格向自己的亲友经营管理的单位销售商品的；（三）向自己的亲友经营管理的单位采购不合格商品的。根据《最高人民检察院、公安部关于公安机关管辖的刑事案件立案追诉标准的规定（二）》第十三条的规定，国有公司、企业、事业单位的工作人员，利用职务便利，为亲友非法牟利，造成国家直接经济损失数额在十万元以上的，应予立案追诉。

本案中，顾某彬身为国有公司、企业山东济矿×煤电股份有限公司阳城煤矿矿长，在2011年1月至2012年12月两年间，在采购商品发放福利时，在明知违规没有经过招投标和议价的情况下，滥用职权，以明显高于市场的价格向亲友采购商品，造成国有公司损失，金额达6943910元之巨。较为典型的是，2012年9月，顾某彬公然违反阳城煤矿物资采购管理制度“采购5万元以上的物资，必须进行招标采购”的规定，私自安排卢某向其亲友经营的济宁保×经贸有限公司采购古希尼牌衬衣100件；且采购价2050元，明显高于可查实的该批衬衣的市场零售价，每件928元，造成国有企业经济损失11.22万元。综上所述，顾某彬的行为明显违反了《刑法》第一百六十六条之中的禁止性规定，构成了为亲友非法牟利罪。

第三节　刑事法律风险防控措施

本罪是典型的背信罪。所谓背信罪，是指为他人处理事务的人，为谋求自己或者第三者的利益，或以损害委托人的利益为目的，而违背其任务，致使委托人的财产遭受损失的行为。具体到本罪，作为国有公司、企业、事业单位的工作人员，在受本单位委托处理事务时，应当忠实履行职务，维护本单位利益，而不应当利用职务之便，损公肥私，将本单位利益拱手让于自己的亲友。这种违背委托义务的行为，不仅侵犯了国有公司、企业、事业单位的财产利益，情节严重的，还构成犯罪，要承担刑事责任。如何规避本罪呢？建议如下：

一、加强刑事法律知识学习

国有公司、企业、事业单位的工作人员应当认真深入学习关于本罪规定的刑事法律知识，树立廉洁意识，依法进行生产经营，任何情况下不得利用职务便利为亲友牟利。如不得将单位的盈利业务交给亲友经营；以明显高于市场的价格向自己的亲友经营管理的单位采购商品或者以明显低于市场的价格向自己的亲友经营管理的单位销售商品；向自己的亲友经营管理的单位采购不合格商品。

需要提醒的是，我国是一个人情社会，人脉关系盘根错节；因此，在平时生活中，国有公司、企业、事业单位的工作人员应当与亲友少谈工作上的事情，尤其是涉及可能帮助亲友牟利的内容，如告知亲友自己刚刚担任公司采购经理或某特殊职务，对某产品的采购或某项目的招标有绝对决定权等。

二、主动向公司申请回避

实务中，企业管理人员与亲友之间的业务往来关系往往是触犯本罪的导火索。从诚信履职的要求来看，国有公司、企业的工作人员应当尽量避免与本人的亲友之间发生业务往来，否则容易产生“背信经营”的嫌疑。如果交易对象的负责人或实际控制人碰巧是亲友，应当主动向公司申请回避，以规避触犯本罪的风险。如果公司认为不需要回避，那么在交易中一定要做到一视同仁，不区别对待。在交易细节上，尽量少做口头承诺，并注意做好相关资料、数据等证据的留存。

三、正当的起心动念最重要

我国刑法设立为亲友非法牟利罪，绝非提倡一旦成为国有公司、企业、事业单位的领导或工作人员就要六亲不认，就不能与其亲朋好友交往、交易；而是谆谆告诫：应当依法据实正当交往、交易，不要有坏心思。用专业一点的表达方式讲，为亲友非法牟利罪是一个结果犯——行为人利用职务便利，将本单位的盈利业务交由自己的亲友进行经营，或者以明显高于市场的价格向自己的亲友经营管理的单位采购商品，或者以明显低于市场的价格向自己的亲友经营管理的单位销售商品，或者向自己的亲友经营管理的单位采购不合格商品，使国家利益遭受重大损失，才可能被刑事追诉，才有可能构成为亲友非法牟利罪。简言之，如果出发点是希望自己供职的国有公司、企业、事业单位经营管理得更好，而按照法定程序选择了亲朋好友的商品，那就不必担忧。

第三十二章
私分国有资产罪

第一节　罪名概述

一、私分国有资产罪的概念

私分国有资产罪，是指国家机关、国有公司、企业、事业单位、人民团体违反国家规定，以单位名义将国有资产集体私分给个人，数额较大，触犯《刑法》第三百九十六条的行为。

改革开放以来，随着我国的经济、社会快速发展、变化，国有企业改革的步伐不断加快，但是国有企业、公司中的一些单位管理人员损公肥私、种种私分国有资产的现象十分严重，造成国有资产的大量流失甚至被侵吞。面对有些地方和部门私分国有资产行为愈演愈烈的现状，司法机关遇到了前所未有的挑战。从立法角度来看，设立私分国有资产罪的目的在于强化国有资产保护，防止国有资产流失，但由于该罪的法律规定不甚明确，实务中关于如何准确认定本罪存在较大争议，许多问题不好把握，难以操作。

二、犯罪构成要件

（一）犯罪主体

本罪是单位犯罪，其主体仅限于国家机关、国有公司、企业、事业单位、人民团体。我国《刑法》规定本罪是单罚制，单位构成犯罪的，只处罚对私分国有资产直接负责的主管人员和其他直接责任人员。对于国有资本控股、参股的股份有限公司，根据所有权和经营权相分离的原则，国有资本一旦投入公司，便成为公司、企业的财产，国家即丧失了对其投入财产的所有权，只能依其出资份额享有股权。因此国有资本控股、参股的股份有限公司不属于国有公司。国有单位的分支机构或者内设机构私分国有资产的，也可构成本罪。

（二）犯罪客观方面

本罪在客观方面表现为行为人实施了违反国家规定，以单位名义将国有资产集体私分给个人，数额较大的行为。

违反国家规定，是指违反了国家对此类单位的国有资产分配管理规定。例如违背了国家关于国有资金与企业资金的分账比例管理制度，擅自将国有资金转为企业资金，进而私分国有资产者。以单位名义，是指由单位领导班子集体决策或者由单位负责人决定并由直接责任人员经手实施，公开或半公开地以单位分红、单位发奖金、单位下发的节日慰问费等名义所进行的活动。集体私分给个人，是指行为人以单位的名义，将国有资产按人头分配给本单位全部或部分职工，这里所谓个人，指的是该单位的职工。

司法实践中，本罪有以下四种比较常见的类型：

1. 私设小金库私分型。一般表现为单位在工程建设、物品采购等过程中，通过施工单位或被采购单位造假工程或提高造价，或造假工资表、开假发票等各种形式将单位的国有资金套现，转入单位私设的小金库，然后以搞福利的形式进行集体私分。

2. 直接私分型。一般表现为单位经集体研究或主要领导决定，违反国家规定，利用逢年过节或其他喜庆日子，直接从单位财务上将国有资产进行集体私分。

3. 关联交易私分型。“关联交易”是指单位以所在职的干部、职工的名义入股成立有限责任公司，该公司的董事会、监事会中都是本单位领导成员，然后，该公司又与本单位进行非正常的贸易往来，在该公司赚取一定的非法利润之后，以股金分红的形式集体私分给全体职工。

4. 转移国有资产私分型。此类型与“关联交易私分型”有相似地方，都是利用全体干部、职工入股成立有限责任公司。不同的是，本类型根本没有利用公司与单位进行贸易往来，而是国有单位故意将属于单位收入的国有资产直接或间接地转移到职工入股的非国有性质的公司，然后该公司以股金分红的形式进行集体私分。

（三）犯罪客体

本罪所侵犯的客体是国有资产管理制度及其所有权。

本罪的犯罪对象是国有资产，亦即被私分的必须是国有资产。参照国务院国有资产监督管理委员会发布的《国有资产产权界定和产权纠纷处理暂行办法》（1993），国有公司、企业中国有资产大致可以分为以下部分：

1. 投资，包括国家以货币、实物形式的投资，也包括以国家拥有所有权的土地、知识产权等无形资产的投资所形成的国有资产。

2. 收益，是指国有公司、企业运用国家资本金及经营中借入的资金等所形成的税后利润经国家批准留给企业作为增加投资的部分以及税后利润中提取的盈余公积金、公益金和未分配利润等。

3. 以国有公司、企业担保，完全用国内外借入资金投资创办的或完全由其他单位借款创办的全民所有制企业，其收益累积的净资产。

4. 国有公司、企业接受馈赠形成的资产。

5. 国有公司、企业中党、团、工会组织等占用企业的财产。

（四）犯罪主观方面

本罪在主观方面是直接故意。行为人明知是国有资产而故意违反国家规定，将国有资产集体私分给个人。过失不构成本罪。

三、刑事立案追诉标准

根据《最高人民检察院关于人民检察院直接受理立案侦查案件立案标准的规定（试行）》第十一条的规定，涉嫌私分国有资产，累计数额在10万元以上的，应予立案。根据上述规定，私分国有资产的数额按累计数额计算，如果每次私分的数额不足10万元，但是多次私分，累计数额达到10万元的，则构成本罪。如果案发时，被私分的国有资产累计数额尚未达到10万元的，则不会引发本罪的风险，只能由相关部门给予行政处分。

四、量刑标准

根据《刑法》第三百九十六条的规定，国家机关、国有公司、企业、事业单位、人民团体，违反国家规定，以单位名义将国有资产集体私分给个人，数额较大的，对其直接负责的主管人员和其他直接责任人员，处三年以下有期徒刑或者拘役，并处或者单处罚金；数额巨大的，处三年以上七年以下有期徒刑，并处罚金。

司法机关、行政执法机关违反国家规定，将应当上缴国家的罚没财物，以单位名义集体私分给个人的，依照前款的规定处罚。

根据《最高人民检察院关于人民检察院直接受理立案侦查案件立案标准的规定（试行）》第十一条的规定，10万元视为本罪“数额较大”的起点。对于如何认定私分国有资产“数额巨大”，在司法实践中，存在“不同案件有不同标准、不同地区有不同标准”的现象。我国各地对私分国有资产犯罪“数额巨大”的认定标准不统一，并且存在相当大的差距。

第二节　典型案例精析

汤某私分国有资产案①

△基本案情

1994年4月至1998年8月，汤某担任某银行上海信托投资公司漕河泾证券交易营业部副经理（主持工作）、经理，上海浦东甲信托投资有限责任公司漕河泾证券交易营业部经理，负责营业部的全面管理工作。其间，汤某为谋取小团体利益，给营业部内部职工多发奖金，与营业部其他人员商议后决定私设

① 案号：(2000) 浦刑初字第205号。

小金库。自1994年9月至1998年9月，该营业部先后设立了15个账户，以公司信托代办处的名义开展信托业务，并私自进行新股、国债交易，所获利润均进入小金库账户；同时以差旅费、水电费、房租等名义虚列成本，将利润转入小金库账户；1996年11月，公司因工作失误错划入该营业部的105.4万元也被列入小金库账户。营业部将上述应上缴公司的款项以单位名义用于平时内部全体工作人员发放奖金。经司法会计鉴定中心鉴定，该营业部共私分国有资产达2080714.34元。1999年7月，汤某向公司主动交代了上述犯罪事实。认定上述事实，有下列证据：有关企业法人营业执照、企业申请变更登记注册书、验资证明表、验资报告证明汤某单位的经济性质及经营方式等。单位出具的汤某任职情况证明证实其作为漕河泾证券部经理，负责对营业部的全面管理。浦东新区国资办出具的证明证实上海浦东甲信托投资有限责任公司错划入漕河泾证券营业部的资金属公司所有。营业部对外发放贷款、买卖新股和国债获取的利差及以各种费用名义虚列成本转移的利润，均属公司所有，上海浦东甲信托投资有限责任公司的资产属国有控股的法人资产。单位出具的证明证实漕河泾证券营业部将200余万元以奖金形式分配给职工的收益应归公司所有。证人王某、徐某、邹某、吴某证实，汤某做漕河泾证券部负责人期间，由汤某组织几人商量后，决定私设小金库，私自做信托业务，利润用于内部职工发放奖金，同时将公司错划入的105.4万元列入小金库，也作为奖金发放给职工。证人蔡某芳证实，营业部发放奖金时，曾从其保管的手续费、回扣等费用中支出。证人张某英证实由汤某决定设立小金库，做信托等业务，利润用于职工发放奖金。司法会计鉴定中心出具的司法会计鉴定书证实1997年10月至1998年8月，上海浦东甲信托投资有限责任公司漕河泾证券营业部非正常发放奖金为2080714.34元。案发经过证实汤某有自首行为。以上证据，均经庭审质证属实，证据确凿、充分，汤某的具体作案经过与上述证据均相吻合，足以认定。

△裁判结果

汤某犯私分国有资产罪，判处有期徒刑三年，缓刑三年，罚金人民币3000元；汤某已退缴的人民币10.4万元，发还上海浦东甲信托投资有限责任公司；其他未退缴的人民币922714.34元，予以追缴后发还上海浦东甲信托投资有限责任公司。

△评析

本案涉及的是国有公司、企业通过私设小金库将国有资产集体私分给单位全体工作人员的行为，是否构成私分国有资产罪的问题。

根据《刑法》第三百九十六条的规定，国家机关、国有公司、企业、事业单位、人民团体，违反国家规定，以单位名义将国有资产集体私分给个人，数额较大的，对其直接负责的主管人员和其他直接责任人员，处三年以下有期徒刑或者拘役，并处或者单处罚金；数额巨大的，处三年以上七年以下有期徒刑，并处罚金。根据《最高人民检察院关于人民检察院直接受理立案侦查案件立案标准的规定（试行）》第十一条的规定，涉嫌私分国有资产，累计数额在10万元以上的，应予立案。

本案中，汤某身为国有控股上海浦东甲信托投资有限责任公司漕河泾证券交易营业部经理，为谋取小团体利益，私设小金库。1994年9月至1998年9月，四年间先后私设了15个账户，私自开展信托业务，私自进行新股、国债交易，所获利润悉数进入私设账户。另外，汤某甚至胆敢将公司因工作失误错划入其营业部的105.4万元往来款也列入小金库，这是明显的违法行为。如上所述，汤某将上述应上缴公司的款项以营业部名义私自给工作人员发放奖金的行为，符合《刑法》第三百九十六条“国家机关、国有公司、企业、事业单位、人民团体，违反国家规定，以单位名义将国有资产集体私分给个人，数额较大”的规定，汤某构成了私分国有资产罪。因情节不甚恶劣，故判处有期徒刑三年，宣告缓刑三年。

缓刑全称暂缓执行，是指对触犯刑律，经法定程序确认已构成犯罪、应受刑罚处罚的行为人，先行宣告对其定罪，但暂不执行所判处的刑罚；即无须进监狱，交由社区矫正机构在缓刑期限内对罪犯进行考察，并根据罪犯在考验、考察期间的表现，依法决定是否执行刑罚的一种量刑制度。

缓刑制度有利于促使罪犯改恶从善，促使罪犯悔过自新。由于缓刑不关押罪犯，有利于罪犯的再社会化，使其在社会上生活、工作，不至于出狱后很难适应社会。缓刑制度被认为是现代刑法中“最富有促进机制的刑罚制度”。

私设小金库，曾经是某些国家机关、国有公司、企业、事业单位、人民团体“风靡大江南北”的“金点子”“妙策”。而私设的小金库多以差旅费、水电费、房租等名义虚列成本的方式将“私分”合法化，然后用于私自给内部职工发放奖金，及形形色色的福利。这些行为看似高明，实则不仅不仁不义，更加触犯刑法，理应“知止”。

第三节 刑事法律风险防控措施

改革开放以来，我国的经济飞速发展，国有企业改革的步伐不断加快，但是国有企业、公司中的个别主管人员目无国法、损公肥私，以各种名义私分经手、管理、使用的国有资产，造成国有资产的大量流失。出于对国有资产的特殊保护，我国在 1997 年《刑法》修订中增设了本罪，用刑法规制国有企业、公司私分国有资产的行为。本罪虽然是单位犯罪，但根据我国《刑法》的规定，本罪实行单罚制，只处罚对私分国有资产直接负责的主管人员和其他直接责任人员。实务中，国有企业领导、部门负责人、财务人员比较容易触犯本罪，需要多加防范。如何规避本罪呢？建议如下：

一、加强法律、法规的学习

国企职工尤其是高级管理人员应当认真深入学习国有资产管理法律法规，树立守法意识，不做损公肥私的事情。国企领导要加强思想教育和单位领导班子建设，消除领导干部的利己主义思想和小团体思想，筑牢思想防线。

二、严格遵守与执行财务管理制度

国企领导要认真落实《会计法》等法律规范的规定，严格执行财务管理制度和各项财经制度，切实加强对现金、支票、印章、凭证的管理和使用。同时，要健全和完善单位财务管理方面的规章制度，实行财务公开，使财务工作每个环节都做到职责明细化、操作规范化、监督经常化。

三、发放福利、奖励、年终奖、补贴前，要做好合规性审查

国企领导必须依法依规发放福利、奖励、年终奖、补贴，对于有可能触犯本罪的，应当及时向上级请示或咨询专业的刑事律师。财务人员发现不合规时，一定要及时提出改正建议。

四、单位要求以自己名义成立新公司的，应谨慎对待

“关联交易私分国有财产”是指单位以职工的名义入股成立公司，该公司又与本企业进行非正常的贸易往来，在该公司赚取一定的非法利润之后，以股金分红的形式进行集体私分。因此，当单位要求提供身份证件注册新公司的，要提高警惕，如果成立新公司的目的是私分企业财产，应当果断拒绝。

图书在版编目（CIP）数据

企业管理人员刑事法律风险防控之道 / 龙元富，李军，李青松主编．—北京：中国法制出版社，2021．4
ISBN 978－7－5216－1766－5

Ⅰ．①企… Ⅱ．①龙… ②李… ③李… Ⅲ．①企业领导－刑事犯罪－风险管理－研究－中国 Ⅳ．①D924．04

中国版本图书馆 CIP 数据核字（2021）第 052433 号

责任编辑 孙 静　　　　封面设计 杨泽江

企业管理人员刑事法律风险防控之道

QIYE GUANLI RENYUAN XINGSHI FALÜ FENGXIAN FANGKONG ZHIDAO

主编/龙元富，李军，李青松
经销/新华书店
印刷/三河市紫恒印装有限公司
开本/710 毫米×1000 毫米　16 开　　　　印张/ 20．25　字数/ 232 千
版次/2021 年 4 月第 1 版　　　　2021 年 4 月第 1 次印刷

中国法制出版社出版
书号 ISBN 978－7－5216－1766－5　　　　定价：79．00 元

北京西单横二条 2 号
邮政编码 100031　　　　传真：010－66031119
网址：http：//www.zgfzs.com　　　　**编辑部电话：010－66070046**
市场营销部电话：010－66033393　　　　**邮购部电话：010－66033288**

（如有印装质量问题，请与本社印务部联系调换。电话：010－66032926）